Rebecca Swanner Eve Adamson Carolyn Dean
Rachel Laferriere Meera Lester

VOCÊ MELHOR A CADA DIA

Pequenas atitudes diárias para deixar você mais rico, feliz, magro, inteligente, jovem, sensual e relaxado a vida toda

Tradução
Irati Antonio

Gente editora

Gerente Editorial
Alessandra J. Gelman Ruiz

Editora de Produção Editorial
Rosângela de Araujo Pinheiro Barbosa

Controle de Produção
Fábio Esteves

Tradução
Irati Antonio

Preparação de Texto
Geisa Mathias de Oliveira

Projeto Gráfico
Neide Siqueira

Editoração
Join Bureau

Revisão
Sirlene Prignolato

Capa
Miriam Lerner

Impressão
Yangraf

Título original: *Best you ever*

Publicado por acordo com Adams Media, F + W Media, Company Inc., 57 Littlefield Street, Avon, MA 02322, EUA.

Rua Pedro Soares de Almeida, 114
São Paulo, SP – CEP 05029-030
Telefone: (11) 3670-2500
Site: http://www.editoragente.com.br
E-mail: gente@editoragente.com.br

Dados Internacionais de Catalogação na Publicação (CIP)
(Câmara Brasileira do Livro, SP, Brasil)

Você melhor a cada dia: pequenas atitudes diárias para deixar você mais rico, feliz, magro, inteligente, jovem, sensual e relaxado a vida toda / Rebecca Swanner... [et al.]; tradução de Irati Antonio. – São Paulo: Editora Gente, 2013.

Outros autores: Eve Adamson, Carolyn Dean, Rachel Laferriere, Meera Lester.
Título original: Best you ever.
ISBN 978-85-7312-830-7

1. Autorrealização (Psicologia) 2. Conduta de vida 3. Finanças pessoais 4. Saúde I. Swanner, Rebecca. II. Adamson, Eve. III. Dean, Carolyn. IV. Laferriere, Rachel. V. Lester, Meera.
13-00789 CDD-158.1

Índices para catálogo sistemático:

1. Autorrealização: Psicologia aplicada 158.1

INTRODUÇÃO

Você acaba de fazer um balanço da sua vida e conclui que deseja ser uma pessoa melhor. Bem-vindo ao clube! Todos temos áreas em nossa vida nas quais poderíamos melhorar, e este livro está aqui para nos ajudar. Se seu desejo é comer melhor, aperfeiçoar sua memória, ganhar mais dinheiro, ter uma vida sexual melhor, parecer mais jovem, sentir-se mais feliz ou apenas ser capaz de relaxar, este é o material de que você precisa. As dicas que encontrará nas páginas que seguem vão inspirá-lo e oferecerão novos pontos de partida para sua própria vida.

Cada dica apresentada é simples e prática o suficiente para ser aplicada agora, mas você decide até onde irá. Por exemplo, há a recomendação para realizar alguma atividade voluntária, à qual a dedicação poderá ser mensal, anual ou, até mesmo, de algumas vezes por semana. Use essas dicas para melhorar e qualificar sua vida e não como obrigações. Você, provavelmente, já ouviu algumas dessas ideias, mas outras serão novas. Não pense em aplicá-las todas de uma vez. Ao contrário, escolha aquelas de que mais gosta e comece a trabalhar com elas. Depois, vá incorporando novas dicas ao seu dia a dia, de maneira gradual. Cada uma delas exigirá alguma transformação em sua vida, portanto, vá devagar!

Neste livro, você também encontrará 365 citações sobre uma infinidade de temas: de ganhar dinheiro a fazer amor. Elas estão aqui para inspirá-lo e estimulá-lo, e para que você as tenha em mente quando começar a fazer as mudanças transformadoras. Esperamos que você descubra citações capazes de motivá-lo; algumas podem até se tornar seus mantras pessoais.

Na hora de praticar, as regras para ter uma vida feliz são simples: mantenha os bons amigos por perto; seja generoso com os outros; alimente-se bem; seja ativo; use protetor solar. Arrisque-se e encontre tempo para si mesmo. Aproveite cada momento. Ah! Aqui vai uma dica para os anos bissextos: saia do telefone e da internet, mantenha os olhos abertos e conecte-se com o mundo ao redor.

Muita sorte em sua jornada.

Se sua dívida com o American Express® é muito grande e as faturas do Diners Club® estão muito difíceis de pagar, tome um empréstimo no seu Visa® e pague tudo com o seu MasterCard®!

– Nipsey Russell, "Ode aos cartões de crédito", retirado de *Your Number's Up*

Use somente dinheiro ou cheques por um ano

Se você é do tipo que saca o cartão de crédito sempre que vê alguma coisa de que gosta, procure usar apenas dinheiro ou cheques por um ano inteiro. Ao fazer essa mudança, é provável que você não só ache psicologicamente mais difícil comprar um artigo do qual não precise, como também descobrirá que seus gastos vão parecer mais reais. Para as compras pela internet e as contas pagas no débito automático, todos os meses, substitua o cartão de crédito por um de débito, e o dinheiro sairá direto da conta.

O que fazer com os cartões de crédito? Entregue para seu cônjuge ou guarde em um cofre de segurança ou outro lugar seguro em casa. Contudo, se for viajar, não deixe de levar consigo um cartão de crédito, para o caso de uma emergência. Ao tornar essa mudança uma rotina para sua vida diária, os cartões de crédito permanecerão ao seu alcance com facilidade, em casos emergenciais, mas você não poderá tê-los à mão ao ver algo que possa querer comprar, tornando muito mais fácil respeitar o orçamento e aplicar o que sobrar em uma poupança.

A gentileza é uma linguagem que o surdo pode ouvir e o cego pode ver.

– Mark Twain

Pratique gestos aleatórios de gentileza

Quando você é gentil com os outros, torna-se mais feliz. E não é preciso muito para alguém ser agradável: lançar um terno sorriso a um estranho que passa ou manter uma porta aberta para uma pessoa que se aproxima pode iluminar o dia de alguém. Praticar gestos simples de gentileza como esses desencadeia um efeito dominó positivo, pois você melhora a vida de outra pessoa de maneira pequena (mas não insignificante) e, com isso, ela fica mais propensa a estender a mão e fazer o mesmo.

Ao agir com altruísmo e passar a gentileza adiante, você vai manter relações sociais positivas, sentir-se menos isolado e, inclusive, usufruir os efeitos daquelas substâncias químicas que causam a sensação de bem-estar, as endorfinas, conhecidas como hormônios da felicidade.

Eis algumas ideias para começar a pôr em prática:

- Pague o café ou outra pequena despesa para a pessoa na fila, atrás de você.
- Deixe alguém com apenas alguns poucos itens passar na sua frente no caixa do supermercado.
- Divida seu guarda-chuva com alguém que esteja sem nenhum.
- Ajude uma pessoa mais velha a subir as escadas.
- Leve o cachorro de seu amigo para passear, se ele estiver ocupado ou doente.
- Dê boas gorjetas.
- Mantenha contato com uma pessoa idosa em sua comunidade.
- Envie um cartão inesperado a um amigo e mostre que você está pensando nele.

Que nosso alimento seja nosso remédio e que nosso remédio seja nosso alimento.

– Hipócrates

Faça da nutrição sua prioridade

Admita: bem que você gostaria de se achar em melhor forma quando se vê sem as roupas. O primeiro passo para alcançar esse objetivo pessoal é adaptar sua maneira de comer a um estilo de vida saudável.

Algumas pessoas preferem chamar essa adaptação de dieta, quando, na verdade, é a maneira como você *deveria* comer no caso de estar acima ou abaixo do peso ou, ainda, com um peso saudável. Já a dieta é um modismo que, portanto, não se mantém para o resto de sua vida. Ao fazê-la, o mais provável é que você mantenha o desejo de consumir alimentos que lhe dão prazer, aqueles que não trazem combustível para o seu corpo, mas, com certeza, acrescentam alguns centímetros à cintura. E, enquanto se esforça para cortá-los, é muito provável que se sinta bastante infeliz.

Então, interrompa esse ciclo. Em vez de se concentrar no que pode ou não pode comer, prefira pensar nos alimentos que oferecem os nutrientes necessários para seu corpo. Proponha-se a incluir, em cada refeição, proteínas magras, carboidratos complexos e gorduras saudáveis para serem consumidos *juntos*. Fazer esse ajuste na maneira de comer não significa que você precise abandonar suas guloseimas e "porcarias" favoritas para sempre, mas apenas que a maior parte de suas refeições e lanches será gostosa e boa. Comer bem pode reforçar seu sistema imunológico, ajudar o corpo a reparar as células danificadas, reduzir o risco de doenças como as cardiopatias, o câncer e a osteoporose e até aumentar sua longevidade.

Não há arte mais difícil de ser aprendida do que a da observação.

– William Osler

Preste atenção

Ao ser bombardeado diariamente com imagens, propagandas e informações, não é difícil se sentir sobrecarregado e encontrar na visão limitada das coisas uma válvula de escape. Contudo, ao abrir os olhos para o mundo ao redor, ouvindo ativamente e se esforçando para ser mais observador da realidade, você vai melhorar a capacidade de seu cérebro para absorver e processar informações importantes, evitando, assim, que todas as coisas passem por seus olhos como um borrão. Se você tem dificuldade de se concentrar em um objeto por vez, procure explorar os vários tipos de meditação abordados neste livro. Durante a meditação, você aprende a limpar sua mente, mas também pode usá-la como ferramenta para aprender a neutralizar as distrações e se sentir inteiro no momento vivido.

Por onde começar

Se você está ansioso para iniciar, veja abaixo algumas ideias que vão conduzi-lo pelo caminho certo e ajudá-lo a ter mais contato com o mundo em seu entorno:

- *Fique atento.* Durante cinco minutos, pare e note todos os sons, cheiros e imagens à sua volta.
- *Pare de correr.* Na vida, o que importa é a viagem e não o destino ao qual, no fim das contas, todos chegam. Procure estar mais presente em cada momento, apreciando-o pelo que ele é, e não pelo que se tornará.
- *Diga não às multitarefas.* Quando fazemos muitas coisas ao mesmo tempo, não conseguimos nos dedicar completamente bem a nenhuma delas.

Churrasco é como banho de sol: todo mundo sabe que faz mal, mas ninguém deixa de lado.

– Laurie Colwin

Abuse de protetor solar com FPS 15, ou superior, todos os dias

Após passar um longo inverno embrulhado em camadas de roupas, a primeira coisa que você vai querer fazer quando o verão chegar é se livrar de todos aqueles panos e correr para pegar um solzinho. Está tudo muito bem, tudo muito bom, mas não deixe de aplicar protetor solar em todas as partes expostas do corpo, incluindo o rosto, trinta minutos antes de sair de casa. Embora você possa achar um bronzeado de praia algo atraente, é provável que não vá gostar das rugas prematuras e do câncer de pele que a exposição aos raios UVA e UVB, emitidos pelo Sol, poderão causar.

Nos dias em que permanecer muitas horas ao ar livre, não se esqueça de levar o protetor solar, pois vai precisar reaplicá-lo a cada duas ou três horas, em especial se transpirar muito ou entrar na água, ainda que ele seja à prova d'água ou ofereça proteção durante todo o dia.

Além disso, o protetor solar não é para ser usado apenas em dias ensolarados do verão. Na verdade, deve ser aplicado sempre, pois tanto no inverno como nos dias nublados os raios solares nocivos atravessam as nuvens e podem prejudicar a pele.

Dito isso, se você é do tipo que se lambuza de protetor todas as manhãs, antes de sair de casa, e o reaplica ao longo do dia, talvez seja melhor diminuir um pouco o ritmo de sua rotina. Estudos recentes mostram que ele não apenas bloqueia os raios nocivos, como também impede o corpo de produzir vitamina D quando exposto ao sol. Contudo, você só precisa de vinte minutos de exposição solar por dia, assim, pense em abrir mão da aplicação matinal, caso saia para caminhar por esse período de tempo.

Amar a si mesmo é o começo de um romance para toda a vida.

– Oscar Wilde

Primeiro, ame a si mesmo

Você é incrível. Se você se sente assim ou ainda não, isso é verdade. Você é sensual, atraente e tem uma conversa interessante. Tudo o que tem a fazer é acreditar nisso. Como diz o ditado, você não pode amar os outros se não amar a si mesmo. Depois de resolver suas inseguranças, dúvidas e preocupações sobre o que o amor pode ou não trazer e após aprender a se sentir bem consigo, aí estará pronto para o amor verdadeiro.

Quando estiver seguro e feliz com quem você é, projetará a confiança interior e atrairá os parceiros certos. Quando souber quem você é, entenderá o que quer ou não quer em um parceiro romântico. Procurar sua cara-metade munido desse conhecimento pode ajudá-lo a não se distrair com pessoas bonitas e superficialmente atraentes, que talvez não lhe ofereçam o que deseja em um longo prazo, mas sim a manter os olhos abertos para alguma outra possibilidade que esteja à sua volta. Por ironia, é no momento em que você não depende mais de alguém para alcançar a própria felicidade, e para animá-lo quando se encontra deprimido, que a pessoa certa geralmente aparece.

Se as pessoas tivessem de pular da cama,
todos nós deveríamos dormir em torradeiras.

– Autor desconhecido, atribuído a Jim Davis

Tranquilize a sua mente antes de começar seu dia

Antes de sair da cama e, sobretudo, de procurar o telefone, ainda cambaleante, para checar seu e-mail e possíveis mensagens, guarde alguns minutos para respirar e aproveitar a manhã. Procure prestar atenção aos sons, aromas e à luz dourada do amanhecer. Consegue ouvir os pássaros cantando? A pessoa amada está deitada, tranquila, a seu lado? Dedique algum tempo para relaxar, respirar profundamente e deixar essa linda alvorada lhe envolver. Libere a tensão que algum sonho ruim causou ou qualquer ansiedade em relação ao dia que se inicia. Ainda que venha a ser um grande dia, repleto de muitas atividades, começá-lo em um estado sereno e meditativo tornará mais fácil se manter calmo e feliz ao longo de toda a jornada.

Melhore seu despertar

Faça desse momento uma experiência prazerosa, assim você vai se sentir vivo – em vez de estressado – ao abrir os olhos. Aqui, algumas sugestões que podem ajudar a despertar com mais facilidade, antes de se levantar:

- Mantenha o quarto livre da desordem e feche as portas dos armários antes de se deitar.
- Antes de ir para a cama, abra as cortinas voltadas para o lado leste, para que possa desfrutar melhor do sol da manhã.
- Deixe sempre flores frescas ou um difusor de perfume para ambientes com um aroma relaxante em sua mesa de cabeceira.
- Se você precisa de um despertador para acordar, escolha um com algum alarme sonoro de que goste (como um pássaro cantando) ou selecione um toque para seu celular que não o irrite.

Todos os dias, levanto-me e olho a lista da Forbes *das pessoas mais ricas do mundo. Se ainda não estou lá, vou trabalhar.*

– Robert Orben

Calcule quanto você realmente ganha

Outra boa maneira de evitar gastos desnecessários é estimar quanto você, de fato, recebe por hora. Para calcular o valor, tome o total líquido ganho todo mês, descontados os impostos, a contribuição para a aposentadoria, o plano de saúde e outras deduções. Em seguida, faça uma lista de todas as despesas relacionadas ao trabalho, que podem incluir o dinheiro gasto para entreter colegas ou clientes, o custo com o transporte, o valor dispendido em roupas para se apresentar da melhor maneira possível, suprimentos comprados que não são fornecidos ou reembolsados por sua empresa ou qualquer outro gasto relacionado à sua atividade profissional.

Calcule quantas horas você trabalha, incluindo todas aquelas gastas no deslocamento entre a casa e o escritório, ou em casa, nos projetos urgentes, além das utilizadas no *networking* com colegas, após o expediente, ou comprando os suprimentos de que precisa. Agora, tome o total líquido que você ganha, subtraia as despesas e divida esse número pelo total de horas gastas em suas atividades profissionais.

O valor pode parecer deprimente. Contudo, tem a condição de ajudá-lo a manter os gastos controlados e de fazê-lo mais rico nesse processo. Digamos que, após todos os cálculos concluídos, você ganhe 20 reais por hora e que um item que deseja muito comprar custe 160 reais. Vale a pena trabalhar oito horas para tê-lo? Usando esse raciocínio, é muito provável que você acabe gastando seu dinheiro apenas naquilo que realmente deseja e está disposto a trabalhar duro para obter.

Cante como se ninguém estivesse ouvindo,
ame como se você jamais tivesse sido magoado,
dance como se ninguém estivesse vendo
e viva como se o céu fosse na Terra.

– Mark Twain

Deixe o amor fluir de você

Quando alguém é magoado, é difícil abaixar a guarda e deixar o amor fluir, sem restrições. O fato é que todos são magoados pelo amor. O que importa é a maneira como você reage e segue em frente. Quando você permite que sentimentos como medo, ciúme, angústia, necessidade de controlar ou ressentimento assumam o controle, é fácil se tornar uma pessoa amarga e defensiva. Ao fazer isso, você ergue barreiras que o impedem de encontrar o amor verdadeiro. Na verdade, muitas vezes atrai-se aquilo que se manifesta, o que significa que se você aborda o amor com essa maneira negativa tem mais chances de encontrar alguém amargo, defensivo, ressentido, ciumento e assim por diante.

Em vez disso, procure se livrar da mágoa e tomar medidas para se curar de forma saudável. Faça para si todas aquelas coisas que seu último parceiro não fez. Escreva sobre essa experiência em um diário, para processar todos os seus sentimentos. Olhe para dentro de si próprio, para ver em que pode crescer e ser um parceiro melhor. Seja uma força de amor, apoio, alegria e paz. Acredite no poder do amor e que você, também, encontrará alguém que o trate como merece. Você vai ficar impressionado ao ver como o pensamento positivo e as atitudes construtivas podem lhe trazer o que você deseja.

Eu nunca bebo água. Temo que se transforme em um hábito.

– W. C. Fields

Beba água

Como será visto adiante, quando você pensa que está com fome, muitas vezes está apenas desidratado. Isso ocorre porque 70% de seu corpo se compõe de água e é muito fácil esse número cair abaixo do nível ideal. Ao beber água, você consegue elevar o percentual e, assim, sentir-se mais saciado e menos propenso a procurar comidas ou bebidas que contenham açúcar.

Além disso, você fica melhor quando está hidratado. A água ajuda a eliminar as toxinas da corrente sanguínea, a movimentar o material digerido ao longo do intestino e a melhorar sua compleição e aparência. Ela também aumenta sua resistência e lubrifica as articulações, facilitando a prática de exercícios.

Se você deseja acelerar um pouco seu metabolismo, beba água fria. Para usar a água, o corpo tem de gastar energia para aquecê-la e elevar a própria temperatura. Para aquecer cerca de dois litros de água gelada, seu corpo pode queimar setenta calorias extras por dia. Pode não parecer muito, mas todos esses pequenos números podem levar a uma grande perda de peso!

Em geral, recomenda-se o consumo de um litro e meio a dois litros de água por dia. Contudo, ao praticar exercícios, acrescente um copo de água para cada vinte minutos, sem beber tudo de uma vez. Dosar a ingestão de água ao longo do dia é mais saudável para você, porque consumir uma quantidade excessiva de uma só vez pode perturbar o equilíbrio eletrolítico de seu organismo e provocar estado de choque.

A lógica vai levar você de A para B.
A imaginação o levará para toda parte.
– Albert Einstein

Use sua imaginação

À medida que a infância vai ficando para trás, pode-se esquecer como reativar os centros infantis do cérebro. Dominar a imaginação e a capacidade de observação pode ajudá-lo a recuperar essa maneira de ver que foi perdida.

Proponha-se à tarefa de olhar um objeto e desenhá-lo, sem pensar no que ele *é*, de fato. Se necessário, comece desenhando o espaço negativo (em torno do objeto) e deixe a mente fantasiar, divagar.

A imaginação não apenas ajuda a aumentar a felicidade, como também a alcançar o que se deseja da vida. De acordo com o doutor Frank Lawlis, em seu livro *The IQ Answer* [*A resposta ao QI*, em tradução livre]:

> Só conhecemos o mundo por meio de nossos sentidos e das interpretações que fazemos dessas sensações. Se nos agarramos à ideia dessas sensações, nosso corpo [e cérebro] não sabe a diferença. Tanto o imaginário quanto a experiência concreta estimulam a mesma rede neurológica.

Use esse fato a seu favor. Diga para você que as coisas estão indo bem – ainda que não estejam – e começará a acreditar na ideia. Pense que é uma pessoa bem-sucedida e passará a agir de maneira que confirme isso. Seu cérebro é capaz de enganá-lo, independentemente de sua vontade, mas você pode lhe dar o troco, com a mesma moeda.

Há quatro coisas que eu, de bom grado, dispensaria:
amor, curiosidade, sardas e dúvida.

– Dorothy Parker

Preste atenção redobrada ao próprio corpo

No intervalo entre seus exames anuais para checar o "bom estado" físico, é importante observar atentamente seu próprio corpo. Você precisa incluir em sua rotina o autoexame das mamas ou dos testículos e também da pele, para detecção de câncer. Talvez você tenha manchas ou pintas de nascença, enquanto outras podem ser mais recentes. Isso não é motivo para pânico, pois a maioria das pessoas desenvolve novas manchas e pintas ao longo da vida. Contudo, é importante localizá-las e observá-las, para ver se apresentam alteração. Uma maneira fácil de fazer isso é desenhar um esboço simples do corpo humano e marcar onde elas se localizam, indicando seu tamanho e formato, se são grandes, redondas ou irregulares.

A regra do ABCD, do Instituto de Pesquisa do Câncer, dos Estados Unidos, usada para identificar melanomas (câncer de pele), pode auxiliar na determinação da diferença entre uma pinta inofensiva (benigna) e outra potencialmente cancerígena:

A, de assimetria: as lesões de melanoma não são simétricas; ao contrário, mostram um formato irregular.

B, de borda: os melanomas, em geral, apresentam bordas irregulares, ao contrário de uma pinta benigna, que normalmente possui bordas lisas e uniformes.

C, de cor: a lesão tem diferentes tons de preto e marrom, já os sinais benignos apresentam, em geral, um tom de marrom.

D, de diâmetro: as lesões de melanoma, na maioria das vezes, são maiores do que 6 milímetros, enquanto as manchas não cancerosas são menores.

Se detectar o aparecimento de qualquer problema, procure logo um médico.

Confie nos homens e eles serão verdadeiros com você. Trate-os com gentileza e eles se mostrarão grandes.

– Ralph Waldo Emerson

Seja o tipo de parceiro que você deseja

O que você procura em um parceiro? Alguém que o receba todas as noites com um abraço carinhoso e esteja, de verdade, interessado em ouvi-lo falar sobre seu dia? Alguém que se lembra de fazer aquelas pequenas coisas para você e, por isso, torna sua vida mais fácil? Ou que o procura apenas para dizer que está pensando em você?

Se você tem um relacionamento, mas está decepcionado porque seu parceiro não corresponde às expectativas, é possível que ele não saiba, ou não compreenda, o que você precisa ou deseja. Comece a se comportar em relação ao parceiro de acordo com o que você considera ser amoroso ou com o que você sabe que ele gosta. À medida que você constrói, ou reconstrói, a intimidade do casal, é provável que veja que seu parceiro começará a fazer coisas que o fazem se sentir querido. Se, no entanto, após ele ter sido, por algum tempo, o tipo de parceiro desejado, você não estiver sentindo o mesmo amor de volta, não se acanhe em lhe dizer: "meu bem, adoro quando você faz X, mas me sentiria muito mais próximo se pudesse fazer Y para mim". Dessa maneira, seu parceiro vai entender o que faz você se sentir bem e, como você tem feito o mesmo por ele, poderá compreendê-lo e querer lhe dar o que você precisa.

Nós não conversamos. Guerreamos uns com os outros, usando fatos e teorias extraídos de leituras superficiais de jornais, revistas e resenhas.

– Henry Miller

Diminua sua necessidade de ruído

Em um mundo cheio de aparente constante zumbido de informações, é difícil se desconectar. Você gasta grande parte de seu tempo ligado à internet, enviando mensagens, assistindo à televisão ou ouvindo rádio? Se esse for o caso, um pouco de silêncio vai beneficiar sua mente.

Procure reservar mais tempo para si e ficar sozinho da maneira mais silenciosa possível. Se você mora em uma cidade ruidosa, pelo menos não preencha esse tempo com mais barulho. Saia para caminhar sozinho e contemplar seus pensamentos em silêncio. Embora possa ser doloroso revisitar a própria mente, procurar se distrair, em vez de enfrentar seus problemas, não o ajuda a resolvê-los. Ao contemplar a vida, será possível ponderar uma série de questões e redescobrir o eu maravilhoso que você tem negligenciado.

Se sua vida está sobrecarregada com o trabalho e/ou com a família, aproveite os poucos minutos só seus (durante o trajeto para o escritório, como exemplo) ou dê prioridade para agendar um tempo de silêncio para toda a família uma vez por dia (após o jantar, talvez), de maneira que todos possam se beneficiar desse exercício.

Eu gostaria de viver como um homem pobre,
porém com muito dinheiro.

– Pablo Picasso

Anote cada centavo gasto durante um mês

A fim de melhorar suas finanças, é importante definir um orçamento mensal e prosseguir dentro dele. Para tanto, o primeiro passo é determinar quanto você ganha. Em seguida, calcule todas as suas despesas mensais, incluindo de alimentos a diversão. Sem esses dados, é impossível determinar quanto você tem para gastar e poupar.

Para calcular o total dos gastos, anote cada centavo usado em um mês, incluindo aqueles trocados para pagar um café. Ou, se você não é do tipo que usa papel e caneta, utilize um programa disponível na internet, como o Mint, que registra e classifica suas transações bancárias. Você também vai precisar olhar seus recibos e anotar quanto gasta em dinheiro – o programa não pode dizer se você gastou aqueles 40 reais no supermercado ou em cafés. Se você não está seguindo o passo nº 1 deste livro, deverá ainda verificar as faturas dos seus cartões de crédito.

A partir daí, será possível avaliar o que você pode cortar em gastos frívolos e começar a colocar esse dinheiro na poupança, para aquelas coisas com as quais você realmente deseja gastar, como dar entrada em uma casa ou fazer uma grande viagem, em vez de dilapidar seus recursos em coisas de que nem precise.

Acho que o que devemos fazer é curtir o passeio,
enquanto estamos nele.

– Johnny Depp

Pense positivo

Alguns cientistas acreditam que cada pensamento que temos é capaz de criar um ciclo positivo ou negativo. Quando você tem pensamentos positivos, otimistas e alegres, é possível convencer o cérebro de que as coisas estão indo bem, o que leva a mais pensamentos felizes e positivos. Quando você pensa de maneira negativa, deixa-se abater ou permite que a ansiedade assuma o controle, pode acabar se convencendo de que o mundo é um lugar triste e solitário e, assim, mirar nas coisas ruins que acontecem e perder as boas.

Se um pensamento negativo vier à sua mente, não seja duro consigo. Ao contrário, procure apenas seguir em frente e substituí-lo por outro, mais feliz. À medida que você se esforçar para pensar de maneira positiva, durante a maior parte do tempo, verá a felicidade aumentar em sua vida. Se encontrar dificuldades para dissipar pensamentos ou comportamentos negativos, avalie a possibilidade de consultar um terapeuta que possa ajudá-lo a aprender alguns mecanismos de defesa e/ou a trabalhar questões do passado que o estejam impedindo de seguir em frente.

A falta de atividade destroi a boa condição de cada ser humano, enquanto o movimento e o exercício físico metódico o salva e o preserva.

– Platão

Pratique exercícios de seis a oito horas por semana

Se você quer perder peso (e ficar bem), tem de se mexer. Para perder um quilo, você tem de queimar cerca de sete mil calorias. Considerando que seu corpo queima, automaticamente, algumas calorias quando está em repouso, isso significa que ou você come menos e deixa o organismo fazer o trabalho por conta própria ou se movimenta mais, ou opta por uma combinação dos dois métodos. Por exemplo, para perder um quilo por semana, você precisa queimar mil calorias por dia, ou reduzir a ingestão de alimentos em mil calorias por dia ou uma combinação dos dois.

Se você fosse apenas comer menos, iria perder peso, mas terminaria sem tônus muscular. Portanto, a fim de melhorar sua saúde cardiovascular e desenvolver os músculos, você deve fazer exercícios, pelo menos, de seis a oito horas por semana. Se o presidente dos Estados Unidos consegue praticar exercícios seis vezes por semana, decerto você pode encontrar uma hora por dia para ir às aulas de ioga, fazer ginástica na academia ou correr em seu bairro. Se você não quer perder seu programa favorito na televisão, grave-o para assistir após retornar da atividade física, como recompensa.

Quando você se esforça para alcançar o condicionamento físico, seu metabolismo responde de maneira parecida, ajudando-o a perder peso e a melhorar o tônus, de modo simultâneo. Pode não parecer divertido no início, mas dedicando-se à prática de exercícios físicos por um mês você vai ficar feliz com os resultados alcançados.

O álcool é um bom conservante para tudo, menos para o cérebro.

– Mary Pettibone Poole

Corte os malfeitores do cérebro

Para dar ao cérebro a oportunidade de operar com sua capacidade máxima, reduza o consumo de álcool e açúcar e elimine o aspartame e o glutamato monossódico (MSG). Cada um deles afeta o cérebro de maneira negativa.

Álcool – Enquanto uma dose ocasional vai afetar o seu cérebro apenas em um curto prazo, com a diminuição temporária de sua capacidade de processar eventos, o consumo excessivo do álcool, em um longo prazo, pode levar a danos cerebrais, doenças cardíacas, demência, derrame, depressão maior e até à morte.

Açúcar – Os estudos sobre o efeito do açúcar no cérebro são escassos, mas há indícios de que o seu consumo é capaz de impedir o desenvolvimento de novas células cerebrais, prejudicar a memória de curto prazo e aumentar a incidência da depressão ou da ansiedade.

Aspartame – Se esse adoçante é perigoso para a saúde humana é uma discussão que ainda persiste, porém, seus críticos acreditam que a substância, que contém excitotoxina (substância química que superestimula as células até à morte), pode causar resistência à insulina, depressão e, se houver alergia, enxaquecas.

Glutamato monossódico – Esse aditivo alimentar é usado para realçar o sabor de determinados alimentos, mas indiferentemente do paladar, o que ele faz para o cérebro é imperdoável. Não apenas pode causar dores de cabeça, apertos no peito e outros sintomas em pessoas sensíveis à substância, como é uma excitotoxina que também pode agravar autismo, transtorno de hiperatividade e déficit de atenção (THDA), além de reprogramar o cérebro, prejudicando a aprendizagem.

Todos os pensamentos verdadeiramente grandes são concebidos em uma caminhada.

– Friedrich Nietzsche

Caminhe pelo menos 10 mil passos por dia

Embora não se queira admitir, a maioria das pessoas leva uma vida sedentária. O máximo de atividade física durante o dia é a ida e a volta da casa para o trabalho. Isso não é bom para o coração, o humor ou a cintura. A atividade física é importante, se você quiser ter uma boa aparência e se manter saudável. Contudo, o que fazer se sua saúde só lhe permite caminhar?

Estudos científicos recentes mostraram que todos devem caminhar pelo menos 10 mil passos por dia para manter o coração e os ossos saudáveis e que isso pode reduzir o risco de doenças cardíacas em até 40%! Para medir seus passos, você pode comprar um pedômetro em qualquer loja de artigos esportivos ou de departamentos. O aparelho contará todos os passos que você der ao longo do dia, ajudando-o a descobrir se vai precisar ser muito mais ativo para alcançar o objetivo. Se você não está pronto para investir em um pedômetro, tenha em mente o seguinte: com base no comprimento médio de um passo, 10 mil passos equivalem a caminhar oito quilômetros, ou caminhar (ou correr) entre trinta minutos e uma hora (dependendo da velocidade do exercício).

Observação: se você está pensando em caminhar com o objetivo de perder peso, médicos e pesquisadores recomendam entre 12 mil e 15 mil passos, diariamente.

A vida nos ensinou que o amor não consiste em olhar um para o outro, mas em olhar juntos na mesma direção.

– Antoine de Saint-Exupéry

Contemple as qualidades que mais deseja

Você pode imaginar seu parceiro ideal? Faça uma lista com as qualidades que lhe são mais atraentes. Comece anotando tudo o que pode ser importante para você: gentileza, confiança, empatia, boas maneiras, fidelidade, charme, aparência etc.

Em seguida, reduza a sua lista "A" àquelas qualidades mais importantes, sem as quais uma pessoa não seria a escolha certa para você. Enquanto define quais características são obrigatórias, faça uma lista "B" com as qualidades que você gostaria que o parceiro tivesse, mas que não são absolutamente necessárias.

Agora, descreva com a maior precisão possível o que significa, para você, cada uma das qualidades da lista "A". Se, digamos, o senso de humor é importante, qual o tipo: irônico, pastelão, piadas limpas ou sujas? Embora o parceiro que você venha a escolher não tenha todas as qualidades da lista, ter uma ideia clara do que se está procurando ajuda a fazer uma boa escolha.

Para o caso de você ter uma queda pela pessoa errada

Além da lista "A", faça outra lista com as qualidades pelas quais você tende a ser atraído e para onde elas levam. Você tende a confundir charme com arrogância, confiança com encenação ou flerte com traição? Identificar seus erros pode ajudar você a evitá-los no futuro e, assim, parar de repeti-los.

O silêncio é uma fonte de grande força.

– Lao Tzu

Mantenha-se em silêncio por um dia

Você fala para preencher espaços ou porque o silêncio o deixa ansioso? Experimente não falar durante um dia inteiro e se privar de enviar e-mails ou postar mensagens em suas redes sociais. No começo, você se sentirá estranho e terá de lutar contra a vontade de dizer o que está pensando e sentindo. Contudo, permanecer em silêncio por um dia permitirá observar o mundo com mais profundidade e entrar em contato com os seus pensamentos mais íntimos.

Com esse exercício, você vai ficar mais à vontade com aqueles silêncios constrangedores que costuma sentir e estar menos propenso a preencher esse espaço com falatório. Ao passar esses momentos sem ansiedade, em relação a quem vai dizer o quê em seguida, você se sentirá mais calmo.

Se for feito com um parceiro, o exercício pode dar espaço à intimidade, porque, às vezes, palavras podem atrapalhar. No dia de silêncio, em vez de dizer um ao outro o que sentem, ambos terão de demonstrar. Momentos de olhares ternos podem ser seguidos por beijos afetuosos e outras coisas mais e, após esse dia, vocês se sentirão muito mais ligados e se compreendendo, em outro nível.

Boa parte da liberdade financeira é ter o coração e a mente livres das preocupações sobre o que pode acontecer na vida.

– Suze Orman

Defina objetivos financeiros específicos

Antes de se sentar para planejar o orçamento mensal, é importante traçar alguns objetivos. Quando você tem uma razão que justifique os cortes em seus gastos e o esforço para economizar, tudo fica mais fácil. Caso contrário, que sentido há nisso?

Comece imaginando todas as coisas para as quais você deseja economizar. Os objetivos podem ser tanto de longo quanto de curto prazo e incluir coisas pequenas, como comprar um computador ou uma televisão nova, ou grandes projetos, como adquirir uma casa, colocar os filhos na faculdade e garantir uma vida confortável na aposentadoria. Alguns desses objetivos, em especial os maiores, são mais bem planejados com a ajuda de um consultor financeiro. Contudo, antes de procurar um profissional, você pode começar a pensar para o que gostaria de economizar.

Para os objetivos menores, abra uma "conta da diversão", na qual vai guardar dinheiro para usar em coisas como um aparelho de TV, férias ou roupas novas. Ao ver o montante crescer todo mês, é provável que você queira poupar mais e se motive a cortar ainda mais seus gastos mensais.

Quando se é grato, o medo desaparece
e a abundância aparece.

– Tony Robbins

Pare de destinar sua atenção ao que lhe falta

Se você deseja começar a melhorar a visão que tem sobre sua vida, pare de olhar para o que não tem e passe a ver o que de fato possui. Quando você coloca uma lente de aumento sobre o que pensa estar errado na vida, como não conseguir comprar algo que deseja muito, manter-se acima do peso, não ter um parceiro ou um bom emprego, essas atitudes servem apenas para fazer de você uma pessoa infeliz.

Comece colocando a atenção em todas as coisas que estão certas em sua vida. Pelo que você é grato? Quem e o que lhe trazem alegria? De que maneira você pode retribuir essa alegria aos outros?

No momento em que você desvia a atenção para longe de si e das coisas que não tem e passa a se concentrar em enriquecer a vida dos outros e nos aspectos positivos de sua vida, torna-se capaz de aumentar sua própria felicidade.

Dito isso, se houver alguma coisa em sua vida que gostaria de melhorar, como finanças, peso, vida amorosa e carreira, comece a traçar um plano de ação. Quais mudanças você precisa fazer para seguir na direção que deseja? Precisa voltar para a escola? Matricular-se em uma academia? Procurar um consultor financeiro? Use as dicas deste livro para ajudá-lo a seguir no caminho certo, mas não se esqueça das boas coisas que existem em sua vida agora.

Adoro andar de bicicleta, pois é um excelente exercício aeróbico e também um ótimo momento para pensar. É como "comprar um e levar dois".

– Robin Williams

Entenda os benefícios do exercício aeróbico

O exercício aeróbico é o caminho mais rápido para perder peso e manter a saúde. A cada semana, procure fazer, pelo menos, duas horas e meia de exercícios de intensidade moderada (isso significa que você pode falar, mas não cantar ou, no caso de estar usando um monitor de frequência cardíaca, o equivalente entre 55% a 69% de sua frequência cardíaca máxima) durante, no mínimo, vinte minutos por dia. Essa atividade vai elevar sua frequência cardíaca e a circulação sanguínea e melhorar o fluxo de oxigênio para o corpo, o que, por sua vez, ajudará a estimular seu metabolismo.

Se você procura razões que o inspirem a se exercitar, aqui estão algumas:

- Atividade física regular reduz o risco de doenças cardíacas, diabetes tipo II, acidente vascular cerebral, certos tipos de câncer e osteoporose.
- Atividade física regular e queima de, pelo menos, 800 calorias por semana pode ter um impacto benéfico sobre o colesterol, elevando o HDL (o colesterol "bom") e diminuindo o LDL (o colesterol "ruim") e as triglicérides.
- O exercício aeróbico reduz a tensão muscular e a quantidade de hormônios do estresse em seu corpo.
- Ele aumenta as endorfinas, liberando quantidades maiores de serotonina em seu cérebro, o que ajuda a equilibrar o humor ou a aliviar a depressão.
- A prática melhora a circulação, elimina toxinas nocivas e protege contra rugas.

Ideias para exercícios de intensidade moderada

Caminhada acelerada.
Videogames ativos, como o Wii®.
Andar de bicicleta em terreno plano.
Cortar grama.
Tênis.
Canoagem.

Acho a televisão muito educativa. Toda vez que alguém liga o aparelho, vou para a outra sala e leio um livro.

– Groucho Marx

Limite o tempo gasto assistindo televisão

A TV transforma você em um idiota. Bem, talvez não seja tão ruim assim, mas ela, com certeza, não melhora sua inteligência, ainda que você só assista ao *Discovery Channel*. É assim porque você recebe informações de maneira passiva, em vez de adquiri-las de maneira ativa.

Quando se coloca a televisão no centro da vida, também se perdem momentos de ligação com a família e os amigos. Embora todos possam estar na mesma sala, a atenção está na tela à frente e não na construção de relacionamentos mais profundos.

Embora você possa se opor, retire a televisão do quarto de dormir. Ela está destruindo sua intimidade e a vida amorosa, porque é muito provável que os momentos que você passa assistindo a um programa tarde da noite sejam aqueles nos quais, do contrário, gastaria conversando ou fazendo amor.

Preencha o tempo que você costuma gastar com isso fazendo alguma coisa que melhore sua vida. Leia um livro. Faça um passeio e aproveite o ar livre. Visite um museu. Tire fotografias. Ligue para um amigo. Qualquer coisa em que você precise usar o cérebro é melhor para sua felicidade e inteligência do que ficar sentado em um sofá olhando para uma televisão, sem pensar.

Caminhar é o melhor remédio para o homem.

– Hipócrates

Previna o aparecimento da osteoporose

Durante os primeiros 30 a 40 anos de sua vida, o corpo produz e armazena matéria óssea de maneira muito eficaz. Contudo, por volta dos 35 anos, para as mulheres, e 45 anos, para os homens, os ossos podem começar a perder a sua densidade, tornando-se mais propensos a fraturas. Entretanto, a perda de massa óssea pode ser evitada. Apesar de você não poder parar o processo de envelhecimento, pode reduzir seus fatores de risco.

A osteoporose (perda óssea) pode ser causada por deficiência de vitamina D, fumo, falta de atividade física, consumo abusivo de álcool, ingestão de refrigerantes e/ou baixo peso corporal. Para ajudar a se proteger contra a doença, pare de fumar, aumente a ingestão de cálcio para 1 500 miligramas e tome um suplemento de vitamina D, que ajude o corpo a absorvê-lo. Pratique exercícios de sustentação de peso (aqueles em que você pode adicionar peso ao corpo para melhorar a capacidade física, como caminhada, corrida, ioga ou dança aeróbica) e avalie a possibilidade de levantar pesos ou outra forma de treinar a força. Com essas mudanças, você se tornará mais ativo durante toda a sua vida.

Ótimas fontes não lácteas de cálcio

A ingestão de quantidade suficiente de cálcio, D3 e proteína pode prevenir a doença, mas se você não come laticínios, eis outras fontes ricas em cálcio.

- Tofu firme, preparado com sulfato de cálcio (1 721 mg).
- Sardinhas (569 mg).
- Manteiga de gergelim (64 mg por colher de sopa).
- Espinafre cozido (245 mg).
- Figos (241 mg).

Os valores se baseiam em porções de uma xícara, salvo indicação em contrário.

Seja qual for a matéria de que nossas almas são feitas,
a dele e a minha são iguais.

– Emily Brontë

Crie um ciclo saudável

Há aqueles que sempre se apaixonam pelas pessoas erradas. Não que você faça isso de propósito, apenas acontece, não é? Bem, está na hora de quebrar esse ciclo nocivo, antes que você acabe em outro relacionamento sem saída. Adiante, neste livro, você verá quais são as qualidades que deseja atrair, mas olhar para as qualidades nada saudáveis pelas quais você se sente atraído é igualmente importante.

Você é daqueles que se interessa por pessoas que não estão disponíveis, talvez porque goste da emoção da conquista, mas, depois que consegue o intento, descobre que elas são incapazes de lhe dar o amor de que precisa? Você se envolve com pessoas que têm dificuldades para lidar com questões delicadas dentro do relacionamento, devido à própria bagagem? Você namora "meninos maus" ou "meninas más" porque são excitantes, mas depois descobre que são imaturos ou coisas piores?

Uma vez que tenha identificado de que maneira a flecha do seu Cupido errou o alvo, você pode começar a trabalhar para mudar sua trajetória. Por exemplo, se deseja excitação, procure encontrar alguém que goste de viajar para lugares exóticos ou que pratique esportes de alta adrenalina. Ao encontrar outras maneiras mais saudáveis para preencher suas necessidades, você terá mais chances de um relacionamento duradouro e gratificante, com menos drama. Com esse conhecimento em mãos, dedique o melhor de si, seja aquela pessoa assertiva, leal e confiante que é e não esqueça de aceitar somente parceiros que vão respeitar e tratar você como merece.

Respire. Deixe para lá. Lembre-se de que este exato momento é o único que você, com certeza, sabe que possui.

– Oprah Winfrey

Tome consciência de sua respiração

A maneira de respirar afeta o estado mental. Quando há uma hiperventilação, ou seja, quando se respira rapidamente em reação a uma situação estressante ou ameaçadora, chega-se em um ciclo difícil de quebrar, porque a respiração rápida não permite que oxigênio suficiente alcance o cérebro, o que pode aumentar a ansiedade. No entanto, tomar consciência da respiração e diminuir seu ritmo de modo que, ao inspirar, os pulmões se encham por completo, não a ponto de provocar desconforto, e, depois, ao expirar, esvaziem-se também por completo, permite passar o dia com menos tensão. Quando você respira adequadamente, seu cérebro recebe mais oxigênio e pode funcionar de maneira mais eficiente. O resultado é um ciclo de retorno positivo de relaxamento. É possível notar, inclusive, que, enquanto você trabalha sua respiração, torna-se mais capaz de permanecer presente em cada momento, em vez de pensar com ansiedade no que ainda está por vir.

Melhore a eficiência dos seus pulmões

Ao tomar consciência da respiração, talvez você venha a perceber que não consegue respirar profundamente. Se esse é o resultado de um estilo de vida marcado por ansiedade ou tensão, continue praticando. Você vai chegar lá. Eis algumas maneiras de melhorar a eficiência dos pulmões e, talvez, sua longevidade.

- Pratique exercícios aeróbicos regularmente.
- Aprenda a tocar um instrumento que exija o uso da respiração.
- Pratique respiração profunda.
- Faça atividade física em altas altitudes, nas quais há menos oxigênio.

Meu problema é reconciliar meus hábitos brutos com minha renda líquida.

– Errol Flynn

Defina um orçamento doméstico e o cumpra por, pelo menos, um mês

Parabéns! Você alcançou uma etapa em que pode criar seu orçamento mensal. Você já fez todo aquele trabalho duro de calcular quanto recebe por mês, quais são seus gastos mensais e o dispêndio (médio) em compras não essenciais. Agora, você vai usar todas as informações para criar um orçamento viável, seguindo os passos:

1. *Classifique seus gastos* – Por exemplo, anote todas as despesas relacionadas ao carro, como combustível, seguro, prestações, manutenção, estacionamento e impostos e coloque-as em uma categoria intitulada "Carro". Faça o mesmo com itens relacionados com entretenimento, casa etc.
2. *Compare quanto você gastou com quanto você ganhou no mês passado* – Você ficou abaixo do orçamento? Se sim, colocou o dinheiro em uma conta de poupança? Ou será que você foi além do que devia?
3. *Corte suas despesas* – Isto é muito importante se você gastou mais do que ganhou. Procure em cada categoria por aquelas despesas que podem ser cortadas, de modo que se mantenha dentro do orçamento.
4. *Não se esqueça de poupar* – Olhe para o que sobrou. Se puder, talvez queira comprar uma pequena almofada que custe 20 reais ou 200 reais, dependendo de sua condição financeira, mas tome a diferença entre o que você ganha e o que está comprometido no orçamento para gastar e guardar na poupança.

Se tivermos pensamentos felizes, seremos felizes.
Se tivermos pensamentos infelizes, seremos infelizes.
– Dale Carnegie

Use a linguagem correta

Talvez isso possa surpreendê-lo, mas a linguagem tem a capacidade de fazer você manifestar um efeito positivo ou negativo na própria vida. Se você é cético em relação ao poder desse tipo de manifestação (um tema que será discutido com mais profundidade adiante), apenas pense na questão como "definir suas intenções".

Por exemplo, imagine que está prestes a entrar no palco para fazer um discurso para centenas de espectadores. Como a maioria das pessoas diante dessa situação, é muito provável que você sentisse um frio na barriga! Se, antes de subir ao palco, você começasse a pensar "estou muito nervoso, vou esquecer o que tenho a dizer e todos vão rir de mim", é capaz que se sentisse ainda mais ansioso, a ponto de até, de fato, esquecer o discurso! Se, por outro lado, dissesse a si próprio: "puxa, isso é muito excitante, vou subir no palco e compartilhar minhas opiniões com todas essas pessoas", você estaria se preparando psicologicamente para enfrentar a situação e, assim, aumentaria as chances de fazer uma excelente apresentação.

É importante estar atento à linguagem que você usa em todas as áreas da vida. Ao se fortalecer com uma fala construtiva e definir suas intenções, seja para conseguir um novo emprego, mudar para uma casa nova ou para encontrar um ótimo parceiro, você, de forma inconsciente, começa a fazer escolhas que o colocam no caminho certo para a felicidade mais profunda.

Em geral, desde o aprimoramento da culinária, a humanidade come duas vezes mais do que a natureza exige.

– Benjamin Franklin

Mantenha um diário alimentar

Se você tem tido dificuldade para perder peso, pense no que anda comendo. Embora seja importante ter uma alimentação saudável, uma caloria é sempre uma caloria, venha ela de uma maçã ou de uma barra de chocolate. E, embora seja improvável que você vá comer tantas maçãs a ponto de ultrapassar suas necessidades calóricas de um dia, procure ter consciência do quanto está comendo. Para isso, mantenha um diário alimentar.

Ele pode ser simples ou complexo, só depende de você. Comece com um diário simples. Escolha uma agenda ou um caderno (algo que seja fácil de carregar e de ter à mão) e anote as datas dos próximos cinco dias no topo das primeiras cinco páginas. Então, para os próximos cinco dias, anote tudo o que você comer e beber. Se quiser, pode separar as anotações de acordo com as refeições. Tudo vai para o diário, de adicionar leite ao café, tomar uma cerveja com os amigos, até passar manteiga no pão, uma vez que tudo fará parte da somatória.

Após completar os cinco dias, dedique alguns minutos para calcular o valor calórico de cada alimento e bebida e anote o total de cada dia na parte inferior da página. Você esteve acima ou abaixo da quantidade máxima de calorias que deveria ingerir por dia? Apesar dos exercícios físicos, você acabou adquirindo mais calorias do que queimou? Se assim for, para perder peso, você vai precisar cortar calorias ou aumentar a atividade física, ou ambos.

Um hobby *é o trabalho duro que você não faria para ganhar a vida.*

– Autor desconhecido

Coloque sua mente para funcionar

Comece a usar seu cérebro. Você pode argumentar que o utiliza todos os dias! Você usa, de verdade? Você pensa, conscientemente, nas escolhas que faz em sua vida diária ou gasta mais tempo agindo por impulso? Você segue uma rotina capaz de desafiar sua mente ou a deixa desligada, preferindo passar as noites vegetando em frente à televisão? Ao longo deste livro, você vai aprender uma série de maneiras para colocar o cérebro para funcionar e, assim, tirar o máximo proveito de sua capacidade no trabalho, em casa e no convívio com a família, amigos e colegas.

Enquanto isso, seguem ideias para estimular seus fluidos mentais, novamente:

- Viaje para um lugar conhecido, fazendo um novo caminho.
- Imagine novos usos para objetos comuns.
- Dedique-se a um novo *hobby* ou se aprofunde no que você já tem.
- Aprenda a tocar um instrumento musical.
- Pare de fazer várias coisas ao mesmo tempo, pois, assim, será mais eficiente e menos estressado!
- Vá a um lugar desconhecido, propondo-se a coisas que, normalmente, não faria.
- Leia os livros de que você gosta, mas inclua outros que possam desafiar seu vocabulário, sua filosofia, ou seu estilo literário.

Seja verdadeiro com os seus dentes e eles não serão falsos com você.

– Soupy Sales

Cuide bem de seus dentes e gengivas

Seu dentista vai agradecer por esta dica. Se você quer viver uma vida longa e saudável, precisa limpar os dentes com uma escova de cerdas macias e usar o fio dental, pelo menos, duas vezes por dia. À medida que você envelhece, embora a incidência de cáries diminua, a probabilidade de ser acometido por gengivite aumenta. Ela não é apenas ruim para sua respiração, mas também pode causar outras doenças graves, porque as bactérias alojadas em sua boca entram na corrente sanguínea. Também é preciso tomar cuidado com outro problema em sua gengiva, a periodontite, uma inflamação que provoca a perda do osso que sustenta os dentes e causa a retração da gengiva, facilitando a entrada de bactérias nocivas na corrente sanguínea. Essas duas doenças gengivais também têm sido associadas à osteoporose, ao câncer e, inclusive, ao diabetes tipo II.

Se há mais de seis meses você não vai ao dentista, marque uma consulta para fazer uma boa limpeza e, assim, arrancar esses males pela raiz. Embora não seja incomum o medo da cadeira do dentista, já existem cremes anestésicos e outros recursos que podem tornar a experiência muito mais agradável do que no passado.

Nunca se envolva com alguém
que queira mudá-lo.

– Quentin Crisp

Aceite o seu *eu* sexual

Todos têm desejos e apetites sexuais diferentes. O que uma pessoa gosta pode ser uma verdadeira ducha de água fria para outra. Enquanto uma pessoa deseja fazer sexo todos os dias, outra pode ficar satisfeita com uma relação sexual, uma vez por semana ou menos. Saber o que é bom para você e aceitar esse aspecto próprio não só é importante para sua felicidade, como o ajuda a encontrar um parceiro compatível.

Procure perseguir seus interesses sexuais e explorar o que o atrai. Você pode se surpreender e abrir novos caminhos para explorar. Desde que seus desejos sejam satisfeitos por si ou por um adulto (ou adultos) em uma relação consensual, então eles são válidos. Uma vez que você se abra para o prazer do toque em suas diversas formas, vai se sentir mais à vontade na cama, com muito mais facilidade para atingir orgasmos intensos em mais oportunidades.

Os assuntos do mundo não cessam nunca.
Não adie a prática da meditação.
– Milarepa

Respire fundo por cinco vezes, em intervalos regulares, durante o dia

Existem muitos tipos de práticas de ioga, mas todos dedicam especial atenção à respiração, porque quando o praticante se alterna entre posições difíceis, ao trazer o foco de volta para a respiração permite permanecer presente e trabalhar a dor. Você também pode usar a prática fora das aulas de ioga, aumentando o fluxo de oxigênio para o cérebro e, dessa maneira, estimulando a resposta de relaxamento e mantendo-se mais presente em sua vida cotidiana.

Para respirar profundamente, comece expirando devagar pelo nariz ou pela boca, fazendo com que o estômago empurre o ar para fora por completo, enquanto você conta até cinco. Então, inspire lentamente pelo nariz contando até cinco e segure a respiração, enquanto conta até dois antes de liberar o ar, aos poucos. Procure manter a atenção no diafragma ou no estômago e não nos pulmões, para se integrar totalmente ao corpo enquanto respira.

Em intervalos regulares, ao longo do dia, ou em qualquer momento no qual se sinta sobrecarregado, respire fundo por cinco vezes para ajudar a relaxar e a pensar de maneira mais clara.

Farte-se do jarro no início e no fim e economize no meio.
Quando vir o fundo, já será muito tarde para poupar.

– Hesíodo

Automatize a sua poupança

Agora que você preparou o orçamento e definiu os objetivos financeiros, torne mais fácil essa realização mensal, automatizando suas economias. Peça à instituição bancária de sua preferência para programar uma transferência automática, de valor predeterminado, de sua conta corrente para uma aplicação, todos os meses.

Antes de entrar em pânico, por favor, entenda que não se trata de uma sugestão para que você poupe todo seu dinheiro extra, pelo menos, não no início. Comece devagar, guardando 100 reais por mês ou 3% do seu salário. Se notar que pode fazer isso sem esforço, vá elevando o valor aos poucos, à medida que se torna cada vez mais eficiente em não gastar com frivolidades. Ao notar o crescimento do saldo, procure permanecer firme no propósito, evitando a tentação de gastar com imprudência. Além disso, poder contar com o dinheiro mais tarde vai ajudá-lo em caso de emergência, ou quando chegar a hora de fazer uma grande aquisição.

Comece amplo, alargue ainda mais,
e nunca olhe para trás.
– Arnold Schwarzenegger

Crie imagens positivas

Você já conhece a importância de usar uma linguagem positiva. Nesta semana, vai aprender como é essencial criar imagens positivas em sua mente. Quando você pensa no futuro, até de curto prazo, o que imagina? Vê-se em dificuldades com um parceiro que não o apoia do jeito que você precisa ser apoiado? Ao se sentir inseguro com relação ao rumo que a vida está tomando, é fácil escolher o caminho mais difícil, imaginando um futuro sombrio, solitário e absolutamente deprimente! Infelizmente, tal tipo de atitude apenas cria um ciclo negativo, dificultando o surgimento da inspiração para fazer mudanças positivas importantes, quando tudo o que se consegue ver é um horizonte sem brilho pela frente.

Retomando o exemplo do discurso em público, sobre o qual você refletiu na Semana 5, se além da linguagem negativa você imaginasse os espectadores rindo de sua figura, de maneira nenhuma isso iria ajudar o nervosismo. Se, ao contrário, você visualizasse o público aplaudindo de pé, aí sim, a imagem iria ajudar a alimentar seu entusiasmo. É uma questão de usar, juntas, a linguagem e a visualização positivas, para criar um prognóstico satisfatório que se cumpra sozinho.

Comece a visualizar um futuro cheio de sucesso e felicidade, com amor e muitas pessoas que o apoiam ao redor. Após redirecionar sua mente para esse caminho mais positivo, você vai começar a se mover em direção à imagem e fazer as mudanças necessárias para alcançá-la, seja encontrando outro emprego, uma casa nova ou um novo parceiro. Acredite: você consegue!

Dizer que a obesidade é causada, meramente, pelo consumo excessivo de calorias é como dizer que a única causa da Revolução Americana foi a Festa do Chá, de Boston.

– Adelle Davis

Evite o xarope de milho, rico em frutose

Com a atual proliferação, no mercado, de produtos que afirmam conter "açúcar verdadeiro", você pode se perguntar se existe diferença entre esse (sacarose ou açúcar de mesa) e a substância conhecida como HFCS (sigla para *high-fructose corn syrup* – xarope de milho rico em frutose, ou glucose de milho). Como foi possível constatar, sim, existe. Embora o açúcar natural não seja "saudável", o composto químico HFCS, criado em 1957, que se tornou uma alternativa extremamente popular e barata ao primeiro, é ainda pior para uso. Em 2010, pesquisadores da Universidade de Princeton revelaram que ratos alimentados com uma dieta de HFCS ganharam 48% mais peso (em especial, em torno do abdome) e tiveram um aumento acentuado de gordura no sangue, em comparação aos alimentados com o açúcar de mesa.

Entretanto, isso não é tudo. Outras pesquisas afirmaram que, além de causar rápido ganho de peso, o HFCS pode provocar resistência à insulina, levando ao diabetes tipo II e à doença da gordura no fígado. Outros estudos demonstraram, ainda, que a substância pode afetar a capacidade do organismo de reconhecer quando já está satisfeito, prejudicando a sensação de saciedade. Infelizmente, o xarope de milho é usado em muitos produtos alimentícios industrializados, o que nos leva à obrigação de permanecer atentos aos rótulos, inclusive daqueles que não sejam doces.

Produtos nos quais atentar para a presença do xarope de milho

- Pães e cereais
- Chocolates e outros doces
- Refrigerantes
- Sopas
- Molhos para salada
- Laticínios
- Produtos à base de tomate (*ketchup,* molhos para massa etc.)

É a mente que constrói o corpo forte e radiante ou que o faz definhar em pele e ossos.

– Sri Sathya Sai Baba

Dê ao cérebro as vitaminas de que ele necessita

Para funcionar com sua capacidade máxima, o cérebro requer certas vitaminas. Embora o melhor seja obtê-las nos alimentos consumidos, é possível também encontrá-las na forma de suplementos, caso sua dieta não ofereça quantidades suficientes desses nutrientes. Eis uma lista das vitaminas essenciais para a saúde duradoura do cérebro:

Vitamina A – Ajuda a proteger as células cerebrais dos radicais livres e melhora a circulação na corrente sanguínea e, por consequência, no cérebro.

Vitamina B12 – Auxilia na produção de DNA e na síntese de ácidos graxos.

Vitamina B6 – Ajuda a converter o açúcar em glicose, que o cérebro usa como combustível. Pode também melhorar a memória, ajudar a prevenir doenças do coração e aliviar os sintomas da TPM.

Vitamina B1 – Auxilia na melhora da função da serotonina, substância química que regula o humor, a digestão, a aprendizagem e a memória.

Vitamina B9 – Ajuda a circulação cerebral, inibindo o estreitamento das artérias no pescoço. Estudos sugerem que suplementos diários de B9, também conhecidos como ácidos fólicos, podem reduzir a probabilidade de certos problemas psiquiátricos relacionados com a idade, incluindo a demência.

Vitamina C – Elemento-chave na criação de outros neurotransmissores, além de ajudar a prevenir a doença de Alzheimer.

Vitamina E – Restaura os receptores de neurotransmissores danificados, ajudando a evitar a deterioração do cérebro, pelo envelhecimento. Administrada em combinação com o selênio, pode melhorar o humor como um todo e a função cognitiva dos idosos, além de prevenir ou retardar a progressão da doença de Alzheimer.

Um hábito repugnante para os olhos, odioso para o nariz,
prejudicial ao cérebro, perigoso para os pulmões
e o mau cheiro do seu vapor negro
lembra de perto a horrível fumaça do abismo infernal.

– Rei James I

Pare de fumar

Atualmente, não se faz necessário dizer que fumar não é saudável, pois você já deve saber disso. O fumo faz mal para pulmões, ossos, boca e órgãos reprodutivos. É prejudicial para as finanças pessoais, para o meio ambiente, graças à poluição e ao lixo gerado, e para aqueles ao redor do usuário.

Se todas essas razões não são boas o suficiente, o tabagismo também leva ao envelhecimento prematuro. Porque, embora todos aqueles antigos astros de Hollywood possam ter parecido muito charmosos fumando um cigarro, se você o fizer, é pouco provável que, aos 50 anos de idade, pareça-se com algum deles nas telas.

O fumo provoca constrição dos vasos sanguíneos e compromete o colágeno facial, fazendo sua pele ressecar e ficar mais enrugada, dando-lhe menos de uma chance de se recuperar, se deixar o hábito. Portanto, antes de fazer mais estragos ao rosto, largue o cigarro e encontre uma maneira de se livrar dessa sinistra conduta.

Com tantas opções disponíveis para ajudar a parar de fumar, incluindo de goma e medicamentos à hipnoterapia e acupuntura, algum método deve funcionar para você, caso tenha dificuldade de abandonar o hábito de uma só vez, usando apenas a força de vontade. Saiba mais em <http://bvsms.saude.gov.br/bvs/dicas/130pararfumar.htm>.

Eu realmente não confio nos homens que dizem que não gostam de pornografia.

– Richard Melville Hall, conhecido por Moby

Livre-se da vergonha

A vergonha, na cama, é o pior tipo de anticlímax. Quando alguém tem vergonha do próprio desempenho, de seu corpo ou da participação no ato sexual está praticamente fadado a gerar o esfriamento do parceiro e impedir ambos de desfrutar com plenitude uma rica experiência. Antes de se envolver em uma relação com alguém, se possível, é importante resolver esses sentimentos de vergonha, de modo que eles não venham a ter um impacto negativo em sua vida sexual.

Se você tem vergonha quanto à sua sexualidade, o primeiro passo é determinar a origem desses sentimentos. Quando era mais jovem, você foi alvo de gozações relacionadas ao sexo ou a seu corpo? Sua educação ou religião têm alguma influência na maneira como vê o sexo, hoje? Você tem baixa autoestima ou uma autoimagem corporal ruim? Ocorreu algum trauma sexual em seu passado do qual você se envergonha? Independentemente da causa da vergonha, procure trabalhar para identificá-la, mas se você não se sentir capaz de lidar com os sentimentos, procure um conselheiro ou um terapeuta. Depois de eliminar esses pensamentos e sentimentos negativos de sua vida, você não apenas vai se sentir mais feliz, como também estar mais em sintonia e à vontade com suas próprias necessidades sexuais e as de seu parceiro.

Você nunca está sozinho ou desamparado. A força que guia as estrelas também guia você.

– Shrii Shrii Anandamurti

Escolha um símbolo espiritual

Por séculos, os seres humanos têm usado imagens para simbolizar ideias elevadas que inspiram sua vida. Se você está interessado em conhecer um centro espiritual, ou está à procura de uma imagem ou ideia na qual se concentrar durante a meditação, como algo que você gostaria de alcançar ou um mantra para a sua vida, procure um guia de símbolos. Esses livros oferecem centenas de opções para escolher. Algumas delas possuem distintos significados em diferentes culturas ou religiões, de modo que enquanto um ícone pode não funcionar para você em determinada situação, poderá servir em outra. Seguem exemplos a ser considerados:

Infinito – Representa não apenas o infinito, mas também a perfeição, o equilíbrio e a harmonia das energias masculina e feminina.

Cruz Ansata (Ankh egípcio) – Usado pelos antigos egípcios para representar a vida eterna e também a união entre homem e mulher.

Leão – Representa coragem, poder e dominação.

Om – Mantra budista que representa os quatro estados da consciência: vigília, sono, sonho e estado transcendental. Acredita-se que seja o som do universo cósmico e pode ser usado como ponto de reflexão.

Pentagrama – Estrela de cinco pontas que representa os quatro elementos: terra, ar, fogo e água, coordenados pelo espírito.

Fênix – Ave mítica que pode simbolizar o renascimento físico, espiritual ou emocional.

Espiral – Muitas vezes ligado a energias femininas e à fertilidade.

Yin Yang – Símbolo taoísta que representa os dois lados de uma só moeda: claro/escuro, masculino/feminino, bem/mal.

Odeio os bancos. Não fazem nada de positivo para ninguém, exceto cuidar de si mesmos. Eles são os primeiros a aparecer, quando se trata de suas taxas e os primeiros a sumir, se há algum problema.

– Harvey Goldsmith

Não tolere tarifas bancárias

Se toda vez que você verifica o extrato bancário há alguma nova e estranha tarifa lançada, é hora de ligar para seu banco. Nos Estados Unidos, por exemplo, há quatro tipos comuns que um banco pode cobrar: taxas mensais, tarifa para compensação de cheques, taxa de administração do saldo mínimo e tarifa para saque a descoberto. Se você já viu essas ou quaisquer outras taxas misteriosas em seu extrato, ligue para seu banco e solicite o cancelamento ou a isenção permanente da cobrança. Se o banco negar, pressione um pouco mais e pergunte o que ele pode fazer por você, para mantê-lo como cliente. Talvez haja um tipo de conta que melhor se ajuste à sua situação financeira, ou o banco pode exigir o depósito de um cheque por mês para obter certas isenções. Em geral, há maneiras de se evitar as tarifas, assim, se o banco não estiver disposto a trabalhar com você, procure outro que esteja.

Não deixe que a negatividade que o mundo lhe traz o enfraqueça. Ao contrário, traga para si o que pode fortalecê-lo.

– Les Brown

Livre-se da negatividade

Até este ponto, você sabe que é importante pensar de forma positiva e refletir sobre o futuro de maneira construtiva. Contudo, isso nem sempre é tão fácil. Você se deixa abater em tempos de crise? Às vezes, permite que uma voz negativa interior tire o melhor de você? Deixa que esses pequenos pensamentos nocivos assumam o controle do seu dia, da semana, do mês, ou até da sua vida? Você precisa trabalhar para quebrar esse ciclo.

De início, reserve algum tempo sozinho para identificar de que lugar aquela voz está vindo. De quem é essa voz? É de um falso amigo da infância? De um professor? A voz de algum parente ou dos pais? É mais provável que ela não seja sua, por isso, identificar a quem pertence será o primeiro passo para detê-la. Depois de vê-la como algo fora de você, será mais fácil lhe dizer para que se cale, o que é recomendável que seja feito de forma literal. Da próxima vez que essa voz começar a lhe dizer coisas negativas, seja enérgico com ela, dizendo-lhe: "sabe de uma coisa, [insira o nome da pessoa aqui], eu não estou ouvindo você". Então, lembre-se de que você é incrível, amável, bem-sucedido etc. e continue firme em sua jornada.

O processo pode ser um pouco demorado, mas vai levá-lo a descobrir em você uma pessoa muito mais feliz, calma e equilibrada!

Quem já provou melancia, sabe o que os anjos comem.

– Mark Twain

Coma frutas e legumes

Ao se alimentar desse tipo de alimento, você estará fornecendo a seu corpo fontes ricas em vitaminas e minerais necessários à sobrevivência. Embora você possa obter alguns de seus nutrientes ingerindo suplementos, consumir alimentos que os contenham ainda é a maneira mais eficiente de dar ao corpo a nutrição de que ele precisa. Pesquisadores acreditam que, embora os suplementos possam ser úteis, os nutrientes encontrados nos vegetais são absorvidos e processados pelo organismo de maneira mais eficiente do que os existentes nos suplementos vitamínicos.

Além disso, ao consumir frutas e legumes frescos, seu teor de fibras e água vai ajudá-lo a se sentir saciado por mais tempo e, assim, menos propenso a comer um segundo prato ou fazer aquele lanche nada saudável.

Para garantir que você está ingerindo todos os nutrientes importantes, encha seu prato de alimentos coloridos e coma, pelo menos, cinco porções por dia. Diferentes vegetais, como você verá mais adiante, neste livro, oferecem diferentes nutrientes, por isso, inclua em seu cardápio uma grande variedade de alimentos naturais.

Não cave sua sepultura com seu garfo e sua faca.

– Ditado popular

Limite os alimentos ricos em gordura para manter o cérebro jovem e saudável

Alimentos com essa característica não são bons nem para o corpo nem para o cérebro. Um estudo revelou que os alimentos gordurosos podem viciar tanto quanto a cocaína ou a heroína. Em outra pesquisa, quando ratos ingeriram esses alimentos, os receptores de dopamina – neurorreceptores no cérebro que registram o prazer e reforçam o comportamento – tornaram-se sobrecarregados. Quanto mais alimentos gordurosos eles consumiam, mais os níveis dos receptores caíam. Isso significa que eles tinham de comer mais alimentos ricos em gordura apenas para recuperar a conhecida sensação de prazer, assim como um dependente químico tem de consumir quantidades maiores de drogas para atingir determinado estado de euforia.

Outro estudo mostrou que quanto maior a quantidade de gordura na dieta de uma mulher, mais propensa ela está a sofrer um acidente vascular cerebral. Com base em uma pesquisa com 88 mil mulheres, o estudo descobriu que aquelas que consumiam 95 gramas de gordura por dia, contra 25 gramas, eram 44% mais propensas a desenvolver um acidente vascular cerebral. Considerando que alguns hambúrgueres de certas redes de *fast-food* têm 60 gramas de gordura ou mais, se você é mulher e quer evitar um derrame, é melhor começar a ler as informações nutricionais dos alimentos e cortar, ou pelo menos reduzir, esse tipo de comida.

Além da pesquisa, um estudo canadense, de 2008, associou uma dieta rica em gordura a alterações cerebrais semelhantes ao mal de Alzheimer. Portanto, se você quiser manter cérebro e corpo saudáveis, preserve a ingestão de gordura em níveis baixos, certificando-se de comer aquelas consideradas saudáveis, como as encontradas no abacate, no salmão e no azeite de oliva.

Coma pouco e durma bem.

– Ditado popular

Limite suas calorias para reduzir os efeitos do envelhecimento

Reduzir a quantidade de gordura vai manter seu cérebro funcionando na capacidade máxima. Você sabia, porém, que reduzir o consumo total de calorias pode influenciar o processo de envelhecimento? A ideia, proposta pela primeira vez pelo cientista Roy Walford, da Universidade da Califórnia, em Los Angeles, tem sido corroborada por muitos estudos científicos. Nos mais recentes, participantes que comeram menos de mil calorias por dia de alimentos ricos em nutrientes experimentaram uma diminuição dos níveis de insulina no sangue e da temperatura corporal, características com frequência encontradas naqueles que tiveram vida longa. Os autores desses estudos acreditam que as dietas de baixas calorias podem funcionar para aumentar a longevidade, pois o organismo metaboliza menos alimentos e produz menos radicais livres e também porque restrições calóricas severas são capazes de afetar certos genes.

Se você está pensando em embarcar em uma dieta de baixas calorias, consulte antes seu médico para identificar quaisquer complicações de saúde. Além disso, tenha em mente que esse tipo de programa alimentar pode ser muito difícil de cumprir. Embora você, provavelmente, vá perder peso, poderá se sentir irritado e ter dores de cabeça durante os primeiros dias ou semanas. Consumir uma quantidade muito menor de alimentos também vai desacelerar seu metabolismo.

Na vida real, sou completamente seca,
quando toco, sou uma manga e no sexo,
sou louca para ser uma manga suculenta.

– Tori Amos

Explore todas as zonas erógenas

Elas estão por todo seu corpo apenas esperando ser ativadas. Essas áreas contêm muitas terminações nervosas que, quando estimuladas, são fontes de excitação. Existem dois tipos de zonas erógenas: primárias e secundárias. As primárias são aquelas que entram em contato com uma membrana mucosa, como os lábios, a vagina e o pênis. As secundárias são sensíveis, mas não estão em contato com membranas mucosas. Aqui está um resumo das zonas erógenas mais comuns e a maneira como estimulá-las:

Couro cabeludo – Passe os dedos por toda a cabeça do parceiro e por entre seus cabelos.

Orelhas – Dê mordidas leves nos lóbulos, respire ao pé do ouvido ou apenas contorne-as com os dedos para obter uma resposta positiva.

Lábios e língua – Provoque seu parceiro, passando a língua sobre os lábios dele, beije-o profundamente e não tenha medo de usar a língua para explorar a boca do seu parceiro de maneira sedutora.

Pescoço e ombros – Comece a beijar a nuca de seu parceiro e vá descendo até os ombros. Use seus dedos para contornar a curva do pescoço até alcançar os ombros.

Mãos e pés – Massagear as mãos e os pés pode ajudar o seu parceiro a relaxar depois de um longo dia, mas lambê-los e chupá-los podem fazer as coisas se mover em uma direção totalmente nova.

Nádegas. Deslizar as mãos, com malícia, nas nádegas de seu parceiro é capaz de acendê-lo!

Órgãos genitais – Há muitas formas de excitar o parceiro, tocando-o nessas áreas, antes da penetração.

A arte só pode ser verdadeiramente arte, apresentando um símbolo externo adequado de algum fato da vida interior.

– Margaret Fuller

Investigue o significado esotérico de um símbolo

Ancorar-se em um símbolo pode ajudá-lo em suas meditações guiadas por uma imagem, além de levá-lo a algo maior. No entanto, nem sempre é fácil encontrar um símbolo que atenda às suas necessidades, se você examinar apenas seu significado primário. Muitos dos que são usados, atualmente, tiveram diversos significados diferentes ao longo da história. Assim, se você encontrou uma imagem com a qual se identificou, mas cujo significado não o atraiu, investigue um pouco mais fundo sua história para ver se existe um segundo ou terceiro significado que lhe interesse mais de perto. A cruz, por exemplo, figura associada ao cristianismo, é também a que representa a terra para os chineses e, antes disso, foi usada por babilônios para adorar a divindade Tamuz, que representava a fertilidade.

Seja qual for o símbolo escolhido, certifique-se de que tenha um significado positivo e que possa lhe trazer alívio quando você precisar encontrar seu próprio centro.

Se poupar dinheiro é errado, não quero estar certo!

– William Shatner

Abra uma conta de poupança com um bom rendimento

Antes de colocar o seu dinheiro em uma aplicação financeira, escolha aquela que ofereça a maior rentabilidade possível, com a liquidez de que você precisa. Mesmo que você não possa depositar mais dinheiro em uma conta, para que ela cresça mais rápido do que a taxa da inflação, poderá encontrar uma aplicação financeira que ofereça uma taxa de juros maior do que a de seu banco. Além disso, com seu dinheiro em uma aplicação, será mais difícil alcançá-lo no dia a dia, assim, você se sentirá muito menos tentado a pôr a mão nesses recursos.

A diferença, a longo prazo

Entre uma aplicação financeira com rentabilidade de 0,10% ao ano e outra com 1,10%, a diferença pode não parecer grande, mas em uma visão de longo prazo 1% a mais pode se transformar em algo significativo. Suponha que você invista 100 mil reais. Em dez anos, a conta que paga 0,10% de juros teria rendido 1 005 reais, enquanto a conta de 1,10% teria produzido 11 561 reais. Além disso, em uma economia saudável e estável, o retorno para esse tipo de investimento é ainda melhor.

Aqueles que estão livres de pensamentos cheios de ressentimento, com certeza, encontram a paz.

– Buda

Não guarde ressentimentos

Eventualmente, um amigo, um parceiro ou um estranho vai lhe causar algum sofrimento. Porque disse algo que o magoou, esqueceu-se de algo importante ou apenas lhe deu uma fechada no trânsito. Sua reação natural poderia ser de explodir ou de enterrar a mágoa em seu coração e deixá-la se transformar em raiva ou ressentimento em relação à pessoa, o que arruinaria todo o seu dia. Em vez de dar valor a esse momento, procure oferecer a quem o ofendeu o benefício da dúvida de que ela possa não ter tido a intenção de magoá-lo. Às vezes, esquece-se de pensar antes de agir ou falar.

Por outro lado, se a pessoa agiu, de fato, como um completo idiota, procure perceber que sua atitude ou explosão, muito provavelmente, não foi gerada por você, mas por algo que está ocorrendo naquela vida e que você estava apenas no lugar errado na hora errada. Contudo, se ela estava respondendo a algo que você disse ou fez, pense em agir de maneira diferente no futuro. Quando se trata de um amigo ou ente querido, conversar ou falar da mágoa é um passo importante no processo de cura. Quando esse tipo de conclusão não for possível, procure superar a dor de forma solitária e liberá-la, para que ela não continue a magoá-lo ou àqueles que o rodeiam.

Quando você vai ao supermercado, descobre que as calorias mais baratas são aquelas que vão engordar mais: os açúcares e as gorduras, adicionados aos alimentos processados.

– Michael Pollan

Limite o açúcar refinado e tome cuidado com o açúcar escondido

Para ajudar a perder peso, é importante limitar a quantidade de açúcar refinado que você consome. Isso porque o açúcar contém calorias e nada mais acrescenta para seu corpo em termos de vitaminas ou minerais, ou seja, embora seu paladar seja ótimo, ele não está trazendo nada de bom para você. Na verdade, alguns estudos mostram que essa substância pode provocar problemas sérios e aumentar a sua probabilidade de desenvolver pressão alta, diabetes tipo II e triglicérides elevados, para não falar que uma dieta assim faz os níveis de energia subir para depois despencar.

O açúcar refinado difere do natural, encontrado em frutas e laticínios, porque é adicionado a um produto para alterar o seu sabor. Não é preciso se preocupar tanto com os açúcares naturais, mas tome cuidado com a quantidade de açúcar refinado que você está consumindo.

A maneira mais fácil de evitar o açúcar é evitar alimentos industrializados encontrados em frascos, caixas, latas etc. Por outro lado, se você optar por comer tais alimentos, procure limitar o consumo de açúcar para menos de 10% de suas calorias diárias. Além disso, é importante conhecer os muitos nomes sob os quais o açúcar se esconde, porque nem sempre ele aparece assim nos rótulos. Pesquise para saber mais sobre os diferentes tipos existentes.

Nenhuma dieta acabará com toda a gordura do seu corpo, porque o cérebro é todo gordura. Sem o cérebro, você poderá ter uma boa aparência, mas tudo o que poderá fazer é se candidatar a um cargo público.

– George Bernard Shaw

Não abra mão de todas as gorduras

Ao reduzir as gorduras de sua dieta para manter o cérebro saudável e também, claro, para perder peso, não procure evitar todas as gorduras. Algumas delas, consumidas com moderação, são boas para você, porque cerca de dois terços de seu cérebro é composto por gordura! Além disso, a bainha de mielina, uma membrana de proteção que envolve os neurônios, é composta por 70% de gordura, principalmente ácidos graxos, como o oleico (encontrado no abacate, azeite de oliva e nozes). Essas membranas são constantemente restauradas durante toda a vida, o que significa que as gorduras que você consome atuam na construção dessas capas de proteção.

O DHA, um ácido graxo ômega-3, e o ácido araquidônico (AA), um ácido graxo da família ômega-6, são outras gorduras importantes para o cérebro. O DHA representa 50% da membrana de um neurônio, sendo necessário para o desenvolvimento cerebral saudável. O mal de Alzheimer, a depressão e o declínio da capacidade cognitiva têm sido associados a uma deficiência de DHA. Óleo de peixe e carne de gado alimentado com capim *(grass-fed beef)* são duas boas fontes desse tipo de ácido graxo. O AA, também encontrado nas membranas protetoras do cérebro, ajuda a proteger o órgão contra o estresse e auxilia a restauração e o crescimento dos neurônios. É provável que você não precise ingerir um suplemento de AA, pois o ácido está disponível em laticínios, ovos e carne.

Descobrimos o segredo da vida.

– Francis Crick

Atenda às necessidades de aminoácidos

O sistema digestivo quebra as proteínas que você consome em aminoácidos, que ajudam a criar moléculas importantes ou a gerar outra proteína.

Existem vinte aminoácidos-padrão diferentes. Doze são produzidos por seu organismo, enquanto os outros oito, conhecidos como aminoácidos essenciais, devem ser consumidos. As proteínas de fontes animais são conhecidas como completas, porque contêm todos os aminoácidos essenciais, o que as fontes vegetarianas não oferecem. Combinando certos vegetais, como arroz integral e feijão, você pode fornecer ao corpo todos os aminoácidos essenciais. Outras fontes vegetarianas que oferecem proteínas completas incluem quinoa, trigo sarraceno, amaranto, soja e espirulina (uma espécie de alga).

Os oito aminoácidos essenciais

Nome	Função
Isoleucina	Necessária para a formação de hemoglobina; estabiliza o açúcar no sangue.
Leucina	Promove a restauração do tecido múscular, dos ossos e da pele.
Lisina	Auxilia na absorção de cálcio e na formação de colágeno e anticorpos.
Metionina	Serve como antioxidante; protege contra a radiação; reduz os níveis de histamina; ajuda na degradação das gorduras.
Fenilalanina	Necessária para a produção de norepinefrina; melhora o humor, diminui as dores; estimula a memória e a aprendizagem.
Treonina	Chave para a formação de colágeno, elastina e esmalte dos dentes; previne a acumulação de gordura no fígado.
Triptofano	Produz serotonina e niacina; regula o humor, o sono e o apetite.
Valina	Utilizada na restauração de tecidos; atua como fonte de energia para o tecido muscular.

Acho muito difícil traçar uma linha entre o que é sexo e o que não é. Pode ser muito, muito sexy *dirigir um carro e nada sensual flertar com alguém em um bar.*

– Björk

Crie seu mapa da excitação

Você sabe o que o excita e o que o incomoda? Antes de ir de novo para a cama com o seu parceiro atual, ou com um novo, reserve alguns minutos para descobrir o que leva você do zero a querer fazer amor. Existe uma ordem de eventos que deixa você particularmente excitado? Pense nisso como seu mapa ou guia de excitação sexual. Cada um de nós tem um mapa diferente. Ele serve para quando você tem dificuldades de entrar no clima, ajudando a encontrar o caminho para o prazer.

Para desenhar seu mapa, pense nas vezes em que se sentiu mais excitado. Havia algum perfume especial no ar ou em seu parceiro? A luz estava de determinada maneira? Você ou seu parceiro estavam vestindo algo mais sensual? De que maneira o seu parceiro o tocou? Quanta tensão sexual havia entre vocês antes que qualquer toque real ocorresse? Se você ainda não se sentiu excitado com um parceiro, pense no que acende seu desejo quando olha para imagens ou lê literatura sensual. Existem determinadas ambientações que você acha eróticas?

À medida que você desenvolve o próprio mapa da excitação, não se censure. Algo que, em princípio, pareça um tabu, como o *bondage* (a imobilização), pode ser muito normal para outra pessoa, que talvez fique muito feliz de praticar com você!

Pelo menos por hoje, não fique zangado.
Não se preocupe. Seja grato.
– Mikao Usui

Experimente o poder de cura da energia

Na década de 1920, o budista japonês Mikao Usui começou a ensinar uma técnica de cura que hoje é chamada de reiki. Seus praticantes e participantes acreditam que a energia flui, por meio das palmas das mãos, da pessoa que faz a cura para a pessoa que está sendo curada. O reiki, ou energia, flui para onde é necessário, a fim de eliminar os bloqueios físicos, espirituais ou emocionais que estão impedindo a cura ou o avanço em uma direção positiva no âmbito da vida. Acredita-se, também, que os praticantes de reiki muito experientes são capazes de curar os outros, inclusive quando eles estão distantes.

Durante uma sessão de reiki, você (como a pessoa que solicitou a cura) se deita sobre uma mesa, completamente vestido. O praticante coloca as palmas das mãos sobre ou logo acima de seu corpo, mantendo-as nessa posição por alguns minutos, antes de movê-las para outro lugar.

Cientistas começaram a realizar estudos para determinar se podem provar, dentro de um contexto clínico, que o reiki é capaz de reduzir a dor e a depressão e ter efeito curativo sobre as doenças.

A felicidade consiste em uma boa conta bancária, um bom cozinheiro e uma boa digestão.

– Jean-Jacques Rousseau

Procure aplicações que rendam juros altos

É importante que seu dinheiro tenha o melhor rendimento possível, em todos os momentos, em especial se não está investido em CDB's (certificados de depósito bancário), ações ou fundos mútuos. As insitituições financeiras oferecem várias opções de rendimentos, mas você não deve se contentar com o que o seu banco oferece só por ser conveniente. Consulte sites como <http://www.bcb.gov.br/?APLICACOESFAQ> e procure um banco ou uma cooperativa de crédito que ofereça rendimentos maiores para o seu dinheiro.

Você pode recomeçar a qualquer momento, pois aquilo a que chamamos fracasso não é cair, mas continuar caído.

– Mary Pickford

Coloque um momento difícil em perspectiva

Você está tendo um dia ruim, o pior de toda a sua vida. Alguém morreu, houve um desastre natural terrível, seu parceiro rompeu a relação, você foi demitido. Infelizmente, fatos assim acontecem e, às vezes, para superá-los por completo, você precisa passar pelas sete fases do luto: choque e negação, dor e culpa, raiva e barganha, depressão e reflexão, a cura da tristeza, reconstrução e, por fim, aceitação e esperança. Assim, há uma luz no fim do túnel e o momento inicial do trauma passará. Você não terá de viver aquele preciso momento de novo e, com o apoio das pessoas que lhe cercam ou de profissionais, conseguirá superá-lo.

Em questões menos sérias, como uma briga, um pneu furado ou a descoberta de que o ex-parceiro acabou de se casar, procure colocar o momento em perspectiva. Tente compreender qual a importância dele em relação a todos os instantes que você ainda vai viver. Lembre-se de que você não deve permitir que alguém suprima sua felicidade e se esforce para pensar nas coisas boas que acontecem em sua vida. Esse momento não vai durar para sempre: você não vai ficar eternamente com um pneu furado, um corte de cabelo que não deu certo ou com as palavras duras que alguém lhe disse em sua mente. Essas coisas se consertam. Isso pode exigir a ajuda de um profissional ou de sua forte determinação para deixá-las para trás, mas quando você se sentir aborrecido, lembre-se de que esses sentimentos não vão durar para sempre, por isso, não desperdice sua energia nem sacrifique sua felicidade, revivendo-os.

Somos o que imaginamos ser.

– Kurt Vonnegut Jr.

Use a visualização

Neste livro, você já aprendeu sobre o poder da visualização e das imagens positivas. Use a técnica, por exemplo, para atingir seu objetivo de emagrecer. Essa visualização tem duas partes. Em primeiro lugar, em vez de olhar para si e ver apenas os defeitos, procure prestar atenção naquilo que você gosta em seu corpo. Sejam os olhos, as unhas, a pele ou a barriga, encontre pelo menos algumas partes no próprio corpo que ache bonitas, assim, sempre que se olhar no espelho, volte sua atenção para elas. Dessa maneira, enquanto trabalha para atingir as metas de condicionamento físico, em vez de se sentir desanimado ao ver seu reflexo, você vai se sentir feliz, uma atitude positiva que vai ajudá-lo a enfrentar as duras semanas de exercícios. À medida que seu corpo se transformar, você vai começar a encontrar mais partes para amar!

Em segundo lugar, comece a imaginar como seria seu corpo ideal. Existe uma antiga foto sua, na qual você tem o corpo que deseja possuir de novo? Fixe-a na porta da geladeira ou no espelho do banheiro para inspirá-lo. Se você não tem uma foto como essa, procure em revistas a imagem de alguém com o corpo pelo qual você quer lutar. Lembre-se, apenas, de que a maioria das imagens publicadas em revistas é retocada, de maneira que a pessoa ali retratada pode não ser daquele jeito na vida real. Imagine-se alcançando aquela forma enquanto faz seus exercícios, ou quando está se arrumando para sair, e você vai começar a descobrir que é capaz de realizar esse destino, fazendo as mudanças em sua vida que o guiam em direção a ele.

Lembro de que João sempre teve de tomar óleo de fígado de bacalhau ou levedura com suco de laranja. O resultado é que ele é quinze centímetros mais alto do que eu.

– Paul Elias

Tome óleo de peixe

Fique mais inteligente, magro, saudável: basta tomar óleo de peixe! Até parece uma daquelas promessas de curas milagrosas, não é? Não, não é. O óleo de peixe contém ácidos graxos ômega-3, o ácido eicosapentaenoico (EPA) e o ácido docosahexaenoico (DHA), que, juntos, ajudam a proteger o corpo e o cérebro. Quando combinados, esses ácidos podem ajudar a evitar o aparecimento da doença de Parkinson, o mal de Alzheimer e a esquizofrenia, além de reduzir os efeitos da depressão leve e moderada. Procure um suplemento que contenha, ao menos, 300 miligramas de EPA e 200 miligramas de DHA em cada dose e tome duas cápsulas, todos os dias.

Observação: se você estiver exposto ao risco de hemorragia devido a alguma doença, fale com o seu médico antes de incluir essa substância em sua dieta diária.

Qual óleo de peixe é o melhor?

Sua farmácia ou loja de alimentos naturais estão abarrotadas com opções de óleos de peixe. Desde que teores de PCB's (*polychlorinated biphenyl* – substância química que pode causar defeitos de nascença e câncer) foram encontrados em algumas marcas populares de óleo de peixe, é importante procurar pelo seguinte:

- O frasco que indica o tipo e a procedência do peixe a partir do qual o óleo foi extraído (anchovas selvagens e sardinhas são as melhores).
- Os fabricantes que indicam ter realizado testes para identificar a contaminação por mercúrio, PCB's e outras substâncias tóxicas podem ser mais seguros.
- Suplementos com níveis muito mais altos de EPA podem ser mais eficazes no tratamento da depressão e de outros problemas cognitivos.

Todo mundo tem a sua opinião, mas o azeite de oliva e o peixe com seus óleos ômega-3 são bons para você. Eu como peixe uma vez por semana.

– Linda Johnson

Ame os ácidos ômega-3

Quem imaginaria que algo gorduroso pudesse ser tão bom? Ácidos graxos ômega-3 são ótimos não apenas para o cérebro, como também para o coração e a dieta. Eles ajudam a reduzir a inflamação no organismo, o que auxilia no alívio da dor nas articulações. Além disso, ajudam a manter o açúcar no sangue e a pressão arterial em níveis normais, reduzem o colesterol ruim, diminuem o risco de acidente vascular cerebral e protegem o coração. De acordo com estudos realizados pela Universidade do Sul da Austrália, podem, ainda, ajudar a perder peso mais rápido, pois favorecem a queima de gordura. A maioria dos peixes, em especial o salmão selvagem, é excelente fonte desse ácido graxo.

Se você não come peixe, opte pela semente de linhaça, um dos vegetais mais ricos em ômega-3 da natureza, além de ter três gramas de fibras por colher de sopa. Outras boas fontes de ômega-3 incluem nozes, feijão, brócolis, espinafre, ovos fortificados, repolho e soja.

Diversifique suas fontes de ômega-3

É importante atender suas necessidades diárias de ômega-3, mas é muito provável que você não vá querer comer salmão todos os dias. Para fazer boas escolhas, dê uma olhada na lista elaborada com a ajuda do site www.whfoods.com.

- Semente de linhaça (duas colheres de sopa, 146,3%).
- Nozes (um quarto de xícara, 95,6%).
- Soja (uma xícara, 42,9%).
- Sardinha (um peixe, 56,7%).
- Salmão (100 gramas, 87%).

Sexo é uma fonte de prazer de duas vias.

– Franklin P. Jones

Mude sua definição de prazer

Deseja ser mais sensual e mais saudável? Pare de tratar a comida como uma fonte de prazer! Se você teve uma semana ou um mês difícil no trabalho, ou tem conseguido manter sua rotina de exercícios e precisa de uma recompensa, um "prazer" para reenergizar-se, cabe solidariedade. Contudo, em vez de buscar por algo pouco saudável que, decerto, fará os níveis de açúcar subir e depois o humor cair, substitua alimentos que servem como fonte de prazer e recompensa por algo mais duradouro. Prometa-se que vai comprar aquele par de sapatos que tanto está querendo, sair para assistir a um jogo ou se refestelar em um *spa.* Pense no que realmente o faz sorrir, o que o faz se sentir confiante ou sensual e você vai ser mais feliz ao longo do tempo, porque vai poder olhar para um objeto ou se lembrar de uma experiência inesquecível e associar àquilo que você fez para merecê-los. Com certeza, esse sentimento de orgulho interior o fará brilhar e atrair boas pessoas para si.

Fixe pequenos prazeres em sua vida

É importante você se recompensar e buscar se dar prazer, só não faça isso com comida. Se você está trabalhando rumo a um objetivo, elabore uma lista com 25 coisas que você gostaria de ter ou desfrutar e determine o esforço que terá de fazer para conquistar cada item. Se só quer encontrar maneiras de relaxar após um dia ou uma semana difícil, faça uma relação com o mesmo número de situações que fazem você se sentir rejuvenescido. Mantenha as listas à mão e quando atingir um objetivo ou passar por um evento estressante, recorra a elas para levantar seu astral ou se recompensar por um trabalho bem feito.

A felicidade não é uma questão de intensidade, mas de equilíbrio, ordem, ritmo e harmonia.

– Thomas Merton

Energize os seus chacras

De acordo com textos hindus e budistas, os chacras são centros de energia que se alinham ao longo da coluna vertebral, indo do topo da cabeça ao cóccix. Alguns acreditam que podem ser energizados para vibrar em uma frequência adequada. Quando estão em desequilíbrio ou produzindo energia demais ou de menos, a saúde pode ficar comprometida. Se você percebeu que uma parte de seu corpo ou de sua vida está sempre fora de ordem, veja se um ou dois chacras, entre os sete mais importantes relacionados abaixo, correspondem ao seu problema. Acupuntura, tai chi chuan, reiki e outros tipos de massagem ajudam a energizar os chacras.

<table>
<tr><th>Número</th><th>Nome</th><th>Localização</th><th>Elemento</th><th>Cor</th></tr>
<tr><td>Primeiro</td><td>Muladhara</td><td>Períneo</td><td>Terra</td><td>Vermelho</td></tr>
<tr><td colspan="5">ASSOCIAÇÃO: confiança, um conceito realista do corpo e de suas necessidades, segurança no bem-estar físico da vida.</td></tr>
<tr><td>Segundo</td><td>Svadhisthana</td><td>Órgãos genitais</td><td>Água</td><td>Laranja</td></tr>
<tr><td colspan="5">ASSOCIAÇÃO: prazer, sexualidade, emoções estáveis, graciosidade, autoaceitação, criatividade.</td></tr>
<tr><td>Terceiro</td><td>Manipura</td><td>Plexo solar/umbigo</td><td>Fogo</td><td>Amarelo</td></tr>
<tr><td colspan="5">ASSOCIAÇÃO: ego, autoestima, energia, autoridade, longevidade, confiabilidade, independência.</td></tr>
<tr><td>Quarto</td><td>Anahata</td><td>Coração</td><td>Ar</td><td>Verde</td></tr>
<tr><td colspan="5">ASSOCIAÇÃO: compartilhamento, amor, serviço, compaixão, devoção.</td></tr>
<tr><td>Quinto</td><td>Vishuddha</td><td>Garganta</td><td>Espaço</td><td>Violeta</td></tr>
<tr><td colspan="5">ASSOCIAÇÃO: verdade, conhecimento.</td></tr>
<tr><td>Sexto</td><td>Ajña</td><td>Glândula pineal / terceiro olho</td><td>Nenhum</td><td>Branco-azulado</td></tr>
<tr><td colspan="5">ASSOCIAÇÃO: iluminação, autorrealização, autodomínio, intuição, percepção.</td></tr>
<tr><td>Sétimo</td><td>Sahasrara</td><td>Moleira/topo da cabeça</td><td>Flor de lótus</td><td>branco fosforescente-dourado</td></tr>
<tr><td colspan="5">ASSOCIAÇÃO: consciência suprema, compaixão, autoconsciência, atenção plena, consciência do mundo.</td></tr>
</table>

Na verdade, não gosto de dinheiro,
mas ele acalma meus nervos.

– Joe Louis

Crie um fundo de emergência automático

Na Semana 6, você aprendeu as vantagens de fazer uma poupança automática, uma das quais é estar preparado para enfrentar situações difíceis (e, como prevê a lei de Murphy, elas serão inevitáveis). Se você for atingido por um desastre natural, perder o emprego, seu carro quebrar, ou algo pior, é provável que vá se sentir muito estressado. Se você não tiver alguma economia para ajudá-lo em um momento assim, ficará ainda mais nervoso, um péssimo lugar para se encontrar.

Contudo, se se preparar para um evento como esses, estará muito mais equipado para lidar com qualquer imprevisto e capaz de seguir adiante com maior facilidade. Considerando que você já abriu uma conta de poupança automática (você fez isso, certo?), separe parte dela para um fundo de emergência. Assim, você vai saber que o dinheiro não vai sair de lá para a faculdade, o lazer ou qualquer outra coisa. Pense nesse montante como se fosse um guarda-chuva. Se você sair em um dia chuvoso e possuir um, não vai se sentir feliz por estar chovendo e, talvez, até fique um pouco molhado, mas não vai ficar encharcado. Isso ocorre com o fundo de emergência. Se houver um desastre, você não vai gostar, mas, pelo menos, estará preparado.

Eu encontro esperança nos dias mais sombrios
e miro nos mais brilhantes.

– Dalai Lama

Veja o copo meio cheio

Sentir-se feliz não é tão fácil quanto apenas dizer: "Estou feliz, as coisas estão ótimas!" Mas esse tipo de atitude não faz mal nenhum. Como você já aprendeu, é possível levar o cérebro a acreditar que as coisas estão indo bem ou mal em sua vida. Tudo depende da maneira como você conduz o pensamento. As pessoas mais felizes nem sempre são aquelas que tiveram uma infância maravilhosa, que alcançaram o sucesso cedo na vida ou que nasceram bonitas. São as que, ao criar a história de suas vidas, elaboram um roteiro em que são os heróis, e não as vítimas.

Se puder se esforçar para ver o copo meio cheio, aquele raio de esperança em um dia sombrio e encontrar uma maneira de pintar as próprias memórias com uma luz positiva, você estará a meio caminho de ter uma vida cheia de felicidade.

Para começar bem seu dia, seguem alguns mantras que vão colocá-lo no caminho certo:

- "Eu sou amor. Eu sou amado."
- "Eu vou me divertir hoje."
- "Não importa o que aconteça, não vou julgar a mim mesmo."
- "Hoje será um bom dia."

Traga as pessoas de volta para a cozinha e combata a tendência para a comida industrializada e o fast-food.

– Andrew Weil

Evite os substitutos do açúcar

Você sabe evitar o açúcar adicionado, mas será que isso significa que deve ficar longe dos alimentos que contêm adoçantes substitutos livres de açúcar, como o refrigerante *diet?* Por incrível que possa parecer, sim. Enquanto o açúcar adicionado não é bom para você, os substitutos do açúcar (excluindo-se o mel e o melado) são piores. Substâncias como a sacarina são conhecidas por causar câncer em ratos, e estudos de longo prazo ainda precisam ser feitos para avaliar adoçantes mais recentes, como os a base de sucralose.

Contudo, além do potencial impacto de longo prazo na saúde, os substitutos do açúcar podem fazer você engordar. Isso porque são substâncias que tornam mais difícil para o organismo reconhecer quando se está saciado. Além disso, alguns pesquisadores sugerem que o uso de adoçantes artificiais pode convencer o organismo de que os alimentos muito açucarados têm, na verdade, baixas calorias. De fato, um estudo mostrou que, para cada lata de refrigerante *diet* que os participantes beberam, a chance de se tornarem obesos subiu 41%.

Se você adora bebidas como refrigerantes, procure substituí-las por água natural com gás, que é carbonatada como os primeiros e não contém açúcar nem calorias. Além disso, se fizer a sua própria água gaseificada em casa, usando um sifão de refrigerante, ajudará o meio ambiente, ao mesmo tempo em que ficará saudável!

Um estômago repleto nunca produz bons pensamentos.

– São Jerônimo

Use ômegas para estabilizar alterações de humor

Ácidos graxos ômega-3 são ótimos para prevenir a degeneração cognitiva e melhorar a saúde geral, mas você sabia que também podem influenciar seus níveis de estresse e humor? Se você é propenso à depressão ou a alterações do humor, vai querer tomar nota de uma recente pesquisa que mostra que a adição de ômega-3, ou óleo de peixe, à dieta pode ter um impacto profundo sobre essas condições, equivalente ao dos antidepressivos. Descobriu-se que os níveis de ômega-3 são mais baixos em pessoas que sofrem de depressão, por isso, acreditam que a reposição dos ácidos, por meio da alimentação ou de suplementos, pode ajudar a reverter esse desequilíbrio.

Outros estudos mostraram que uma forma concentrada de E-EPA, um tipo de óleo de peixe que possui níveis muito mais elevados de EPA e muito mais baixos de DPA que outras variedades, tem um profundo impacto sobre a depressão e outros problemas de saúde mental, além de reduzir os níveis de estresse. Contudo, a pesquisa é relativamente nova e o E-EPA pode ser difícil de encontrar, por isso, talvez seja melhor esperar até que outras sejam feitas antes de se experimentar essa alternativa para o óleo de peixe comum.

Observação: se você estiver tomando um antidepressivo, não pare de tomar o medicamento, substituindo-o por um suplemento de ômega-3, a menos que tenha a aprovação do seu médico.

Se uma abelha rainha fosse cruzada com um touro frísio, a terra não se encheria de leite e mel?

– Oliver St. John

Use produtos de beleza feitos em casa

Você não precisa agendar um tratamento de beleza caro em um *spa* para rejuvenescer a aparência da pele. O uso de produtos comuns feitos em casa pode fazer você se sentir muito bem. Vinagre de maçã dá brilho ao cabelo. Suco de limão pode ser usado para reduzir a oleosidade da pele. Fatias de pepino aliviam o inchaço ao redor dos olhos. Banana fria amassada pode ser usada para fazer a pele ficar mais cheinha. A mistura de aveia e leite integral faz um excelente esfoliante. Para fazer uma esfoliação facial totalmente natural, misture uma colher de sopa de azeite de oliva com três colheres de sopa de sal grosso. As opções são inúmeras para o tratamento natural de sua pele e, o melhor, os produtos de beleza feitos em casa são baratos e não contêm produtos químicos que podem prejudicar a saúde.

Segue uma receita de máscara facial para tornar a sua pele mais macia:

1. Misture uma gema de ovo crua com mel suficiente para criar uma pasta boa para espalhar.
2. Lave o rosto com água morna e, em seguida, aplique a mistura.
3. Espere até a máscara secar por completo, por cerca de meia hora, limpando-a em seguida, suavemente, com um pano morno e úmido.
4. Lave o rosto com água fria.
5. Para uma sensação mais firme, use apenas uma clara de ovo e siga os passos.

Esses exercícios musculares de Kegel,
realmente estão valendo a pena, hein?

– Extraído de *American pie – caindo em tentação*

Faça os exercícios de Kegel

Quer sentir um orgasmo de grande intensidade? Então, faça os exercícios de Kegel, tradicionalmente usados para fortalecer os músculos vaginais, conhecidos como pubococcígeo (ou músculo PC), para ajudar no trabalho de parto e também para prevenir a incontinência urinária, em idosos. Contudo, os exercícios de Kegel também potencializam os orgasmos, porque, quando se está excitado, o músculo PC, de forma automática, envia sinais para o cérebro, que por sua vez devolve mensagens para o corpo sobre a presença da excitação. Quanto mais o músculo PC pulsa, mais o cérebro envia os sinais de excitação de volta. Quando ele está com seu tônus adequado, pode pulsar ainda com mais frequência, o que, como se pode imaginar, intensifica o orgasmo. Além disso, abre caminho para orgasmos múltiplos e ejaculação feminina, no caso das mulheres, assim como para ereções mais intensas e orgasmos sem ejaculação, para os homens, se esses contraírem o seu músculo PC segundos antes da ejaculação.

Para encontrar o músculo PC, coloque os dedos entre a vagina e o ânus ou entre os testículos e o ânus. Agora, finja como se estivesse urinando e precisasse segurar por um momento. O músculo que você sentir tensionado é o pubococcígeo. Para exercitá-lo, tudo o que você precisa fazer é contraí-lo e, depois, relaxá-lo. Comece com dez a quinze repetições por dia, lembrando-se de relaxar por completo após cada contração, para alcançar a máxima tonificação.

Dentro de ti existe uma quietude e um santuário para onde podes recolher-te a qualquer momento e seres tu mesmo.

– Herman Hesse

Aprenda a meditar

Na década de 1960, testes realizados pelo cardiologista Herbert Benson, de Harvard, revelaram que quando uma pessoa se senta em silêncio com a mente voltada para um único pensamento, palavra ou ideia, sua frequência cardíaca decresce, os níveis de estresse caem, a tensão muscular diminui e os níveis de cortisol e adrenalina baixam. Benson cunhou a expressão "resposta de relaxamento" para descrever essas mudanças fisiológicas provocadas pela meditação. Ele acreditava que qualquer atividade em que alguém se sinta "único" em relação ao que está fazendo e na qual vê as horas voarem, enquanto está feliz, concentrado, pode ter o mesmo efeito.

A meditação também pode funcionar para melhorar sua autoestima e ajudá-lo a evitar os pensamentos negativos. Outros estudos mostram que ela consegue melhorar a função cognitiva e a memória.

Para praticar a meditação básica, escolha um espaço tranquilo onde não será interrompido por, pelo menos, trinta minutos. Tire os sapatos, sente-se em uma posição confortável e feche os olhos. Apague as luzes, caso elas o distraiam. Agora, comece a respirar profundamente, procurando limpar sua mente. Deixe-a fluir para onde ela quiser e os pensamentos e as imagens passarem sem julgamento ou envolvimento. Não desanime se isso for mais difícil do que você havia imaginado. Com a prática regular da meditação, você será capaz de limpar sua mente e deixá-la descansar.

Coloquei meu dinheiro no banco: tenho de pensar na vida após a passarela, quando não for mais famosa.

– Eva Herzigova

Invista em um plano de aposentadoria agora

A sua empresa oferece um plano de aposentadoria? Então, aproveite. Possuir um sólido plano de aposentadoria é como ter seu fundo de emergência, só que para quando você deixar de trabalhar.

A vantagem dos fundos de previdência é que a contribuição é descontada de seu salário antes dos impostos, assim como os planos de saúde. Assim, o valor sobre o qual incidirão os tributos será menor e, portanto, o valor líquido a receber não será tão baixo quanto você imaginava, ainda que sua contribuição seja de 10%. Se, a qualquer momento, desejar contribuir mais ou menos, o ajuste poderá ser feito.

Contudo, cuidado. Procure não avançar no seu plano quando precisar de dinheiro. Os impostos são altos quando se sacam recursos desses fundos sem ter alcançado a idade de aposentaria. Além disso, se acontecer de você perder o emprego, é preciso verificar as condições de portabilidade do fundo de previdência e quais as opções ao se desligar da empresa.

Bônus!

Algumas empresas investem idêntico valor da contribuição do funcionário, até determinado montante. Se couber em seu orçamento, procure investir o valor máximo que a empresa se propõe a contribuir. Assim, não apenas você estará guardando dinheiro para o próprio futuro, como também vai dobrar sua contribuição, praticamente sem colocar a mão no bolso!

Às vezes, sua alegria é a fonte de seu sorriso, mas, outras vezes, seu sorriso pode ser a fonte de sua alegria.

– Thich Nhat Hanh

Sorria mais

Quanto mais você sorrir, mais feliz será, além de até poder viver mais! Um estudo recente, que examinou os sorrisos de jogadores de beisebol aposentados, descobriu que aqueles que sorriam muito viveram mais do que os que sorriam menos. Talvez seja porque o simples ato de sorrir é capaz de fazer você se sentir feliz e as pessoas mais felizes tendem a viver mais do que aquelas que sofrem com a angústia. Se você está com um estado de espírito negativo, pode melhorá-lo apenas com um sorriso, porque quando usa os músculos do sorriso, está dizendo a seu cérebro que está feliz, criando um ciclo de *feedback* positivo em seu organismo. Embora possa ser difícil no começo, porque você talvez não se *sinta* sorrindo, se o fizer, contando até dez, e depois aprofundar o sorriso, mantendo-o, pode, de fato, mudar seu humor de maneira positiva, inclusive se você fingir.

Além disso, quando se sorri, atraem-se outras pessoas positivas. É um ótimo ciclo: sorrir para alguém pode gerar uma retribuição, com um sorriso, trazendo uma agradável sensação e o desejo de sorrir mais!

A primeira vez que comi pão de trigo integral orgânico, juro que tinha gosto de papelão.

– Robin Williams

Coma mais carboidratos complexos

Felizmente, as coisas melhoraram bastante desde que Robin Williams experimentou pão integral orgânico pela primeira vez. Os carboidratos são importantes para o bom funcionamento do corpo e do cérebro, além de ser essenciais para a sobrevivência. Sem a quantidade adequada desses nutrientes, você pode se tornar mal-humorado e deprimido. Por outro lado, ao consumir uma grande quantidade de carboidratos simples, como açúcar, frutas e leite (apesar de os dois últimos também serem excelentes fontes de nutrientes), seus níveis de açúcar no sangue vão subir com rapidez e o corpo vai gastar tão rápido quanto o combustível que eles fornecem.

Para evitar o mal-humor e fornecer a seu corpo combustível duradouro, prefira consumir carboidratos complexos. Suas longas cadeias de moléculas levam mais tempo para ser digeridas pelo organismo e não vão elevar os níveis de açúcar em seu sangue. Além disso, em geral, têm fibras e mais nutrientes do que os carboidratos simples. Então, substitua os carboidratos refinados (pão branco, arroz branco etc.) por alimentos como arroz integral, pão integral e grãos como a quinoa. Inclua, também, mais vegetais, feijões e nozes em suas refeições e lanches.

Manter o coração calmo, sentar como uma tartaruga, andar alegre como um pombo e dormir como um cão.

– Li Ching-Yun

Experimente tomar *kola* para o cérebro

Refrigerante é horrível para você, mas a *gotu kola* (centelha asiática) é fantástica. A antiga planta, que não deve ser confundida com a noz-de-cola rica em cafeína, cresce na Austrália e no sudeste da Ásia, tendo se tornado conhecida como o "alimento para o cérebro", devido à sua capacidade de aliviar o estresse, melhorar a concentração, prevenir o mal de Alzheimer e fortalecer a memória. Ela também pode melhorar os reflexos e a circulação, reduzir as varizes e baixar a pressão arterial, pois, acredita-se, é capaz de reforçar as paredes das veias.

Embora seja mais utilizada no Ocidente na forma de suplemento, no sudeste da Ásia é costume o aproveitamento das folhas em saladas. Você também pode usá-la para fazer um pesto ou preparar um chá. Siga os passos de Li Ching-Yun, mestre chinês que, de acordo com o jornal *The New York Times,* a revista *Time* e fontes chinesas, morreu aos 256 anos de idade, em 1933. Conta-se que esse mestre longevo comia *gotu kola,* bagas de *goji, he shou wu* e ginseng todos os dias, além de exercitar a calma interior.

Contudo, tenha em mente que essa planta não deve ser usada por mulheres grávidas ou pessoas com doenças da tireoide.

Os sábios moldaram o discurso com o pensamento, peneirando-o como o grão é peneirado por uma peneira.

– Buda

Coma quinoa

Considerado pelos incas a mãe de todos os grãos, a quinoa, com seus grânulos esféricos, contém todos os nove aminoácidos essenciais, e uma porção de 100 gramas contém 14 gramas de proteína e apenas 64 calorias. Não é de se admirar que seja conhecida como o "ouro dos incas", em especial por veganos e vegetarianos, que usam o grão como um eficiente substituto para a proteína animal.

Esse pseudocereal não apenas pode ajudar a combater o diabetes, o endurecimento das artérias, a enxaqueca e as doenças do coração, como contém altos níveis de potássio e magnésio, que são bons para diminuir a pressão sanguínea. Além de fazer você se sentir mais jovem, essa proteína nutritiva vai ajudá-lo a parecer assim, devido aos seus altos níveis de lisina, um aminoácido que auxilia na formação e na restauração de tecidos. Ao preparar a quinoa, lave bem os grãos para remover a camada de saponina, resina de sabor amargo e forte e, então, sinta-se livre para saboreá-la em uma grande variedade de pratos, inclusive como substituto do arroz.

Os olhos são o espelho da alma.

– Provérbio iídiche

Que olhos lindos você tem

Ao longo de um relacionamento, os parceiros podem começar a se afastar. Esse distanciamento pode afetar a vida amorosa e sexual do casal, mas, desde que tenha havido uma base forte no início, ambos podem voltar a se aproximar, trabalhando para curar a falta de intimidade. Pequenos momentos como rir juntos, compartilhar novas experiências e encontrar prazer nos interesses um do outro podem ajudar a reconstruir o que foi perdido. Além disso, um exercício mais profundo, como o proposto a seguir, pode colaborar na construção ou na restauração da intimidade no relacionamento:

Olhos nos olhos – Diz-se que os olhos são as janelas da alma, o que é muito romântico, mas, para algumas pessoas, pode ser assustador. Olhar e sustentar o olhar do outro pode fazer você se sentir muito vulnerável, em especial em um novo relacionamento ou em um que tenha causado muito sofrimento. Contudo, pode também ser uma maneira de reaproximação.

Para realizar o exercício, o casal deve se sentar um diante do outro e fitar nos olhos do parceiro por cinco a dez minutos (acerte um *timer*, se preciso). É recomendável evitar brincadeiras e se concentrar na observação do olhar diante de si e nas emoções que afloram com isso. Terminada a parte física do exercício, o casal deve compartilhar os pensamentos que surgiram. Se for de alguma ajuda, pode-se usar o exercício de compartilhamento indicado na Semana 25.

Você pode alcançá-lo com meditação, seja cristão, muçulmano ou judeu. Simplesmente, inclua a meditação, em qualquer religião que tiver.

– John Lennon

Pratique a meditação com mantras

Existem muitas formas de meditação, todas relaxantes, mas a que envolve mantras é uma das mais fáceis para os iniciantes começarem a praticar. É a opção logo associada à meditação tradicional, por ser a mais vista no cinema e na televisão. Na meditação com mantras você deve repetir um som e se concentrar nele como o centro de seu pensamento. A palavra ou a associação delas pode ser qualquer uma, desde um simples ruído a uma única palavra, como "om", até uma oração inteira que é repetida. Você pode, inclusive, criar seu próprio mantra, como "eu sou amado", no qual se concentra durante a meditação. Qualquer coisa que lhe traga conforto é válida.

Para se preparar para a prática, escolha um lugar tranquilo, no qual possa se sentar, respire profundamente e comece a repetir o mantra devagar, cada vez que expirar. Comece aos poucos e não desanime se alguns pensamentos o interromperem. Apenas deixe-os ir embora. À medida que puser sua energia no momento vivido, o resto do mundo desaparecerá e seus pensamentos se tornarão limpos.

Como quase todo mundo que usa e-mail, recebo uma quantidade enorme de spam *todos os dias. A maior parte oferece ajuda para me livrar das dívidas ou ficar rico rapidamente. Seria engraçado, se não fosse tão irritante.*

– Bill Gates

Faça depósitos regulares em sua conta de investimento

Parabéns por abrir uma conta de investimento, para poder economizar para a aposentadoria. O importante, agora, é continuar investindo. Em certos tipos de investimento, as parcelas de contribuição são deduzidas do seu salário de maneira automática. A menos que precise muito, não reduza o valor dessa contribuição.

Em outros casos, você é o responsável pelas contribuições regulares. Então, verifique a possibilidade de colocá-las em débito automático, para que sejam transferidas de sua conta corrente para o fundo de aposentadoria, sem que você tenha de se preocupar com isso. Considerando que você não possa investir mais do que determinada quantia de uma só vez, se espaçar as contribuições ao longo do ano, não vai ser tão doloroso para sua carteira e, após um período de dez anos, ficará impressionado ao ver o quanto o investimento cresceu.

Eu não gosto de mim. Sou louca por mim.

– Mae West

Faça uma lista de amor para si próprio

É muito fácil se autocriticar. Talvez você não esteja feliz com seu salário, ou com sua aparência, ou com o fato de ser mais alto, baixo, magro, gordo etc. do que a pessoa que roubou o coração daquele por quem estava interessado, ou de quem conseguiu um emprego em seu lugar. Pare com isso!

Em vez de pegar uma carona no bonde da negatividade, outra vez, escreva três coisas, pelo menos, que admire em si mesmo. (Uma lista de três itens é longa o suficiente para estimular seu cérebro a pensar em outras coisas e curta o suficiente para ser guardada na memória com facilidade.) Qualquer coisa vale, seja relacionada à beleza interior ou à exterior, mas, ao escrever, seja verdadeiro. Você é bom com os animais? Tem compaixão? Suas pernas são atraentes? Sabe preparar uma boa comida caseira? Seja o que for, anote em sua lista e, em seguida, afixe-a em um lugar em que possa vê-la todos os dias, seja na geladeira, ao lado do computador, na carteira, ou no espelho do banheiro. Assim, você vai se lembrar do quanto é incrível, todos os dias.

A expectativa de vida aumentaria rapidamente se as verduras cheirassem tão bem quanto o bacon.

– Doug Larson

Prefira as proteínas magras

Para perder peso e seu corpo funcionar bem, você precisa comer carboidratos, proteínas e gorduras. Os alimentos que você escolhe em cada uma dessas categorias influenciam sua estratégia de emagrecimento, tornando-a mais ou menos eficiente e/ou fácil. Alguns alimentos trarão uma sensação de saciedade, enquanto outros vão deixá-lo com fome mais cedo.

Para começar, você já sabe que os carboidratos complexos, como o arroz integral e a quinoa, são melhores do que os carboidratos simples, como o arroz branco e as massas, que as gorduras insaturadas são melhores e que deve dar preferência ao azeite de oliva e ao abacate, em detrimento do óleo de coco e dos laticínios com alto teor de gordura.

Por fim, prefira as proteínas magras. As mais saudáveis incluem aves, como frango e peru; peixes de águas profundas, como atum, cavala e salmão; camarão; e legumes. Essas proteínas têm baixos níveis de calorias e gorduras, e algumas fornecem outros importantes nutrientes. Por exemplo, uma porção de 85 gramas de carne magra de peru, grelhada, contém 11 gramas de gordura, contra 17 gramas da bovina e 18 gramas da suína. Se você decidir pelas proteínas que contêm gorduras saturadas, como a carne bovina, procure retirar toda a gordura possível para reduzir as que são prejudiciais e as calorias.

As melhores proteínas magras são:

- Peito de frango, sem pele.
- Peito de peru, sem pele.
- Clara de ovo.
- Frutos do mar.
- Laticínios desnatados.
- Feijões.
- Peixe.

A sálvia acalma os nervos e, por sua força poderosa,
a paralisia é curada e a febre repelida.

– Autor desconhecido (francês)

Experimente sálvia e erva-cidreira para melhorar sua memória

Embora possa ter pouca relação com sábios gurus, a sálvia pode melhorar a memória e a função cognitiva, como um todo. Uma equipe de cientistas britânicos realizou um estudo para verificar se a sálvia, de fato, fazia jus à sua fama. Ao fazer um teste de memória, antes e depois da ingestão de seu óleo, os que tomaram a substância alcançaram uma pontuação muito mais alta, na segunda vez, do que os que receberam um placebo. Outro estudo descobriu que ela pode ter um impacto significativo sobre os que sofrem do mal de Alzheimer, em suas fases leve e moderada. Além disso, pode ser usada na cozinha ou ingerida na forma de óleo essencial.

Outra planta amiga do cérebro é a erva-cidreira. Também conhecida como melissa *(Melissa officinalis)*, é membro da família da menta, mas sem relação com o limão, embora o gosto de suas folhas lembre a fruta cítrica. Nativa da Europa e do Mediterrâneo, é conhecida por reduzir o estresse e, apesar de sua leve ação sedativa, cientistas revelaram, em 2003, que também pode melhorar o aprendizado e a memória. Além disso, tem poderosas propriedades antioxidantes, podendo ajudar o cérebro não apenas a aprender, como mantendo-o jovem. Em geral, é consumida na forma de chá.

Que a sua boca seja tão afiada como uma adaga,
mas seu coração, suave como o tofu.

– Provérbio chinês

Experimente tofu

Algumas pessoas evitam o tofu, com receio de não gostar do sabor ou da consistência, mas não o deveriam, porque o tofu adquire os sabores dos alimentos que são usados com ele, além de ser encontrado em uma variedade de consistências. Há o tofu macio, ótimo em sopas, e o mais firme, que pode ser usado em *stir-fry* (fritura na qual os alimentos giram ao redor da panela) ou outros pratos, substituindo a proteína animal.

Constituído de leite de soja, é muito rico em proteínas e, ao contrário dos produtos de origem animal, não contém colesterol. Apesar de um estudo de longo prazo ter revelado que é pouco provável que reduza os níveis de colesterol, o tofu pode ajudar a manter estáveis os níveis de açúcar no sangue, o que faz dele uma excelente opção para os diabéticos. Além disso, não tem gordura saturada e é uma excelente fonte de fibras e nutrientes, como o cálcio, a vitamina E e uma variedade de vitaminas B.

Há dois tipos de luz: o brilho que ilumina
e o resplendor que ofusca.

– James Thurber

Prefira uma iluminação suave

Aquela lâmpada no teto deve ser retirada. É importante manter uma iluminação suave e romântica em seu quarto, que possa criar sombras sensuais em seu corpo. As luzes instaladas em residências por construtores ou ex-proprietários, em geral, são utilitárias e muito eficientes na iluminação de um ambiente. Isso é ótimo... até você querer fazer sexo, ou ser romântico, ou fazer qualquer coisa, exceto ler ou trabalhar no modelo de um carro em miniatura. Assim, substitua as lâmpadas comuns por outras que possam ser reguladas quanto à intensidade de luz ou por um projeto de iluminação que crie uma claridade agradável em todo o ambiente.

Se você não pode substituir as instalações, compre algumas luminárias que vão criar um efeito semelhante e não acione as demais lâmpadas. Se não der certo, acenda velas, quando quiser criar um clima e, ainda, usá-las durante o sexo. Elas são encontradas em vários tamanhos, formas, cores e aromas, mas podem também não ter perfume, caso você ou seu parceiro sejam sensíveis. Lembre-se apenas de apagá-las antes de dormir ou de sair de casa, pois um incêndio não tem nada de excitante.

Assim que confiar em si mesmo,
saberá como viver.
– Goethe

Confie em si mesmo

Quando você está imerso em uma situação emocional complicada, pode ser mais fácil deixar o cérebro assumir o controle e usar o raciocínio para encontrar uma solução. Contudo, em momentos difíceis, racionalizar não é o caminho a seguir. Você tem de deixar o coração lhe conduzir, em vez de tentar se convencer das razões para fazer uma escolha ou outra. Seu corpo sabe o que é melhor e vai apontar a direção certa, como a agulha de uma bússola. Para reencontrar o sistema de orientação emocional, sente-se em silêncio e respire. Ao contrário da meditação, concentre-se nos pensamentos e sentimentos, permitindo-se senti-los em vez de afastá-los e recorrer à mente racional para pedir ajuda.

Ainda que em situações emocionais menos complicadas, como na decisão sobre um novo emprego, é importante que você seja capaz de confiar em si para tomar decisões difíceis. Se precisar ou preferir, converse com amigos e entes queridos, mas, em última instância, se a decisão for sua, tenha fé em si para escolher o caminho certo.

Um investimento bem-sucedido é o de se antecipar às antecipações dos outros.

– John Keynes

Consulte um especialista em investimentos

Se a expressão "carteira diversificada" faz seus olhos brilharem, pode ser inteligente procurar um especialista em investimentos que possa orientá-lo na definição de uma estratégia financeira que se encaixe em seus objetivos de longo e curto prazo. Um consultor já conhece os meandros da legislação fiscal e sabe como equilibrar necessidades complicadas. Um bom profissional vai ajudá-lo a fazer um pé-de-meia, quitar dívidas, planejar o futuro, escolher boas ações para investir e lidar com a documentação financeira.

Ao procurar um profissional, escolha um respeitado pelo mercado, certificando-se de que ele ouça seus objetivos. É importante também ter uma boa sensação no contato com ele, afinal, você está tomando conselhos sobre o que fazer com seu dinheiro. Se o consultor o pressionar a fazer investimentos mais arriscados do que você acha prudente (às vezes, os que ganham comissões, em vez de uma taxa fixa, fazem isso), ou alardear que pode fazer seu portfólio render mais do que o mercado, procure outro profissional. Você também pode encontrar orientação de especialistas em planejamento financeiro nas grandes instituições bancárias.

Se você não gosta da estrada pela qual tem andado, comece a pavimentar outra.

– Dolly Parton

Escreva sua visão para uma vida cheia de propósito

Você está seguindo pelo caminho que sempre sonhou? Se não, e se está descontente com a situação, ou nem sequer sabe o caminho que gostaria de percorrer, comece a meditar sobre o propósito de sua vida. O que acha que está destinado a fazer? Em quais áreas obtém sucesso com mais facilidade? Quais atividades mais o estimulam? Que lugares visitou que lhe trouxeram a sensação de estar em casa? Como vê sua vida familiar?

Ao refletir sobre seu lugar na vida, comece a pensar nas atitudes que você precisa tomar para se colocar nesse caminho. Assim, talvez seja necessário fazer algumas mudanças importantes para que possa reorientar sua vida na direção de um caminho que o leve a uma felicidade maior. Se esse for o caso, não tome decisões precipitadas. Embora não haja recompensa sem riscos, às vezes, eles não são necessários. Lembre-se, no entanto, de que quando portas se fecham, outras logo se abrem.

Após traçar seu novo caminho, continue a revisitar e atualizar sua visão sobre ele, cuidando para ser sempre verdadeiro consigo. Se começar a alcançar seu objetivo, estabeleça outro ainda maior. Como diz o ditado: "Se você tentar alcançar a lua, pode não conseguir, mas sempre estará entre as estrelas".

Não comer carne é uma decisão. Comê-la é um instinto.

– Denis Leary

Retire a gordura da carne ingerida

Eis uma maneira fácil de perder calorias: retire a gordura da carne que come. Embora sirva para realçar o sabor, se houver gordura em excesso nas bordas da sua proteína, elimine-a antes de cozinhar. Assim, você não apenas diminuirá a quantidade total de gordura em sua dieta, como reduzirá seu tipo mais prejudicial: a saturada.

Para cortar a gordura da carne, use sempre uma faca afiada, colocando a parte gordurosa mais próxima de você. Segure na ponta da gordura e coloque a faca entre ela e a carne. Ao cortar, mantenha a gordura esticada e não tente cortar tudo de uma única vez. Se você já tentou esse método e ainda tem dificuldades, experimente colocar a carne no congelador por vinte minutos. Com a gordura mais firme, fica mais fácil lidar com ela. Depois, é só deixar a peça voltar à temperatura ambiente para prepará-la. Nunca descongele a carne e a devolva ao congelador: é uma ótima maneira de criar bactérias nocivas.

Seus sorrisos / pálidos como prímulas colhidas
à meia-noite / pelos dedos frios da primavera.

– John Keats

Tome cápsulas de óleo de prímula

Quando seu coração é saudável, o cérebro também o é, ainda mais. Conhecida também como estrela-da-tarde, a prímula é uma flor selvagem, nativa da América do Norte, da Europa e partes da Ásia, indicada para o coração, por ser bastante rica em ácido linolênico ômega-6. A planta reduz o colesterol no sangue, pode ajudar a prevenir o câncer e diminui o risco do diabetes nos adultos. A flor contém uma pequena quantidade de ácido gamma-linolênico, um ácido graxo que é convertido em dihomo-gamma-linolênico, que produz prostaglandinas para o corpo, capazes de reduzir inflamações. Atualmente, o uso da flor está sendo estudado no combate às inflamações em doenças autoimunes, eczemas e artrites. Alguns acreditam que a prímula também é capaz de proteger o cérebro contra a doença de Alzheimer, embora não haja estudos para demonstrar a teoria.

A dose padrão é de uma cápsula, de 250 miligramas, três vezes ao dia. Em casos de gravidez ou epilepsia, deve-se consultar um médico antes do uso.

É um fato científico o de que seu corpo não vai absorver o colesterol se você o retirar do prato de outra pessoa.

– Dave Barry

Esforce-se para diminuir seu LDL e elevar seu HDL

Talvez você pense que todo colesterol é ruim, mas ele ajuda o organismo a produzir hormônios, bílis e vitamina D, além de manter a fluidez e a integridade de todas as membranas celulares, daí a importância de manter seus níveis bem controlados.

Conhecido como "colesterol bom", o HDL remove o colesterol que se acumulou nas artérias, carregando-o para o fígado, a fim de ser metabolizado e eliminado pelo organismo, diminuindo o risco de doenças cardiovasculares e podendo até proteger contra a demência.

Já o LDL, chamado de "colesterol ruim", transporta o colesterol e as triglicérides do fígado para os tecidos, mas, durante o processo, algumas moléculas de colesterol podem ficar presas nas paredes das artérias, motivo pelo qual seus níveis elevam o risco de ataques cardíacos ou derrames cerebrais.

As triglicérides, por seu lado, transportam gorduras, fornecendo energia para as células, sendo associadas à aterosclerose, no entanto, quando em níveis elevados.

Para ter um coração saudável, é preciso ter HDL alto, de um lado, e baixas taxas de LDL e triglicérides, de outro. O colesterol total deve ser inferior a 200, com LDL inferior a 100, HDL em torno de 60 e triglicérides abaixo de 150. Os valores do colesterol são determinados pela genética, pela alimentação e pelo estilo de vida.

Então:

- Pare de fumar.
- Faça exercícios entre trinta a sessenta minutos por dia.
- Evite alimentos ricos em gordura saturada.
- Ingira óleo de peixe.
- Coma peixe, aveia, nozes e azeite de oliva.

Deixe-me deitar / deixe-me morrer em seu seio branco como a neve,
eu comeria da sua carne como se fosse uma fruta delicada,
estou bêbado de seu cheiro, e o perfume de suas tranças /
É como uma chama que me devora.

– George Moore

Experimente perfumar o ambiente

Assim como você deseja criar uma atmosfera sensual com uma iluminação romântica, ter um quarto perfumado vai ajudar a transformar um ambiente comum em um ninho de amor. Há determinados aromas que despertam o apetite sexual, enquanto outros desestimulam, mas quando você estiver com alguém pela primeira vez, não vai saber a preferência de sua companhia.

Até aprender que seu parceiro fica excitado ao sentir cheiro de couro, de grama recém-cortada ou de madressilva, vá com calma e experimente apenas aqueles aromas que receberam aprovação da maioria dos homens e mulheres. Dizem que bolo de canela, morangos e torta de abóbora aumentam o fluxo sanguíneo do pênis, enquanto uma mulher pode ter a libido estimulada, de modo inconsciente, pelo aroma do alcaçuz. Para ambos os sexos, baunilha, lavanda, hortelã, pepino, jasmim, laranja e almíscar são capazes de incendiar uma paixão.

Para perfumar a casa com esses aromas, escolha velas, difusores ou óleos perfumados, ou coloque algumas gotas de um dos óleos essenciais em seu travesseiro ou nos lençóis de algodão. Contudo não exagere, para o quarto não acabar cheirando como a seção de perfumes de uma loja de departamentos.

A paz vem de dentro. Não a procure à sua volta.

– Buda

Refugie-se em seu íntimo para nutrir seu ser interior

É importante cuidar de seu corpo por meio de exercícios e de uma alimentação saudável, mas também é necessário cuidar de sua mente e de seu *eu* interior. Reserve algum tempo, todos os dias, para se sentar em silêncio e se recolher em sua mente, acalmando-se e encontrando seu centro. Quando se está centrado, é mais fácil fazer boas escolhas que reforçam o caminho que se pretende seguir na vida e também ser proativo, em vez de apenas reagir às situações.

A meditação é um excelente método para alcançar essa tranquilidade, inclusive para os céticos. Cientistas provaram que ela reduz os níveis de estresse e pode até promover a cura do corpo. Isso é que é poder da mente sobre a matéria!

Se você tem dificuldades para praticar a atividade em casa, porque seu parceiro, seus filhos ou, tão somente, as coisas que precisa fazer atrapalham a concentração, procure outro lugar em que possa limpar sua mente, como um parque próximo, um lago, um bosque, ou a praia. Ali, sente-se em silêncio com a natureza, respirando profundamente e reunindo os pensamentos. Se a mente estiver cheia de preocupações com tarefas e ideias que insistem em surgir, impedindo-o de passar para outros, leve um diário e os anote. Assim, você poderá aliviar a mente dos obstáculos que o distraem e dar espaço para viajar mais fundo dentro de si.

Dinheiro é como esterco. Você tem de espalhá-lo ou ele cheira mal.

– J. Paul Getty

Use um método simples para escolher opções de investimento

Se você sabe que precisa deixar seu planejamento financeiro em ordem, mas não quer ou não pode contratar um profissional especializado, use um método simples para começar. Além de economizar usando um plano de poupança automática, abra uma conta individual de aposentadoria. Há uma infinidade de opções, mas o melhor a fazer é escolher um plano com base no ano em que você pretende se aposentar. Se a data em mente não estiver disponível, escolha a opção que mais se aproxime dela. A proximidade entre você e esse número vai determinar o grau de risco de seu plano. Se décadas o separam do ano escolhido (bom para você, se está começando tão cedo), o plano será mais arriscado, porque vai demorar mais tempo para se ter o dinheiro de volta. Por outro lado, se tiver de esperar um número de anos menor, o plano vai ser mais conservador.

Caso uma opção desse tipo não esteja disponível na empresa por meio da qual está investindo, use a seguinte fórmula: subtraia sua idade de 100 e invista essa porcentagem em ações. Coloque o restante em um fundo de obrigações que ofereça o melhor retorno. Por exemplo, se você tem 30 anos, coloque 70% em ações e 30% em títulos. Dependendo de seu perfil como investidor, mais agressivo ou conservador, você poderá sempre ajustar esses números, embora seja interessante reavaliar essa divisão a cada cinco anos.

O homem gosta de contabilizar os seus problemas,
mas não conta as suas alegrias.
Se ele as contabilizasse como se deve,
veria que há felicidade suficiente em cada porção.

– Fiódor Dostoiévski

Crie um *blog* da felicidade

Para aumentar a felicidade dos outros e, em troca, a própria, pense em criar um *blog* (ou dedique uma parte do *blog* que você já possui) sobre a felicidade. Ao procurar escrever sobre acontecimentos positivos em sua comunidade, em sua vida e no mundo, você começa a passar mais tempo se concentrando nos acontecimentos felizes. Compartilhar esses momentos com outras pessoas também lhes permite sentir igual satisfação e, de súbito, você cria um efeito dominó, espalhando energia positiva por todo o planeta.

Se você não é do tipo técnico, não há problema. Escolha um caderno ou um diário que goste e, ao final de cada dia, anote três coisas boas que ocorreram: de ouvir um pássaro cantar ao pedido de casamento de seu amor. Reconhecer que seu dia a dia é maravilhoso aumenta sua felicidade e o torna mais grato pelas coisas que recebe.

Trata-se de um exercício útil, em especial se você se encontra deprimido. Se acreditar que não há felicidade em sua vida, passe a se concentrar nas pequenas coisas positivas e, logo, perceberá outras, que podem devolver o sorriso para seu rosto.

A vida anda mais rápido com proteína.

– Martin Fisher

Consuma a dose diária recomendada de proteína

À medida que você envelhece, suas necessidades de proteína mudam. Elas também se transformam dependendo de sua atividade física. Se sua rotina de exercícios consiste em treinamento de força ou resistência, você vai precisar acrescentar mais proteína em sua dieta, se estiver ingerindo a dose padrão para sua idade e sexo, ou seja, 1,2 a 1,4 gramas de proteína por quilo de peso corporal. Isso porque a proteína pode ajudar a recuperar músculos doloridos ou lesionados com mais rapidez. Contudo, lembre-se de que, embora a proteína seja importante, tudo o que você comer, mas não queimar, será armazenado como gordura.

Com base em informações fornecidas pelo Comitê de Alimentos e Nutrição do Instituto de Medicina dos Estados Unidos, seguem as quantidades diárias recomendadas de proteína.

Categoria	Idade ou Condição	Proteína (gramas)
Homens	14 – 18 anos	52 gramas
Homens	acima de 19 anos	56 gramas
Mulheres	acima de 14 anos	46 gramas
Mulheres	Grávida ou amamentando	71 gramas

Familiarize-se com a quantidade de proteína contida em algumas fontes magras, como carne (25 a 35 gramas por porção), queijo *cottage* com baixo teor de gordura (28 gramas por xícara), feijão (18 gramas por xícara) e manteiga de amendoim (7 gramas em duas colheres de sopa).

Eu não só uso toda a inteligência que tenho,
mas todas que puder tomar emprestadas.
– Woodrow Wilson

Tome *Gingko biloba* para o cérebro

Extraída das folhas de *Gingko biloba*, a árvore nacional da China, há anos a substância é utilizada pela medicina, na América do Norte, sendo no país de origem as sementes da planta utilizadas há séculos. Apesar de ser empregada como antioxidante e para ajudar a melhorar a circulação sanguínea, a degeneração macular e a disfunção sexual, tem recebido mais atenção como uma erva que auxilia o cérebro.

O *Gingko biloba* é apontado como um suplemento que pode minimizar a demência e prevenir a doença de Alzheimer, embora, atualmente, haja relatos conflitantes sobre essas propriedades. Pesquisa recente com 3 mil participantes com mais de 75 anos, que ingeriram por dia 240 miligramas de *Gingko biloba,* durante seis anos, não revelou qualquer prova de sua capacidade de prevenir ou melhorar nem a demência, tampouco a doença de Alzheimer. No entanto, outro estudo indicou que o extrato da folha potencializa certas funções cognitivas e a memória em pacientes, de resto, mentalmente saudáveis, com mais de 60 anos.

Se você optar por tomar o *gingko,* prefira o extrato das folhas às sementes, pois estas, dependendo da maneira como foram tratadas, podem ser perigosas. A dose padrão da erva se encontra entre 120 miligramas e 240 miligramas por dia, divididas em três doses separadas. Se você se utiliza de antidepressivos, é portador de um distúrbio epiléptico ou toma medicamentos imunossupressores, remédios para diabetes, diuréticos ou anticoagulantes, consulte seu médico, pois a interação desses medicamentos com o *Gingko biloba* pode causar efeitos colaterais graves.

Meu sonho é me tornar fazendeiro. Apenas um cara boêmio colhendo suas próprias batatas doces para o jantar.

– Lenny Kravitz

Adote os antioxidantes

Um dos segredos para viver uma vida mais longa, saudável e com uma aparência mais jovem é manter uma alimentação com quantidades suficientes de antioxidantes, que são moléculas que protegem as células contra os efeitos prejudiciais de outras moléculas, conhecidas como radicais livres. Estes, por sua vez, são produzidos durante o processo de absorção dos alimentos pelo organismo ou vêm de fatores externos, como poluição ambiental, estilo de vida, tabagismo, exposição aos efeitos nocivos da luz solar ou do bronzeamento artificial. Os radicais livres também têm um papel importante, ajudando os glóbulos brancos do sangue a eliminar bactérias nocivas, mas são instáveis, danificando células sadias dos tecidos.

Para eliminar o efeito dos radicais livres em seu corpo, é importante impor mudanças em seu estilo de vida (como evitar o fumo e o bronzeamento). Assim, você não favorecerá a produção dessas moléculas em seu corpo. Por outro lado, como forma de proteção, você também pode comer alimentos ricos em antioxidantes (incluindo feijão, e suas variações rajado e vermelho, mirtilos cultivados ou silvestres, amoras, alcachofras, batatas, maçãs do tipo gala e muitos outros) e tomar suplementos, como betacaroteno, luteína, licopeno, selênio, vitamina A, vitamina C e vitamina E.

A música funde todas as partes singulares de nosso corpo em uma só.

– Anaïs Nin

Monte sua *playlist*

Elaborar uma trilha sonora sensual pode ser muito divertido e você pode, inclusive, transformar essa atividade em um encontro! Se seu amor gosta de música, vocês dois podem explorar a coleção de temas de ambos para encontrar canções que levem a um clima romântico ou sexual. Você também pode escolher outras para ouvir e se divertir durante o sexo. Ao compartilhar suas músicas, vocês vão aprender muito um sobre o outro e o que acende o desejo sexual de cada um. Além disso, você pode até descobrir uma nova banda para curtir!

Seja montando uma *playlist* junto com seu parceiro ou compilando canções sem ele, faça quantas listas quiser. Afinal, o clima sexual pode mudar: em uma noite, você estará mais inclinado para um sexo lento e intimista, enquanto em outra, terá vontade de rasgar a roupa de seu amante. Além disso, se você gosta de ouvir música enquanto está fazendo amor, não vai querer uma só trilha sonora para as duas noites. Assim, monte uma trilha diferente para cada tipo de sexo que gostaria de ter.

Não tenha nada em sua casa que você não considere útil ou não acredite ser bonito.

– William Morris

Crie um santuário pessoal

Após um longo dia de trabalho, você quer voltar para casa e se sentir à vontade e reconfortado. Contudo, se você mora com um amigo bagunceiro, ou se seus filhos costumam deixar os brinquedos espalhados, ou se você não é a pessoa mais organizada do mundo, bastará abrir a porta para encontrar a pia cheia de louça, roupas acumuladas na lavanderia, seu colega refestelado no sofá, com os pés sobre sua linda mesa de centro etc. Você já entendeu a situação...

Antes de perder a cabeça, assuma o controle sobre o que você puder. Ainda que seu domínio se limite a seu quarto, transforme-o em um santuário. É óbvio que, se você puder operar a magia em toda a casa, será melhor ainda. De qualquer maneira, você vai precisar de um espaço no qual possa se refugiar e relaxar.

De início, para transformar um quarto com quatro paredes em um santuário, livre-se da bagunça, tendo como inspiração a citação de William Morris. Pinte as paredes com cores agradáveis e prefira uma iluminação suave. Para dar um toque ainda mais suave à atmosfera, tenha à mão algumas velas para usar à noite. Substitua móveis deteriorados e desconfortáveis por peças que combinem mais com seu próprio estilo, inspirando-se em *blogs* de arquitetura e decoração, se preciso. À medida que você for substituindo os objetos de que não gosta ou que não o fazem se sentir em paz por outros que o deixam mais feliz, não vai demorar muito para que seu espaço se transforme no lugar em que você se sente verdadeiramente à vontade.

Se ao menos Deus me desse um sinal! Algo como fazer um belo depósito em meu nome em um banco suíço.

– Woody Allen

Se você teve um ganho inesperado, invista-o em CDBs

No jogo da vida, às vezes, surge um pequeno ganho extra, inesperado. Talvez um dinheiro recebido de uma aposta, ou vindo de um acordo judicial, ou resultante de um bônus inesperado no trabalho. Seja como for, recomenda-se colocar a maior parte do valor ou, quem sabe, todo ele, em um certificado de depósito bancário (CDB). Uma vez que esses recursos não vêm de seu orçamento, se você o investir, alcançará seus objetivos de forma mais rápida. Embora uma conta de poupança seja interessante, os CDB's têm uma rentabilidade mais vantajosa, uma vez que não é possível contar com o valor investido. Somente no final do prazo para o resgate poderá usar o total para realizar seus objetivos.

Trabalho em excesso, férias em excesso,
qualquer coisa em excesso é insano.
– Walter Annenberg

Encontre o equilíbrio em sua vida

Para ter uma vida feliz, você deve encontrar um equilíbrio entre o lazer e o trabalho. Aqueles que se divertem em excesso raramente são bem-sucedidos na carreira, enquanto os que trabalham em demasia deixam de aproveitar os bons momentos com os amigos e a família, e de ver o mundo que os cerca.

Pausas no trabalho trazem o tempo necessário para recarregar energias, além de ajudar a pensar em maneiras criativas para resolver os problemas. Esse tempo também pode ser aproveitado para sair com as pessoas amadas e vivenciar novas experiências. Após uma pausa, volta-se melhor equipado para o trabalho.

Durante seu descanso, lembre-se de se esforçar para manter um equilíbrio saudável entre a vida e o trabalho. Tem dificuldades de fugir? Aqui estão algumas ideias para libertá-lo:

- Matricule-se em uma academia para se exercitar após o trabalho.
- Inscreva-se em um curso de meio de semana. É uma oportunidade para conhecer gente nova e, após pagar as aulas, sentir-se motivado para deixar tudo o que não terminou no escritório para o dia seguinte.
- Evite consultar o e-mail de seu trabalho no fim de semana, se os seus projetos estiverem concluídos. Isso vale para as férias.
- Desligue seu celular de trabalho quando não estiver em horário de expediente. Se o celular pessoal também é o profissional, informe à família e aos amigos quando estará disponível e, no restante do tempo, mantenha-o desligado.

Se a maioria das dicas lhe parece impraticável, não pense nelas como mudanças permanentes. Apenas reserve um tempo para experimentar. Assim que aprender a se desligar do trabalho, vai criar suas próprias soluções para definir limites.

A carne vermelha não é ruim para você. Agora, carne azul-esverdeada? Essa, sim, é ruim para você!.

– Tommy Smothers

Conheça as gorduras

Desde que você escolha a gordura certa, ela pode ser boa para você.

Existem dois tipos principais de gorduras: as saturadas e as insaturadas. As primeiras são as mais saudáveis, pois ajudam no bom funcionamento do cérebro, reduzem o colesterol e auxiliam o emagrecimento. São líquidas à temperatura ambiente e ajudam a diminuir os níveis de colesterol no sangue.

As insaturadas, no entanto, são divididas em quatro tipos:

Monoinsaturadas – Capazes de reduzir os níveis de colesterol LDL, podem ser encontradas no azeite de oliva, nas nozes e no abacate.

Poli-insaturadas – Reduzem a chance de desenvolvimento da doença de Lou Gehrig, além de ajudarem na proteção contra certos tipos de câncer. Encontradas em peixes, amendoins, grãos integrais, óleos de canola, de cártamo e de soja.

Ácidos graxos ômega-3 – Podem ajudar no emagrecimento, reduzir o colesterol e melhorar a saúde do coração. São encontrados em peixes e ovos.

Gordura trans – Ela não é boa para você, porque aumenta os níveis de colesterol e o risco de doenças cardíacas.

Por outro lado, as gorduras saturadas fazem mais mal do que bem. Sólidas à temperatura ambiente, elevam os níveis do colesterol LDL e das triglicérides, além de aumentar o risco de doenças cardíacas, derrames e certos tipos de câncer. Em geral, são encontradas em carnes, queijos e outros laticínios não desnatados, óleo de coco, óleo de semente de palma e manteiga de cacau.

Procure não pensar em descascar uma laranja.
Tente não imaginar o suco escorrendo por seus dedos,
ou a maciez do interior da casca. O aroma.
Tente e não conseguirá. O cérebro não processa negativos.

– Douglas Coupland

Tome coenzima Q10

Todos os dias, o corpo é bombardeado com toxinas do meio ambiente. Contudo, pode-se reduzir o impacto desses elementos perigosos com a manutenção de uma alimentação saudável e de um programa regular de exercícios. Além disso, é possível ajudar o organismo acrescentando esse antioxidante à rotina. Ao envelhecer, o corpo produz menos coenzima Q10, substância que gera energia para todos os seus tecidos, mas, sobretudo, para aqueles mais solicitados do fígado, coração, cérebro e esqueleto.

Ao completar sua dieta com alimentos que contêm essa enzima, como peixes, nozes, miúdos de carne, carne bovina, brócolis, frango e laranja, você pode trabalhar contra o tempo para diminuir o risco de um coágulo no sangue, que pode levar a um ataque cardíaco ou acidente vascular cerebral, além de reduzir o colesterol ruim e amenizar problemas cardíacos causados por doenças mitocondriais e danos oxidativos. Além disso, a coenzima Q10 protege ou retarda o aparecimento de doenças cognitivas, como as doenças de Alzheimer e de Parkinson.

Entretanto, se você sofre de doenças do coração, converse com seu médico antes de investir em um suplemento de coenzima Q10. Demonstrou-se que alguns portadores de problemas cardíacos, que se exercitavam com regularidade e ingeriam o suplemento, sofreram danos no coração. Se a enzima foi a causa, ainda não ficou claro.

Sou alérgica a produtos químicos, por isso, como apenas alimentos orgânicos.

– Carol Channing

Inclua superalimentos em sua dieta

Comida é como dinheiro: as escolhas feitas na alimentação, tanto quanto no orçamento podem ter um impacto profundo na vida, em longo prazo. Se você procura grande retorno para o investimento, os superalimentos são a solução. Tratam-se daqueles alimentos que contêm vitaminas, minerais e outros nutrientes, que ajudam a combater doenças, melhorar o metabolismo e fazer você se sentir bem. Todos eles são naturais (não processados) e, até certo ponto, fáceis de ser encontrados, assim, a menos que você seja alérgico, não há desculpa para não os incluir na dieta.

Muitos desses alimentos serão tratados em outras partes deste livro, mas, a título de preparação, seguem alguns deles:

- Abacate.
- Feijão.
- Mirtilo.
- Brócolis.
- Folhas verde-escuras.
- Linhaça.
- Aveia.
- Azeite de oliva.
- Laranja.
- Romã.
- Abóbora.
- Salmão.
- Soja.
- Espinafre.
- Chá (verde ou preto).
- Tomate.
- Peru.
- Nozes.
- Iogurte.

Só deixei de usar algumas camisinhas. Não encontrei do meu tamanho.

– Gael Garcia Bernal, em *Amores brutos*

Faça os exames

Antes de se envolver com seu próximo parceiro, faça exames para a detecção de doenças sexualmente transmissíveis (DSTs). Além disso, se você nunca se submeteu a esse tipo de avaliação médica, mas está com alguém, faça já os exames. A atitude pode trazer preocupação, mas é a coisa responsável a ser feita. Você pode realizar exames gratuitos e com o sigilo propício em centros especializados ou no consultório de seu médico.

Embora a ansiedade pelos resultados possa ser intensa, a expectativa também pode fazer você repensar possíveis comportamentos de risco e se propor a não repetir tais erros, no futuro. Se os resultados dos exames forem negativos para todas as DST, ótimo, mas você precisa se lembrar de sempre continuar a usar proteção e de repetir os testes de vez em quando, ainda que esteja em um relacionamento monogâmico. Não se está, aqui, insinuando que seu parceiro seja infiel, mas como ninguém imaginava que Tiger Woods pudesse trair, é melhor prevenir do que remediar.

Por outro lado, se os resultados mostrarem que você tem uma DST, é melhor saber disso para que possa se tratar ou reduzir o impacto da doença em sua vida. Lembre-se de contar a todos os potenciais parceiros, antes de qualquer comportamento que possa colocá-los em risco. Camisinhas, preservativos bucais e dedeiras (espécie de preservativo para os dedos) podem protegê-lo contra a maioria das doenças, mas seu parceiro merece saber *antes* do ato. Se você tem menos de 26 anos de idade, recomenda-se tomar a vacina contra o HPV. De acordo com o Centro para Controle e Prevenção de Doenças dos Estados Unidos (CDC), 50% de todas as pessoas sexualmente ativas contrairão o HPV genital, em algum momento. Como outras DSTs, o HPV pode ser transmitido por meio de sexo vaginal, anal, oral ou por contato genital-genital. Certas cepas de HPV são conhecidas por serem a causa principal do câncer cervical e das verrugas genitais, além de também provocarem os cânceres de pênis, de ânus, da cabeça e do pescoço.

Sempre procurei transformar cada desastre em uma oportunidade.

– John D. Rockefeller

Mude sua perspectiva

A percepção sobre o passado pode ser boa, mas o dom da perspectiva, em geral, não se aplica ao presente nem ao futuro. Quando alguém se encontra em uma situação difícil, pode vê-la como a pior coisa que lhe aconteceu ou como algo que vai durar para sempre. Basicamente, toma-se desse fato, aumentando-o até que se torne tão grande e importante na história da vida, que ele alcança uma dimensão em tudo fora de proporção, de maneira que sua perspectiva acaba sendo perdida.

Nesses momentos, é fundamental compreender a perspectiva das coisas. Você não vai, de fato, ficar preso naquela situação para sempre. Você não vai passar o resto da vida sem conseguir encontrar o parceiro certo, um bom emprego ou um lugar para morar. Você não está perdido, se cometer um erro. Esses problemas são temporários, a menos que você queira que não sejam. Dê um passo para trás e procure ver a realidade da situação, esforçando-se para não se apoiar apenas nos sentimentos. Assim, você estará mais preparado para resolvê-la de maneira mais saudável para si, tornando-se menos propenso a trazer ainda mais estresse para sua vida.

Em um jardim também crescem muitas coisas que nunca foram semeadas.

– Thomas Fuller

Cultive uma horta

Uma ótima maneira de reduzir seus gastos com alimentação e garantir que está consumindo produtos livres de agrotóxicos é cultivar suas próprias frutas e vegetais. Embora possa ter de aturar pássaros e outros pequenos animais, terá a certeza de que nenhum produtor estará pulverizando suas plantas com pesticidas, além de não ter de pagar mais caro por produtos orgânicos. Você pode adquirir mudas orgânicas por um custo relativamente baixo em viveiros ou mercados de plantas – há alguns que vendem todos os tipos de plantas por poucos reais. Além disso, também precisa investir em ferramentas de jardinagem, vasos (no caso de não dispor de um pedaço de chão), terra e adubo, mas vai recuperar os gastos após apenas uma estação.

No caso de se morar em apartamento ou lugar no qual não seja possível cultivar vegetais ao ar livre ou em uma estufa, a solução é recorrer a pequenos vasos ou *kits* de mini-hortas hidropônicas, que permitem o cultivo de ervas, temperos e hortaliças em pequenos espaços, como em cima da geladeira. Embora não se vá colher grandes legumes e verduras, pode-se economizar no custo de ervas e temperos, além de se ter ao seu alcance produtos frescos, como salsa, tomilho e manjericão.

Se você tem filhos pequenos, cultivar uma horta é uma excelente maneira de ensinar sobre a origem da comida. Caso eles participem do plantio e dos cuidados com as plantas, ficarão felizes e orgulhosos ao ver os primeiros vegetais começarem a surgir. E, ainda melhor, poderão até consumi-los!

Todas as coisas carregam o yin *enquanto abraçam o* yang.
Neutralizar a energia os coloca em harmonia.

– Lao Tsé

Encontre o equilíbrio entre *yin* e *yang*

Na filosofia taoísta, o símbolo do *yin yang,* também chamado de *taijitu,* consiste de três partes. O círculo que conecta os dois lados representa o Tao, a Lei do Universo, enquanto a metade negra simboliza a energia *yin* e a metade branca, a energia *yang*. Sem os dois lados, o círculo maior não poderia existir. Os círculos menores, dentro de cada metade da figura, dizem respeito ao fluxo constante de todas as coisas, bem como às conexões entre forças de aparências opostas.

Os taoístas acreditam que, dentro de cada um, pulsam as energias *yin* e *yang*. A primeira, que representa o princípio feminino, é calma, pensativa e passiva. É a energia que relaxa e revigora quando se está cansado. A outra, que simboliza o princípio masculino, é o exato oposto: ativa, direcionada e agressiva. Para viver feliz, é preciso haver um equilíbrio entre as duas forças. Sem a energia *yang,* seria apenas a indolência e a desmotivação. Já sem a energia *yin,* não haveria o descanso nem o recolhimento mental, na busca do próprio centro.

Os praticantes do *feng shui* sugerem que *yin* seja a energia predominante no quarto, enquanto nas áreas comuns prevaleça a energia *yang*. Organizar sua vida dessa maneira pode produzir um bom efeito. Seja vigoroso e cativante ao sair com amigos ou no trabalho e, quando estiver sozinho, recolha-se à quietude de seu santuário interior.

A melhor maneira de se desintoxicar é parar de despejar coisas tóxicas no organismo e depender de seus próprios mecanismos.

– Andrew Weil

Evite gorduras trans artificiais

As gorduras trans ganharam má reputação e as artificiais bem a mereceram. As gorduras trans naturais, como as encontradas em laticínios, carne bovina e de cordeiro, são transformadas em ácido linoleico conjugado (CLA) dentro do organismo. Essa substância pode ajudar a prevenir doenças cardíacas e câncer, além de auxiliar na queima de gordura e na manutenção da massa corporal magra. O CLA também está disponível na forma de suplementos alimentares, vegetarianos ou não.

Por sua vez, as gorduras trans artificiais fazem exatamente o oposto para o organismo. Em regra, trata-se de um tipo de gordura produzido quando o óleo vegetal é aquecido e processado com produtos químicos e hidrogênio, para a fabricação de um composto semissólido (em vez de líquido) à temperatura ambiente. Em certo instante, os cientistas descobriram que as gorduras artificiais eram terríveis para o corpo humano. Em vez da eliminação durante o processo digestivo, notou-se que o organismo passava a processá-las como se fossem um ácido graxo normal, incorporando-as às artérias e veias, às membranas celulares e ao cérebro, fígado e rins.

Nesse catastrófico cenário, os níveis hormonais sofrem alterações. O colesterol bom é reduzido e o mau, elevado. As membranas celulares são danificadas a tal ponto que não mais conseguem absorver os nutrientes de maneira tão eficaz. Os vasos sanguíneos se tornam menos flexíveis. Os níveis de insulina sobem. A gordura é acumulada na região abdominal. Os radicais livres se multiplicam na corrente sanguínea, aumentando o risco de câncer.

Para evitar as gorduras trans, fique longe da margarina, da gordura vegetal e de tudo aquilo que, nos ingredientes, contiver o termo *hidrogenado*. Como cuidado extra, você também pode evitar os óleos de milho, de canola e de soja, que contêm gordura trans artificial, embora em níveis bem inferiores aos da gordura vegetal e da margarina.

Antes de semear já nos vem uma ideia da flor.

– E.B. White

Tome magnésio

Para garantir o bom funcionamento dos neurônios, tome um suplemento diário de 350 miligramas de magnésio, ou coma alimentos como legumes, abacate, cereais integrais, germe de trigo, frutos do mar, frutas, espinafre e sementes de abóbora.

Esse macromineral ajuda a formar a estrutura física dos ossos e metaboliza gorduras, carboidratos e proteínas. O magnésio não só previne o aparecimento de transtornos neurobiológicos, incluindo a doença de Alzheimer, como constrói uma camada protetora em torno dos neurônios e ativa uma substância química que converte sobras de amônia no cérebro em ureia, sem a qual não seria possível se concentrar.

Estresse e álcool reduzem os níveis de magnésio no organismo, por isso, se você estiver se sentindo nervoso ou tem frequentado muitas festas nos finais de semana, está na hora de pensar nesse suplemento. No entanto, caso possua alguma doença renal, consulte primeiro seu médico.

O abacate é um alimento sem rival entre as frutas, uma verdadeira fruta do Paraíso.

– David Fairchild

Aproveite o abacate

É uma fruta que ajuda você a manter uma aparência jovem, porque contém ômega-3, que protege contra doenças cardiovasculares, além de ácido oleico, uma gordura monoinsaturada que pode reduzir o risco de câncer de mama e melhorar a memória. Essa deliciosa fruta também é rica em vitamina K, que protege contra a osteoporose, e ácido fólico, que auxilia o coração.

Além disso, o abacate é um ótimo revigorante facial, pois hidrata a pele com seus óleos e a nutre com o ômega-3. Em uma tigela, amasse meio abacate com mel e misture até alcançar uma consistência macia. Aplique a mistura no seu rosto e deixe por dez minutos antes de enxaguar.

Para aproveitar todos os seus benefícios, prepare um guacamole. Experimente-o como uma alternativa saudável à maionese ou, apenas, desfrute-o *in natura*.

Adoro lingeries *e coisas femininas.*
Faz-me sentir bem, ficar bonita e deixar alguém enlouquecido.
É uma sensação incrível. E quando excita os homens – fantástico.
Mas, independente disso, dá-me prazer.

– Lorri Bagley

Compre *lingeries* sensuais

Se você quer deixar um homem louco ou uma mulher excitada, compre *lingerie* sensual. Para os homens, as cuecas *boxer* são as mais indicadas, mas depende do próprio gosto. Já para as mulheres, as opções são inúmeras: espartilhos, cintas-liga, corpetes ou, ainda, sutiãs *push-up* que levantam os seios, com calcinhas combinando. Ou apenas uma tanga *sexy* com tapa-mamilos em formato de coração.

Enquanto o seu parceiro está lavando os pratos ou relaxando no sofá ou na cama, vá para outro cômodo e vista a roupa que preparou. Capriche no penteado e na maquiagem. Então, surpreenda-o e observe o seu queixo cair. Se o momento for adequado, faça um *striptease,* acompanhado ou não de música. O segredo para um desempenho sensual é se sentir confiante e tirar a roupa bem devagar, para provocar o parceiro. Por isso, não se apresse.

Quanto mais trabalho, mais sorte tenho.

– Samuel Goldwyn

Observe a sincronicidade

Em certos momentos da vida, parece que as coisas se combinam a favor. Alguns chamam esse tipo de experiência de coincidência, destino ou algo entre uma coisa e outra. É importante observar aqueles instantes em que parece que tudo vai dar certo, porque, muitas vezes, são também os momentos em que se está na plena capacidade de realização. Observe seu humor, suas ações e o que você está oferecendo para o mundo. Então, registre tudo em um diário, para que você possa olhar para trás quando as coisas não estiverem indo tão bem e descobrir como retornar para aquele caminho em que tudo parecia fluir sem dificuldade.

Se você deseja que determinada coisa aconteça em sua vida, preste atenção aos eventos que ocorrem e que poderiam levar à sua realização. Alcançar um objetivo, muitas vezes, envolve uma série de pequenos passos, por isso, não se esqueça de manter os olhos bem abertos para poder reconhecê-los, à medida que se dão.

Por outro lado, se você tiver sucessivos entraves ao procurar atingir um objetivo, pergunte-se se não estaria almejando alguma coisa que não deveria acontecer. Às vezes, os obstáculos estão em seu caminho para que você possa se provar que tem capacidade para superá-los. Em outros momentos, os empecilhos surgem porque você está indo na direção errada.

O crédito é como um espelho, que, quando manchado pelo hálito, pode ficar limpo novamente, mas, uma vez quebrado, nunca pode ser consertado.

– Sir Walter Scott

Escolha um cartão de crédito com programa de recompensas

O que você está obtendo de seu cartão de crédito? Se tudo o que recebe é uma conta e você é do tipo que paga o valor total da fatura todos os meses, está na hora de mudar de opção. Escolha outro que ofereça um programa de recompensas que inclua milhas aéreas, descontos em lojas, ou pontos que você possa trocar por produtos ou uma viagem. A maioria condiciona o resgate das recompensas ao pagamento integral da fatura, mas as vantagens são grandes, ainda mais se a administradora do cartão não cobrar anuidade. Com esse tipo de cartão, em vez de pagar por uma viagem ou um produto com seu próprio dinheiro, você pode ter suas recompensas sem desembolsar um só centavo.

Sonhe como se você fosse viver para sempre.
Viva como se você fosse morrer hoje.

– James Dean

Viva de um jeito mais espontâneo

Quando você olha para sua vida, fica mais feliz ao ver que fez coisas que queria fazer ou que *deveria* fazer? É importante ser responsável, claro. No entanto, com quase toda certeza, suas melhores lembranças não são as ocasiões em que trabalhou até tarde no escritório para terminar um projeto para seu chefe. O mais provável é que essas recordações sejam daquela vez em que seu parceiro chegou à sua casa, de manhã, você ligou para o trabalho avisando que estava doente e os dois rumaram para uma aventura inesperada.

Em outras palavras, administre o tempo tanto quanto você precise para ter uma vida produtiva, mas não tenha medo de jogar seus planos para o alto, se a vida o convocar. Se você se sentir como em um beco sem saída, mude. Corte o cabelo (ele voltará a crescer), visite um lugar que sempre desejou conhecer, pegue uma garrafa de vinho e vá com o seu amor para um parque, à noite, para apreciar as estrelas. Cante em um *karaoke*. Lembre-se de que a felicidade e a beleza estão à sua volta e tudo o que você precisa fazer é procurar vê-las.

Só porque você é um adulto não significa que precisa *sempre* agir como tal. Qual seria a graça disso?

A meia-idade é quando você escolhe o cereal pelas fibras que contém e não pelo brinquedo que vem na caixa.

– Autor desconhecido

Purifique-se com fibras

Você não tem de amar o farelo de trigo para aproveitar os benefícios das fibras. Nutrientes encontrados nos vegetais, as fibras não são digeridas pelo organismo e estão disponíveis em muitos alimentos saudáveis, incluindo de mirtilo a, sim, farelo de trigo, além de ser uma parte importante da dieta. Elas facilitam o trânsito dos alimentos pelo sistema digestivo e, dessa maneira, aceleram a eliminação dos compostos cancerígenos, dando-lhes menos tempo para prejudicar o organismo. Além disso, ajudam a regular o açúcar no sangue e a prevenir o diabetes; auxiliam na redução do colesterol, o que ajuda a manter o coração saudável; e podem reduzir as chances de se desenvolver o câncer de cólon.

As fibras, também, vão ajudar você a perder peso. Ao consumir uma refeição rica em fibras, você se sentirá saciado por mais tempo. Além disso, devido ao fato de que elas transitam pelo trato digestivo, seu organismo terá menos tempo para absorver as calorias dos alimentos, o que significa que essas calorias não serão armazenadas como gordura. Procure ingerir de 25 gramas a 30 gramas de fibras por dia, mas se você tem sido desatento em relação ao seu consumo, inclua o seguinte em sua dieta, indo devagar para não vir a sofrer com gases ou diarreia.

Alimentos ricos em fibras

- Uma xícara de feijão: 14 a 16 gramas.
- Uma xícara de ervilhas: 16 gramas.
- Uma xícara de farelo de trigo: 19 gramas.
- Um abacate médio: 11 gramas.
- Meia *grapefruit* (toranja): 6 gramas.
- Uma xícara de soja: 8 gramas.

A vitamina é uma substância que faz mal se você não a ingerir.

– Albert Szent-Gyrögyi

Abuse das vitaminas do complexo B

As oito vitaminas B podem ajudar a proteger o organismo contra doenças relacionadas à idade e a amenizar transtornos de humor, em especial, a depressão. São elas: tiamina, riboflavina, niacina, ácido pantotênico, ácido fólico, piridoxina, biotina, e cianocobalamina (e outras cobalaminas).

A depressão pode ocorrer se sua dieta for pobre em vitaminas B, ou se seu organismo não as estiver processando como deveria, impedindo que elas também atuem no cérebro. As vitaminas B são destruídas pela nicotina, pelo açúcar refinado, pelo álcool e pela cafeína, por isso, se você está se sentindo deprimido, mas acredita que as ingere em quantidades suficientes, verifique se os assassinos da vitamina B não fazem parte de seu estilo de vida. Se existe a depressão, sua condição pode estar ligada a outra causa, mas mudar seus hábitos e aumentar a ingestão de vitaminas B não é uma má atitude, para começar.

Certas vitaminas B também ajudam a tratar a doença de Alzheimer, a demência, os distúrbios do sono e a neuropatia diabética, além de reduzir o estresse e melhorar o metabolismo de gorduras, carboidratos e proteínas. Ainda reduzem os níveis do aminoácido homocisteína que, quando elevados, podem causar doenças cardíacas.

Procuro tomar muitas vitaminas e não bebo.

– Kate Beckinsale

Procure ingerir tiamina

Quando você come carboidratos, é a tiamina, também conhecida como vitamina B1, que ajuda a processá-los para que seu corpo possa absorver energia. Ela também é essencial para o funcionamento normal do coração, dos músculos e do sistema nervoso. A deficiência dessa vitamina solúvel em água pode causar fadiga, confusão mental, desordens do sistema nervoso, fraqueza muscular e até psicose. Embora você possa ingeri-la na forma de suplemento vitamínico, a tiamina também é encontrada em cereais integrais, carnes magras, ervilha e soja.

Maneiras fáceis de incorporar a vitamina B1 em sua dieta

Não é difícil conseguir ingerir a dose recomendada da tiamina, mas aqui estão sugestões de pratos bem balanceados, que o ajudarão a obter quase todas as necessidades diárias em uma única refeição:

- Acrescente cogumelos, sementes de girassol, ervilhas e tomate à alface.
- Combine milho, feijão e tomate para ter um acompanhamento saudável.
- Saboreie atum albacora grelhado ou como *sushi* (e tenha o ômega-3 também!).
- Faça uma sopa com feijão rajado, feijão branco e favas.

Pobre é o homem cujos prazeres dependem da permissão de outro.

– Madonna

Entre no clima

Quando se está estressado, é difícil entrar no clima, por isso, em vez de se obrigar a manter uma relação sexual assim que chegar à sua casa, depois de um longo dia de trabalho, dê-se um tempo para relaxar. Se você vive com seu amor, dê-lhe um beijo e um abraço, para que se sinta amado, mas, depois, reserve um tempo só para si. Medite. Tome um banho quente. Leia um livro relaxante. Sente-se com seu parceiro e compartilhe um copo de vinho, enquanto conversam sobre seu dia. Faça o que for necessário para eliminar a tensão com a qual chegou.

Com esse tempo de relaxamento, você estará criando um ambiente propício para que seu desejo sexual venha à tona naturalmente, o que lhe dará mais chances de entrar no clima. Ao chegar, procure vestir algo mais confortável, como *lingerie,* pijama ou uma camisola sensual, ou faça alguma coisa junto com seu parceiro que possa desviar a mente de prazos ou projetos. À noite, os dois podem sair para caminhar, jogar tênis ou curtir um passeio de bicicleta. Essas atividades servem para aproximá-los e para ajudar você a sair do assunto do trabalho e entrar no tema da diversão, deixando-o mais interessado no que pode acontecer na cama.

Brincar também pode ajudar a trazer sensualidade e aproximação com seu parceiro, após uma dura jornada. Comece uma briga de travesseiros, uma luta de mão ou uma guerra de cócegas. Depois das risadas, comece a beijar e, depois, quem sabe onde as coisas vão parar!

Não é o mais forte da espécie que sobrevive, nem o mais inteligente, mas o mais adaptável às mudanças.

– Charles Darwin

Aprenda a se adaptar às mudanças

Mudanças são inevitáveis. Sem elas, não haveria progresso ou crescimento, tanto em um sentido mais amplo quanto dentro de cada um. Entretanto, uma mudança também pode ser difícil de superar, pois exige uma alteração de perspectiva para que as coisas comecem a se ajustar à nova situação, sem mencionar que algumas coisas talvez precisem ser descartadas. É como mudar para uma casa nova. Você gosta muito de seu primeiro lar e, apesar disso, está ansioso para aproveitar as vantagens que poderá ter. Você conhece cada detalhe de sua antiga casa, onde o assoalho range e todos os momentos bons que passou ali. Uma nova casa pode ser melhor, mas você não sabe muito sobre ela. Contudo, ao passar mais tempo lá, você começará a aprender suas peculiaridades e a construir novas memórias entre suas paredes.

Mudanças espirituais, físicas e emocionais são semelhantes. Quando você se acostuma com um caminho, é difícil abandoná-lo, até quando sabe que é melhor para você. Fazer mais exercícios, ter uma alimentação mais saudável ou colocar em prática a maioria das sugestões deste livro exigem mudanças. Contudo, se forem mudanças que você quer fazer, então, poderá encontrar a força de vontade para sua concretização. O salto de fé e o tempo que decorre para se fazer uma escolha importante na vida costumam valer a pena, assim como mudar para uma casa nova.

Um homem que paga a sua conta pontualmente é logo esquecido.

– Oscar Wilde

Pague o valor total da fatura do seu cartão de crédito, todos os meses

A melhor maneira de evitar contrair dívidas no cartão de crédito é gastar segundo suas possibilidades e pagar o valor total da fatura, todos os meses. Pode parecer mais fácil gastar o dinheiro em outra coisa, mas, a menos que você queira evitar ser enterrado em dívidas, pague tudo o que deve. Cartões de crédito não representam dinheiro grátis. Em essência, oferecem empréstimos de curto prazo sem juros (em princípio). Contudo, se você pagar somente o valor mínimo da fatura mensal, a empresa administradora do cartão passará a cobrar juros sobre o saldo devedor e, no mês seguinte, você terá uma fatura muito maior do que teria imaginado e, assim, vai começar a se sentir em uma verdadeira sinuca.

Se você gastou além de suas possibilidades, mas tem o dinheiro em sua poupanca, use-o para pagar o saldo total do cartão de crédito. A dor do saque das economias vai torná-lo mais cuidadoso para não gastar em excesso no mês seguinte.

Eu sou parte de tudo o que li.

– John Kieran

Passe uma tarde em uma livraria ou em um café

Quebre sua rotina. Em vez de passar o tempo livre frequentando os lugares de sempre, escolha um objetivo diferente e inesperado. Às vezes, sobretudo se você é solteiro, pode ser difícil sair e, sozinho, fazer alguma coisa. Por exemplo, é fácil se enroscar em sua cadeira favorita e ler, com tranquilidade, por um bom par de horas no fim de semana, mas se você o fizer em um café (em um desses, cheio de sofás confortáveis), terá mudado de cenário e aumentado a chance de conhecer uma pessoa nova. No mínimo, você vai passar algumas horas agradáveis olhando o movimento.

Se a sugestão não faz sua cabeça, escolha outro lugar em que as pessoas se misturem, com liberdade. Compre ingressos para um evento esportivo, faça compras em uma feira livre ou visite um ponto de artesanato. Ao contrário de passar o tempo em um bar, no qual, no fim das contas, você é mais um no "mercado de carne", essas propostas (e outras como elas) lhe oferecem a oportunidade de passar um tempo prazeroso sozinho, sem nenhuma obrigação de ter de falar com outra pessoa. Dito isso, quanto mais você expandir suas relações sociais e construir novas amizades, mais feliz pode se tornar.

O cloro é um gás venenoso mortal empregado em campos de batalha europeus na Primeira Guerra Mundial. O sódio é um metal corrosivo, que queima ao entrar em contato com a água. Juntos, eles fazem um material plácido e atóxico, o sal de mesa. Porque cada uma dessas substâncias tem tais propriedades é um assunto da química.

– Carl Sagan

Chega de sacudir o saleiro

Sem dúvida, o sal pode realçar o sabor dos alimentos, mas, em excesso, é muito prejudicial para a saúde. Nos Estados Unidos, as pessoas se encontram mergulhadas na substância até o pescoço. O corpo necessita apenas de 200 miligramas de sódio por dia para funcionar bem, mas o norte-americano médio consome entre 3 mil e 3,6 mil miligramas diariamente. Limite o consumo a não mais do que 2,3 mil miligramas (o equivalente a uma colher de chá) se tiver menos de 40 anos e não apresentar qualquer problema de saúde adverso ao consumo do sal. Se sofrer de hipertensão ou tiver mais de 40 anos, limite o consumo a 1,5 mil miligramas ou menos por dia.

O consumo excessivo de sódio pode levar a cãibras musculares, azia, osteoporose, pressão alta, edema, úlceras e câncer de estômago. No dia a dia, pode causar inchaço e retenção de líquidos. Com isso, a substância não apenas vai fazer você parecer mais gordo, como também pesará mais na balança. Então, se você quiser parecer magro e perder peso, diminua o consumo de salgadinhos.

O homem pinta com seu cérebro e não com suas mãos.

– Michelangelo Buonarroti

Capriche na B6

A vitamina B6 é ótima para o cérebro. Solúvel em água, ela melhora a capacidade do cérebro de lidar com o estresse e também ajuda na formação de quatro importantes neurotransmissores, incluindo a serotonina. Com o auxílio das vitaminas B9 e B12, a B6 reduz a homocisteína, um aminoácido que, em níveis elevados, pode levar a doenças cardiovasculares e a fragilidade óssea. Além disso, a B6 fortalece o sistema imunológico, ajuda o organismo a manter o equilíbrio químico apropriado e fornece energia aos músculos. Em níveis elevados (acima de 100 miligramas), a vitamina é tóxica, por isso, para suas necessidades diárias, evite os suplementos vitamínicos e dê preferência aos alimentos ricos em B6, como frango, peixe, carne, banana, cenoura, lentilhas, arroz, cereais integrais, soja ou abacate.

Contra a deficiência de B6

Para combater sua deficiência, veja as quantidades que você precisa consumir de cada alimento. É só preparar e contrabalançar!

- Três bananas.
- Quatro xícaras de espinafre.
- Cinco xícaras de batatas cozidas.
- 230 gramas de atum albacora.
- 340 gramas de peito de frango.
- 340 gramas de pargo ou bacalhau.

Todas as tristezas parecem menores com pão.

– Miguel de Cervantes, em *Don Quixote de la mancha*

Experimente niacina

Cientistas estão começando a acreditar que a niacina pode ser a chave para a longevidade. Ela se liga aos receptores de sirtuínas e os ativa, fazendo com que o organismo use essas enzimas de maneira mais eficaz. As sirtuínas podem reduzir o risco de diabetes tipo II e a obesidade. Estudos indicam que aumentam a longevidade.

Além disso, a niacina é útil por si só, uma vez que converte os alimentos em energia para o organismo. Ela também ajuda na síntese de DNA, previne a degeneração macular, reduz os níveis de colesterol no sangue, previne e retarda a progressão da aterosclerose e mantém a saúde da pele, nervos e sistema digestivo. A melhor maneira de obter niacina é ingerir alimentos como carboidratos integrais, carnes magras, peixes, aves, amendoim, iogurte e sementes de girassol.

Uma saudável refeição de niacina

Embora seja encontrada na forma de suplementos vitamínicos, em altas doses ou se você não ingerir comprimidos de liberação controlada, pode causar erupções na pele. Para atender às necessidades diárias da vitamina de maneira mais fácil e livre de preocupações, prefira consumir 115 gramas de peito de frango (75%) ou de atum (67%) acompanhado de ervilhas (16%) ou de cogumelos (27%).

A ausência aguça o amor, a presença o fortalece.

– Thomas Fuller

Não abra mão das atividades que lhe proporcionam prazer

Quando algumas pessoas descobrem os encantos de um novo parceiro, param de fazer as coisas de que gostam, ou, pior, deixam de dar atenção à família e aos amigos, porque estão muito preocupadas com o novo relacionamento. Da próxima vez que você se envolver com alguém, procure não fazer isso. Se já estiver envolvido e agindo exatamente assim, comece a recuperar o tempo perdido junto aos amigos e familiares, fazendo planos com eles e reservando tempo para as atividades que adora.

Um parceiro se apaixona pela pessoa que você é, por isso, esforce-se para manter sua individualidade, inclusive em um relacionamento estável. Passar um tempo longe do outro fazendo suas próprias coisas e aproveitando a presença de seus antigos amigos pode atiçar a chama do desejo e deixar ambos ansiosos para o reencontro.

Uma mente tranquila cura tudo.

– Robert Burton

Passeie em um labirinto

Na sociedade ocidental, o labirinto, em geral, é usado como um quebra-cabeça para confundir ou prender, como o construído pelo rei Minos para alojar o Minotauro, e não como uma forma de conhecimento interior. Contudo, você pode se utilizar dessas interessantes estruturas para fazer isso: olhar com profundidade para dentro de si. Para se acalmar e faclitar o olhar para seu interior, comece a percorrer um dos caminhos de um labirinto, com passos lentos e firmes, até alcançar o centro. Permaneça ali para meditar durante o tempo que quiser. Então, lenta e firmemente, percorra o caminho de volta. Repita o processo até se sentir equilibrado, procurando respirar fundo enquanto caminha e medita em seu centro.

Labirintos construídos de pedras ou escavados na terra podem ser encontrados em cidades de todo o mundo. Para encontrar um labirinto perto de você, consulte <http://LabyrinthLocator.com>.

Alguns labirintos para visitar:

- Catedral da Benevolência, em San Francisco, EUA.
- Labirinto de Sebes de Hampton Court, perto de Londres, Inglaterra.
- Labirinto de Dole Plantation, em Oahu, Havaí.
- Labirinto em Reignac-sur-lndre, França.
- Catedral de Chartres, perto de Paris, França.

Algumas dívidas são divertidas na hora de fazê-las,
mas nenhuma o é quando você começa a pagá-las.

– Ogden Nash

Use uma bola de neve para acabar com a montanha de dívidas

Você pode ir além da sua montanha de dívidas, só precisa de planejamento. Se seu endividamento for muito complicado, pode ser uma boa ideia consultar um profissional que possa ajudar a resolver a situação. Contudo, se suas dívidas estiverem concentradas no limite máximo de alguns cartões de crédito, o método da "bola de neve da dívida" pode ajudar. Popularizado pelo consultor de finanças pessoais Dave Ramsey, o conceito é simples. A cada mês, você paga o valor mínimo de todos os seus débitos e, ainda, faz um pagamento maior da dívida com o menor saldo (ou, se você puder, daquela com a maior taxa de juros). Continue a fazer isso até que essa primeira dívida seja liquidada. Então, todos os meses, adicione o valor que estava pagando para ela ao pagamento mínimo da segunda menor dívida, até que esteja paga na íntegra. Em seguida, passe a pagar a terceira menor, com igual conduta, e assim por diante, até liquidar todas as dívidas.

Observação importante: enquanto estiver se esforçando para saldar suas dívidas, procure não acumular novos débitos.

Pessoas que não cozinham acham uma bobagem investir duas horas de trabalho para dois minutos de prazer, mas cozinhar é efêmero, assim como o balé.

– Julia Child

Prepare seu prato predileto

Pode ser difícil cozinhar para si próprio. Toda a preparação e planejamento às vezes parecem muito trabalhosos para apenas uma pessoa. Contudo, só porque você está comendo sozinho não significa que não deva comer bem. Em sua vida, ninguém é mais importante do que você, então, procure se agradar com refeições deliciosas. Se não comer sozinho, em certas ocasiões, outra pessoa poderá determinar o que você vai ou não vai usufruir. Seu parceiro ou filho odeia algo que você adora? Não deixe de se deliciar com seu prato favorito só porque nem todos gostam dele.

De vez em quando, faça-se um agrado e prepare aqueles pratos que você ama. Ou então, durante uma semana, prepare o prato favorito de seu parceiro, enquanto ele prepara o seu. Vocês dois também podem cozinhar juntos, um ensinando ao outro suas especialidades e conhecimentos na cozinha, revelando pequenos truques aqui e acolá, para deixar um prato simplesmente *magnifique*. Isso não apenas vai fazer vocês se sentirem amados, como também ajudar a fortalecer os laços com sua família, ao se reunirem para preparar as comidas que cada um mais gosta.

*A resistência que você combate fisicamente na academia
e a resistência que você combate na vida
só podem construir um caráter forte.*

– Arnold Schwarzenegger

Frequente uma academia

Até agora, você sabe da importância da atividade física. Se você tem dificuldades para se sentir motivado, matricule-se em uma academia. Pelo custo de uma mensalidade, você vai ter acesso a equipamentos aeróbicos, aparelhos de musculação, pesos livres e aulas em grupo de ginástica ou de natação. Certas academias ainda oferecem saunas, lanchonetes e sessões de massagem para você desfrutar após o treino. Dessa maneira, você ficará ali tempo suficiente para conseguir um bom condicionamento.

Se, ainda assim, não se sentir motivado, dê uma olhada na programação de sua academia e escolha algumas aulas que gostaria de experimentar. Dependendo do lugar, as opções podem variar de *kickboxing* e *boot camp* a *pole dancing,* acrobacia, além do *step,* velho conhecido. Agendar uma dessas atividades não apenas vai lhe garantir um bom trabalho físico, como lhe dar mais motivação para se exercitar nos dias em que não tem aulas.

Outro benefício de frequentar uma academia é que você pode contar com a orientação de *personal trainers* para deixar as principais partes de seu corpo em forma. Esses profissionais vão trabalhar com você para desenvolver um físico esbelto, empregando exercícios aeróbicos e treinamento de força ou levantamento de peso, além de ajudá-lo com sua dieta.

O conhecimento é o que, ao lado da virtude, verdadeiramente eleva uma pessoa acima de outra.

– Joseph Addison

Aumente o poder do seu cérebro com vitamina B12

Isso poderá surpreendê-lo, mas, por conta do envelhecimento, os alimentos que consome e os suplementos que ingere podem ter um poderoso efeito em seu cérebro. Com o passar dos anos, o cérebro começa a encolher e os neurônios não conseguem formar sinapses como deveriam. Essa condição pode resultar em lapsos de memória, diminuição da capacidade cognitiva e até demência. A saúde do cérebro é parcialmente determinada pela genética, sendo importante fazer o possível para ter um futuro melhor.

Uma das coisas que você pode fazer é complementar a sua alimentação com vitamina B12, também conhecida como cianocobalamina. Pesquisadores da Universidade de Oxford, na Inglaterra, revelaram que idosos com níveis mais elevados de vitamina B12 no sangue eram seis vezes menos propensos de sofrer encolhimento cerebral do que aqueles cujos níveis eram inferiores. A atrofia cerebral é conhecida por estar associada a níveis mais baixos de funcionamento cognitivo e à doença de Alzheimer. É importante notar também que, inclusive quando os níveis de vitamina B12 estão um pouco abaixo do normal, podem surgir problemas de memória e distúrbios de humor, como a depressão.

Se preferir não tomar B12 na forma de suplemento vitamínico, tente manter níveis altos da vitamina em seu organismo, incluindo em sua dieta alimentos como laticínios, aves, atum, ostras, caranguejos e carnes bovinas.

Eu, sexy? Sou simplesmente o velho e bom feijão com arroz.

– Pam Grier

Ingira inositol

Inositol, uma vitamina conhecida como B8, é encontrada em muitas frutas, verduras, nozes e legumes, o que é bom, porque é um nutriente essencial para os músculos e o sistema nervoso. A vitamina também ajuda a evitar o acúmulo de gordura no fígado, reduz os níveis de colesterol no sangue, metaboliza as gorduras e ajuda a proteger contra a artrite. Sem a ingestão de quantidades suficientes de inositol, você pode sofrer de doenças cardiovasculares, perda de memória, queda de cabelo, constipação e outras doenças. Uma dieta rica em fibras, que inclui farelo de trigo e feijão, garante a dose necessária da vitamina.

Alimentos ricos em inositol

Embora não tão popular quanto outras vitaminas B, para se ter seus benefícios, é preciso uma dose mínima diária de um grama. Eis alguns alimentos ricos em inositol:

- Meia xícara de farelo de trigo (54 mg).
- Meia xícara de couve-de-bruxelas (80 mg).
- Um quarto de xícara de melão (355 mg).
- Meia xícara de grapefruit (toranja) (199 mg).
- Meia xícara de vagem (193 mg).
- Um limão (194 mg).
- Meia xícara de feijão branco (283 mg).
- Uma laranja (307 mg).
- Duas colheres de sopa de manteiga de amendoim (121 mg).
- Uma fatia de pão de trigo integral (287 mg).

Para ter sucesso com o sexo oposto, diga-lhe que você é impotente. Ela não aguenta esperar para contestá-lo.

– Cary Grant

Crie novas maneiras de namorar

Quando você quiser começar a namorar de novo ou algo mais, é importante abrir todas as portas possíveis. Os métodos tradicionais de conhecer pessoas por acaso, por meio de amigos ou em um bar são, ainda, excelentes maneiras de encontrar um potencial parceiro. Contudo, as oportunidades podem aumentar se você recorrer aos seguintes métodos alternativos para conhecer gente nova:

Namoro pela internet – Embora possa parecer incomum conhecer alguém na internet, e não em pessoa, o namoro *on-line* é uma ótima maneira de entrar em contato com pessoas que, do contrário, você não encontraria. Existe uma variedade de sites de namoro, e você pode escolher aquele que for mais adequado ao seu caso: se está procurando uma pessoa para um compromisso sério ou apenas alguém com quem se divertir e/ou fazer sexo. Esses sites variam quanto ao custo e ao tipo de pessoas que atraem, por isso, pesquise para saber se o serviço é apropriado às suas necessidades.

Encontro relâmpago (Speed Dating) – Nesse tipo de encontro, em geral promovido por agências de casamentos ou de encontros, você tem de três a dez minutos para conhecer uma pessoa, fazer uma ideia da sua personalidade e decidir se quer vê-la novamente, tudo isso antes de passar para a próxima. É uma ótima maneira de superar a timidez, uma vez que você vai ter de falar com muitas pessoas diferentes e aprender, com rapidez, a se descrever em poucas palavras, o que é uma ferramenta que pode ser usada em diversas situações.

Casamenteiros – A antiga prática de promover casamentos entre pessoas que não se conhecem voltou a ser popular na cultura moderna. Os interessados costumam contratar os serviços de um casamenteiro, na esperança de que esses profissionais tenha melhor sorte que elas para uni-las com um bom parceiro.

Essa é a melhor coisa sobre caminhar, a jornada em si.
Não importa muito se você chega ao seu destino ou não.
Você vai chegar lá de qualquer maneira.
Toda boa caminhada o trará, no final, de volta para casa.

– Edward Abbey

Experimente a caminhada meditativa

Essa atividade pode ser muito tranquilizadora. Se você tem dificuldade para encontrar um lugar tranquilo para se sentar e meditar ou se lhe é mais fácil limpar os pensamentos enquanto caminha, experimente essa proposta. A caminhada meditativa pode ser feita dentro de casa ou ao ar livre, mas, se você optar pela última, procure ter um caminho planejado de antemão, para não precisar pensar no trajeto ao praticar.

Nessa meditação, não ande como se estivesse se exercitando. Caminhe devagar e firme, enquanto procura se concentrar na respiração e nas sensações de seu corpo. Deixe os pensamentos fluírem por você sem se prender a nenhum. Absorva o mundo ao passar por ele, procurando não deixar que nada específico desvie sua atenção. Se você se distrair, traga a atenção de volta para sua respiração.

Se pensa que ninguém liga se estás vivo, experimenta deixar de pagar algumas prestações do carro.

– Earl Wilson

Consolide ou refinancie suas dívidas

Em geral, quando você tem dívidas, não é o valor principal, mas são os juros que matam. A cada mês, ao saldo principal somam-se os juros, aumentando ainda mais a dívida. Se você não está conseguindo pagar mais do que apenas os juros, é importante avaliar se algum de seus débitos pode ser refinanciado com uma taxa de juros menor, para diminuir o saldo devedor a cada mês e, assim, poder começar a pagar o principal. Ainda que você não tenha dificuldades para pagar as contas, vale a pena verificar se é possível refinanciar uma compra grande, como um empréstimo para a aquisição de uma casa ou um carro, porque, se as taxas de juros caíram desde que o empréstimo foi contraído, não é inteligente, do ponto de vista financeiro, continuar a pagar os juros maiores do passado.

A consolidação é uma alternativa para o refinanciamento. Ao consolidar suas dívidas, você combina vários empréstimos em um único empréstimo maior. Como essa modalidade estende o prazo de pagamento, as parcelas mensais ficam mais baixas e, dependendo das taxas do momento, os juros também ficam menores. Se você tem um empréstimo estudantil considerável, esta é uma ótima maneira de reduzir os pagamentos sem ser penalizado.

A alegria é o fogo sagrado que mantém nosso propósito aquecido e nossa inteligência ardente.

– Helen Keller

Planeje seu aniversário

Confiar a seus amigos, familiares ou ao parceiro a tarefa de surpreendê-lo com um aniversário incrível não é um absurdo, mas, às vezes, é importante tomar as rédeas do assunto nas próprias mãos. As pessoas próximas podem não saber, de fato, como você gostaria de comemorar seu aniversário, sobretudo se for algum marco em sua vida. Assim, podem planejar uma grande festa quando, na verdade, você previa algo pequeno e intimista, e não pode dizer nada, porque gostaria que fosse uma surpresa.

Se há algo que você gostaria muito de fazer nesse grande dia, passe dicas claras, ou dê um passo adiante e planeje o próprio evento. Você sempre quis descer o rio Amazonas de canoa ou fazer compras em Tóquio? Comece a reservar os voos e a organizar um itinerário. Convide quem você quiser para ir junto. Quando seu aniversário chegar, você vai se divertir tanto que nem vai lamentar não ser uma surpresa e muito menos ficar sentado em casa, desejando estar em outro lugar.

Se você passar muito tempo se aquecendo, vai perder a corrida.
Se você não se aquecer, pode não terminá-la.

– Grand Heidrich

Aqueça seus músculos

Para evitar lesões ao se exercitar, acostume-se a sempre aquecer os músculos antes de iniciar qualquer exercício pesado. Quando eles não estão devidamente aquecidos, é fácil torcer ou, até, romper ligamentos e tendões. Sendo aquecidos, o fluxo de sangue aumenta, o que, por sua vez, melhora a capacidade do músculo para alongar e realizar movimentos, sem sofrer lesões. Durante o aquecimento, os músculos recebem mais oxigênio, o que pode ajudar a reduzir a fadiga durante a atividade física. Além disso, é estimulada a produção de hormônios que são transformados em ácidos graxos e glicose, o combustível necessário para eles.

A preparação não precisa ser longa. Você pode realizá-lo entre cinco e dez minutos, seja repetindo aquilo que fará durante o exercício, como caminhar por cinco minutos antes de começar a correr, seja com movimentos que aqueçam os membros que usará durante a atividade física, como alongar os braços antes de jogar basquete.

Após o exercício, lembre-se de resfriar o corpo durante cinco minutos e, em seguida, alongar-se para aliviar a dor muscular e aumentar a flexibilidade.

Um grama de prevenção vale um quilo de cura.

– Ditado popular

Tome ácido fólico

Fazendo isso, você poderá retardar os efeitos do envelhecimento sobre o cérebro. De acordo com um estudo publicado em 2007, pesquisadores holandeses descobriram que indivíduos entre 50 anos e 70 anos de idade, que tomaram um suplemento de 800 miligramas de ácido fólico, todos os dias, obtiveram uma melhora no desempenho em testes que mediram "velocidade de processamento da informação e memória, capacidades que costumam diminuir com a idade".

O ácido fólico, também responsável pelo bom desenvolvimento do cérebro, da medula espinhal e da coluna vertebral durante a formação fetal, ajuda a manter o DNA, reduz a depressão, melhora a fertilidade e protege o organismo de doenças cardíacas, derrame e câncer. Além disso, ajuda a prevenir a obesidade, o aparecimento de alergias e a perda de massa óssea, entre outros benefícios.

Para obter uma boa dose de ácido fólico, você pode ingerir um suplemento ou comer verduras, laranja, abacate, feijão, ervilha ou nozes. Muitos pães vitaminados também o contêm. Mulheres grávidas devem acrescentar mais 400 miligramas à dieta diária. A possibilidade de intoxicação é muito baixa com essa vitamina, porque é solúvel em água e qualquer excesso será excretado pela urina.

Aquele que cobiça com o olhar um prato de presunto e ovos, já se comprometeu, em seu coração, em tê-los no café da manhã.

– C. S. Lewis

Tome biotina

Para ter uma pele mais viva e fresca, com unhas e cabelos mais saudáveis, inclua essa vitamina solúvel em água em sua alimentação. Embora rara, a deficiência da biotina pode levar à fadiga, à depressão e a problemas cardíacos. Também conhecida como B7, ela trabalha com outras vitaminas B para formar ácidos graxos para as membranas celulares, bem como a glicose que, depois, pode se transformar em energia. Além disso, auxilia na metabolização de carboidratos, gorduras e proteínas, transformando-os em combustível quando você está se exercitando. Os alimentos saudáveis que contêm biotina incluem aveia, pães enriquecidos, acelga e ovos.

Alimentos ricos em biotina

Para atingir a meta diária de 30 microgramas (µg) de B7, inclua os seguintes alimentos em sua dieta:

- Acelga: uma xícara possui 10,5 µg.
- Pão de trigo integral: uma fatia possui 6 µg.
- Salmão: 85 gramas têm 4 µg.
- Ovos: uma unidade tem 25 µg.
- Farelo de trigo: 28 gramas têm 14 µg.

A caça e a sedução são a essência da sexualidade. Fazem parte do jogo.

– Camille Paglia

Pratique a arte de flertar

Saia e flerte com alguém, hoje. Se você já tem um relacionamento, flerte com o parceiro. Caso seja solteiro, flerte com alguém atraente. Se começar de maneira inocente, a maioria das pessoas também vai flertar com você, e isso pode ser muito bom para sua autoconfiança. O flerte ou a paquera, que em geral é feito com a intenção de provocar um interesse romântico ou sexual em alguém, pode assumir muitas formas.

Você pode flertar apenas iniciando uma conversa. Enquanto fala, mantenha contato visual (mas não olhe fixamente), sorria e ria quando a pessoa disser algo engraçado ou charmoso. Se você sentir uma conexão, pode roçar o ombro da pessoa ou tocá-la de maneira lúdica. Se a paquera for mútua, pode até levar a algo mais.

Sinais de que alguém está flertando com você

O objeto da sua atenção:

- Imita os movimentos do seu corpo.
- Sorri e olha para você.
- Continua caminhando a seu lado.
- Brinca com o próprio cabelo.
- Age intencionalmente com timidez.
- Toca você quando lhe ouve.

A pressão e o estresse são o resfriado comum da psique.

– Andrew Denton

Evite o ciclo do estresse mental

Às vezes, simplesmente, o estresse parece assumir o controle. Talvez você venha acumulando muita tensão em casa ou no trabalho (ou em ambos), ou seja apenas um daqueles dias em que o mundo parece estar contra você. Seja como for, é importante encontrar maneiras de escapar desse ciclo, antes que ele acumule ainda mais ansiedade e estresse sobre seus ombros.

É fácil ficar preso nele, quando um aspecto de sua vida não vai bem. Então, em vez de enfrentar o problema de frente, você desvia toda sua atenção para outra coisa, fazendo de tudo para ficar o mais longe possível da situação. O entrave é ser essa uma armadilha que vai prendê-lo no ciclo. Assim, o problema permanece e, à medida que a ansiedade e o estresse sugam sua energia emocional, a capacidade de continuar a avançar se exaure, deixando-o esgotado e deprimido. Até o estresse positivo, como os preparativos de um casamento ou o nascimento de uma criança, podem ser prejudiciais se você não se preparar para o evento.

Ao começar a se sentir sobrecarregado pelo estresse, quebre o ciclo. Encare o problema de frente ou reserve tempo para planejar um grande evento. Isso o ajudará a sentir que está se preparando da melhor forma. Lembre-se também de deixar algumas horas para liberar o estresse por meio de exercícios, meditação ou contemplação.

Os credores têm melhor memória que os devedores.

– Benjamin Franklin

Confronte as administradoras de cartões de crédito

Pode parecer assustador, mas uma das ferramentas que você pode usar para reduzir sua dívida e aumentar seus recursos é entrar em contato com a administradora de seu cartão de crédito. Se depois de consolidar suas dívidas ainda restar algum débito com juros muito altos, ligue para o número no verso de seu cartão e peça para falar com um supervisor. Com calma, explique que você renegociou a dívida e está se esforçando para sua quitação, mas que, em decorrência dos altos juros, está tendo dificuldades com o pagamento. Então, solicite a redução da taxa de juros. Além disso, diga que se você não puder contar com uma taxa menor, não terá outra escolha a não ser transferir o saldo para outro cartão que ofereça juros mais reduzidos. Considerando que as administradoras de cartões de crédito lucram com dívidas ativas, é provável que lhe ofereçam uma taxa de juros atraente, a fim de continuar recebendo seus pagamentos.

Você não será punido por causa
da sua raiva. Ela o punirá.

– Buda

Não faça mal, à maneira budista

A ética da reciprocidade, mais conhecida como a "regra de ouro" do cristianismo, ensina que se faça aos outros aquilo que se quer receber em troca. No caso do budismo não é tão diferente. Sua "regra de ouro" diz que ao "se colocar no lugar do outro, não se deve matar nem levar o outro a matar". A filosofia budista é baseada em quatro nobres verdades e no nobre caminho óctuplo, que ensinam, entre outras coisas, a não causar mal em pensamento, palavras ou ações.

Ainda que você não seja e nem tenha interesse em se tornar budista, pode incorporar esses princípios importantes em sua vida. Procurando fazer com que suas palavras sejam honestas, mas não ofensivas, com que seus pensamentos sobre si e sobre os outros sejam honestos, e sem julgamento, e com que suas ações não sejam destinadas a ter um impacto negativo sobre os outros, você vai dar mais felicidade aos outros e a si próprio. Esse tipo de crença ajuda a aumentar a tolerância, permitindo-lhe ser gentil com os outros quando discordar deles, e também consigo, quando não corresponder às suas próprias expectativas.

O esporte não constroi o caráter.
Ele o revela.
– John Wooden

Aumente a intensidade de seus exercícios

Então, você está se exercitando. Isso é ótimo. Agora, é hora de aumentar a intensidade. Durante a prática de exercícios, seu corpo se habitua a determinada dinâmica e, à medida que você se torna mais forte, também tem um aumento na eficiência para manter a energia ou as calorias. Para estimular seu sistema a continuar a ser uma máquina de queimar gorduras, você precisa aumentar, aos poucos, a intensidade dos exercícios, tanto para mudar sua rotina quanto para ir mais longe.

Uma das atividades físicas mais eficazes para o emagrecimento é o treinamento intervalado, que alterna exercícios de intensidades moderada e alta, para que o corpo possa se recuperar. Se você está saudável o suficiente para os desafios desse tipo de atividade e quer ver resultados mais rápidos, o treinamento intervalado combinado a uma dieta saudável é boa alternativa.

Por outro lado, se você não está pronto para ele, procure forçar o ritmo gradativamente, a cada semana. Por exemplo, se você faz caminhadas rápidas por períodos de quarenta minutos, acrescente dez minutos de corrida a cada sessão, até conseguir correr durante todo esse tempo.

Frutas frescas são tão puras. Nós não as processamos,
nem as cozinhamos ou as embrulhamos.
Há alguns frutos que contêm uma energia natural
que as crianças adoram, como o kiwi. [...]
Um só deles tem toda a vitamina C de que você precisa, para todo o dia.

– Robert Stanley

Tome vitamina C

Quando você está gripado, a primeira coisa que pensa em fazer é tomar vitamina C. Entretanto, você deve se esforçar para adotá-la em sua alimentação quando está saudável, também. Ela é ótima para a saúde do cérebro e, como tem sido demonstrado, reduz de modo significativo a chance de se desenvolver a demência vascular, podendo, inclusive, melhorar a memória

Além disso, a vitamina C é ótima para o corpo, pois reduz a pressão arterial, ajuda na metabolização das gorduras pela sintetização do aminoácido carnitina e limpa o organismo dos radicais livres que se acumulam nas paredes das artérias e flutuam na corrente sanguínea.

Para seu consumo de maneira natural, desfrute de mangas, frutas cítricas, salsa, verduras verde-escuras, tomates e pimentas, mas com moderação. O excesso de vitamina C, ou seja, mais de 2 mil miligramas por dia, pode causar náuseas, diarreia, pedras nos rins e inflamações estomacais.

Salsa – a joia das ervas, tanto na panela como no prato.

– Albert Stockli

Coma salsa

A salsa é excelente fonte de vitamina C. De fato, ela tem mais vitamina C do que as frutas cítricas, além de conter vitaminas A e K, iodo e ferro. A vitamina C vai manter sua pele jovem, ajudando o organismo a criar as condições necessárias para a produção de colágeno, ao mesmo tempo em que impede seu ressecamento. Além disso, os flavonoides contidos na salsa protegem contra os danos dos radicais livres, que podem prejudicar a pele e outros órgãos, enquanto a clorofila nela existente atua como um antioxidante em sua corrente sanguínea.

Uma ótima maneira de comer salsa é o tabule, feito com trigo-sarraceno, tomate, suco de limão, azeite de oliva, hortelã, cebolinha e salsa. É um prato muito saudável, com ótimos ingredientes para seu organismo.

Uma breve história da salsa

Erva popular e saborosa, a salsa tem uma história que remonta, pelo menos, ao tempo dos gregos antigos. Naquela civilização, a planta era dedicada a Perséfone, deusa dos infernos e da primavera. Era usada em funerais e colocada em túmulos, além de servir para coroar os vencedores de competições esportivas. Contudo, enquanto os gregos não comiam a salsa, os romanos a usavam para decorar e dar sabor aos seus pratos.

A dança é uma expressão perpendicular de um desejo horizontal.

– George Bernard Shaw

Aproveite a dança

Dizem que os ótimos dançarinos também são excelentes na cama. Embora não existam estudos oficiais para provar o fato, onde há fumaça, há fogo. A confiança é o segredo para dançar bem e, para ser um bom parceiro na técnica, você precisa levar em consideração as habilidades e os movimentos de seu acompanhante.

Se você encontrar uma pessoa em uma pista de dança que desperte seu interesse, não espere que ela se aproxime de você. Vá até ela ou envie um sinal claro, olhando e sorrindo, de que você quer que ela venha até você. Se o ambiente permitir, vocês podem dançar de maneira mais sensual. À medida que os dois se aproximem, mais e mais, as chamas do desejo começarão a queimar até que não mais possam resistir e, de repente, um beijo ardente e a promessa de ir mais longe surgirá.

Um toque de sensualidade

Para um programa à noite, eis algumas dicas para você se tornar mais atraente:

- Arrume-se antes de sair. Tome banho, escove os dentes outra vez, aplique perfume, colônia ou apenas desodorante.
- Aumente o som. Ouça aquelas músicas que fazem você entrar no clima para sair e que aumentam sua confiança.
- Deixe a pele à mostra. Homem ou mulher, tudo o que deseja é parecer *sexy,* mas não vulgar. Mostre, então, um pouco de pele, usando uma camisa ligeiramente aberta, um vestido decotado ou com uma fenda que mostre as pernas, e belos sapatos, sempre.

Toda pressão é autoinfligida. Tudo depende do que você faz com ela ou como ela o afeta.

– Sebastian Coe

Identifique a causa de seu estresse

O estresse pode ser positivo, pois ajuda a manter o rumo, quando há um prazo a cumprir, ou age como uma força que impulsiona a perseverar diante de adversidades, como, por exemplo, ao se participar de uma corrida. Por outro lado, em dose excessiva e contínua, pode ser muito prejudicial para a saúde.

No início, o estresse desencadeia uma série de reações que preparam o corpo para uma reação de luta ou fuga, aumentando os níveis de adrenalina e cortisol que dão condições físicas de realizar os objetivos. Contudo, quando ele se torna crônico, os hormônios podem começar a fazer estragos no organismo, causando depressão, obesidade, doenças cardíacas, disfunção sexual, úlceras e muitas outras doenças.

Se você sofre de estresse crônico, que o está levando a se sentir esgotado, física e emocionalmente, procure identificar sua causa. Comece a pensar sobre as mudanças que você pode fazer para reduzir o nível de estresse. Fazer terapia junto com seu parceiro? Redecorar a casa para torná-la mais agradável? Se pequenas mudanças não vão resolver o problema, não tenha medo de fazer grandes transformações em sua vida. Embora arranjar um novo emprego, romper um relacionamento ou mudar de casa sejam mudanças estressantes no início, você ficará feliz por tê-las feito, com o tempo.

Se você for incapaz de eliminar sua causa, como, por exemplo, a perda de um ente querido, procure aliviar o estresse de sua vida diária, descobrindo maneiras de relaxar e buscando apoio na família e nos amigos. Outra possibilidade é iniciar um processo terapêutico, para lidar com essas novas emoções de maneira saudável.

Algumas pessoas usam metade de sua esperteza para fazer dívidas e a outra metade para não pagá-las.

– George Dennison Prentice

Pague antes a dívida com a maior taxa de juros

Uma maneira rápida de reduzir sua dívida é usar o método da "bola de neve", no qual você quita suas dívidas com o menor saldo, de forma sucessiva, como vimos na Semana 19. Outra técnica é pagar primeiro o cartão de crédito, ou outra dívida, em que incida a maior taxa de juros. Com isso, você vai evitar se afundar mais rápido em dívidas exponenciais, porque é provável que seja o cartão que o esteja levando à bancarrota de forma mais veloz. Embora os dois métodos funcionem (quitar a dívida menor primeiro ou saldar antes aquela com a maior taxa de juros), se você se concentrar em liquidar primeiro a dívida com a taxa mais alta, será mais fácil sobrar um pouco mais de dinheiro para você, no final.

Não desista nunca. Mantenha seus pensamentos e sua mente sempre no objetivo.

– Tom Bradley

Exercite a mente sobre a matéria

Quando você está praticando ioga e se esforçando para manter uma posição difícil em particular, é o poder da mente sobre a matéria que o ajuda a permanecer ali. É ele, também, que o faz suportar o jejum, correr uma maratona e ir além do que seu pensamento acreditava ser o limite. Às vezes, seu corpo quer apenas desistir e é aí que você precisa usar a força de sua mente para convencer o corpo a funcionar como deseja. Quando você sentir que está se dedicando apenas o mínimo necessário, esforce-se mais. Você *pode* correr mais e mais rápido. Você *pode* escrever um livro. Você *pode* aprender a tocar piano ou a surfar ou qualquer outra coisa que queira fazer. Contudo, muitas vezes, você vai encontrar obstáculos ao longo do caminho que terá de superar. Quando chegar a um ponto em que tudo o que você quiser fazer é parar, precisará dizer a si próprio que é capaz de prosseguir e, assim, superar a dor, a exaustão, o estresse, o medo ou qualquer outra coisa que o esteja impedindo de alcançar seu sonho.

Força mental

Você já começou uma jornada, chegou a ver algum progresso, e depois desistiu? Então, comece a desenvolver sua força mental. Talvez seja preciso autonegociar e se prometer recompensas ou, mentalmente, estimular-se a fazer o que você precisa, seja ir à academia ou terminar um projeto: o importante é não se permitir capitular. Se você desistir de si, de novo, estará perpetuando um ciclo que já o decepcionou da última vez. Persistindo, sentirá orgulho por ter alcançado o objetivo.

Os fabricantes estão sempre procurando mostrar que seus aparelhos queimam mais calorias. A verdade é que se você se condicionar em um nível moderado, vai queimar a mesma quantidade de calorias.

– Richard Cotton

Prefira atividades de alto impacto

Quer emagrecer? Então, pare de acreditar que tricotar é uma atividade física. Um dos obstáculos para se perder peso é a facilidade de se acreditar que mais calorias são queimadas durante um dia do que as que, de fato, são perdidas. Uma maneira de contornar esse problema é usar um contador de calorias, como Bodybugg® ou GoFit®, mas se esses aparelhos estiverem fora de seu orçamento, você próprio precisa determinar quantas calorias elimina ao fazer seus exercícios. Há muitas calculadoras de calorias disponíveis na internet que podem ajudar no trabalho.

Atividades de alto impacto, tais como corrida, futebol, natação, escalada, *snowboard,* caiaque, *parkour,* pular corda, handebol e esqui elevarão a frequência cardíaca e queimarão mais calorias do que as de baixa intensidade, como jardinagem, caminhadas e golfe. Isso não significa que você deva desistir dos exercícios de esforço menor. Apenas se lembre de incluir em sua rotina atividades físicas mais intensas, para queimar um número maior de calorias do que aquelas que você consome durante um dia. Se você frequenta uma academia, não confie nos números que os aparelhos lhe mostram para calcular sua queima calórica. Ainda que você insira seu peso, os valores devolvidos não são precisos, chegando a indicar uma queima calórica até 50% maior do que a que, na verdade, está sendo realizada.

Então o mundo vai me servir de ostra, que,
com a espada, abrirei.

– William Shakespeare em *As alegres senhoras de Windsor*

Aproveite o zinco

O zinco é um mineral que oferece muitos benefícios à saúde, pois regula os níveis de açúcar e carboidratos no sangue, evitando a oscilação da insulina que retarda o metabolismo. Além disso, auxilia o crescimento e a divisão celular, protegendo os sentidos do paladar e do olfato e limpando os antioxidantes no sangue. E mais: ajuda o sistema nervoso central, eliminando o chumbo que entra no organismo, por exemplo, pela inalação de vapores da gasolina ao abastecer o carro, ou de partículas do solo, trazidas pelo vento, que contenham traços de chumbo, ou pela ingestão de água que circula por canos de chumbo. Dessa forma, o zinco ajuda a prevenir danos cerebrais.

O mineral também é necessário para o desenvolvimento saudável do cérebro e pode, inclusive, ajudar a memória e a aprendizagem, ao longo da vida. Ele pode ser encontrado em ostras, carnes bovinas, arenques, frutos do mar, carnes de porco, aves, leite, soja e grãos integrais. Se preferir, pode ingeri-lo na forma de suplemento, desde que não exceda 40 miligramas por dia.

Outros usos para o zinco

O mineral não é excelente apenas para o funcionamento interno do corpo e para ajudar o sistema imunológico a repelir os vírus que podem causar o resfriado. O zinco também pode ser usado de outras maneiras, pois ajuda a curar a caspa, age como bloqueador solar ou como desodorante, quando oxidado, protege contra a ferrugem, repele insetos e entra na composição de várias moedas.

Todas essas vitaminas não são para manter a morte à distância. São para manter a deterioração à distância.

– Jeanne Moreau

Experimente ácido alfa-lipoico

Você já sabe que o ácido graxo ômega-3 pode ajudar na perda de peso e para parecer mais jovem. Agora você vai conhecer outro ácido graxo poderoso, mas menos conhecido: trata-se do ácido alfa-lipoico (LA). Ele é encontrado em alimentos ricos em lipólise, como espinafre, brócolis, couve-de-bruxelas e farelo de arroz. No organismo, funciona para converter a glicose em energia, que pode ser usada como combustível. É também um antioxidante que pode operar tanto na água quanto na gordura. Ao proteger contra os danos causados pelos radicais livres, ajuda a prevenir o envelhecimento precoce e o surgimento de doenças crônicas.

O ácido alfa-lipoico foi considerado seguro pela Agência de Controle de Alimentos e Medicamentos dos Estados Unidos (FDA), mas se você sofre de uma doença da tireoide ou toma medicamentos que alteram os níveis de açúcar no sangue, consulte seu médico antes de incluir um suplemento da substância em sua dieta.

Alguns efeitos colaterais

O corpo produz esse ácido, mas ele também pode ser encontrado na forma de suplementos ou em vários alimentos. No entanto, em altas doses, pode provocar dores de cabeça, erupções cutâneas e sensação de formigamento, insônia, fadiga e, em doses muito elevadas, hipoglicemia.

Toda mulher quer se sentir sexy *e é feita para se sentir assim, não importa o que ela diga, todas nós queremos e nos sentimos bem com isso.*

– Mariska Hargitay

Envie a seu parceiro e-mails ou mensagens picantes

Quando você estiver no clima para um programa, mais tarde, envie ao seu parceiro e-mail ou mensagem de texto picante, no meio do dia. Seja tão comportado ou malicioso quanto quiser, mas não fique surpreso se o gesto levar a um encontro amoroso na hora do almoço. No entanto, se ao receber uma mensagem sugestiva seu parceiro não responder, não se preocupe. Certas pessoas não gostam muito de mensagens ou, às vezes, por timidez, não sabem o que escrever.

É algo excelente para fazer quando você estiver viajando e longe do seu amor: assim, ele saberá que você está pensando nele. Enquanto se mantiver fora, envie algumas mensagens ou e-mails apenas carinhosos, mas inclua outros, mais maliciosos. Dessa maneira, você o deixará excitado e pronto para o amor, assim que retornar.

Quando julgamos sob uma forte emoção,
estamos sujeitos a nos enganar.
– Carl Sagan

Dome suas emoções

Ouvir o que o coração diz é importante para viver feliz, mas você não pode deixar que suas emoções assumam o controle de sua vida. Se seu lado racional não mantivesse qualquer controle sobre suas ações, você estaria mais propenso a se comportar de maneira hedonista e arriscada, ou a deixar sua raiva sair de controle e se arrepender depois, ou a cair em um poço profundo de depressão. Se você é do tipo que tem "hostilidade cínica", precisará repensar sua maneira de ser, porque não apenas ela pode prejudicar suas relações pessoais, como também pode levar ao desenvolvimento de colesterol alto e de doenças cardíacas.

Moderar as emoções, principalmente em situações de intensa emoção, pode ajudá-lo a assumir as rédeas. Quando você está brigando com o parceiro, a princípio, pode parecer bom partir para o ataque e dizer todas as coisas negativas que se passam na mente, porque, naquele momento, você sente raiva dele. Contudo, pense nas consequências das suas ações em longo prazo. É provável que você se arrependa do que disse e seu parceiro pode usar isso contra você no futuro, ou se afastar. Em vez de adotar essa conduta, da próxima vez que você se sentir irritado, peça uma pausa ao parceiro e, só quando estiver pronto, volte para retomar a discussão, porque você não quer dizer algo que possa machucar apenas porque está aborrecido. Pesquisas mostraram que quando se briga, os níveis de adrenalina aumentam e a frequência cardíaca pode subir até 20%. Após isso, o organismo leva, pelo menos, vinte minutos para escoar o "dilúvio emocional" e, só aí, pode-se falar de maneira racional, de novo.

Se você sente que está ficando sobrecarregado de emoções com rapidez e tem dificuldade de dominar todas elas quando deveria, pode ser uma boa ideia procurar um terapeuta que possa ajudar a desenvolver mecanismos de defesa e ferramentas que aumentem seu controle.

Chame por Deus, mas reme longe das rochas.

– Hunter S. Thompson

Coloque em prática a lei da atração

O conceito básico da lei da atração é o seguinte: se você, de fato, deseja alguma coisa e acredita muito que isso é possível, conseguirá. Ou seja, você pode tornar reais coisas que quer na vida, mas ao colocar muita atenção, de forma inadvertida, em algo que não quer, também pode receber. A ideia é conhecida há mais de um século, mas só em 2006, após o lançamento do livro *O Segredo,* de Rhonda Byrne, e de um filme que o seguiu, que o tema ganhou popularidade. De acordo com a autora, há três passos para se conseguir o que quer:

1. Peça claramente o deseja. Você já ouviu a expressão "cuidado com o que pede"? É um bom momento para pensar bem em sua ideia e, assim, evitar pedir algo de que se arrependerá depois.
2. Acredite que você receberá o que pedir.
3. Esteja pronto para receber o que pediu. A princípio, poderá vir de maneira estranha, mas não demorará muito para você perceber que é o que pediu.

A lei da atração não tem comprovação científica, mas relatos de pessoas que colocaram os preceitos em prática sugerem que ela pode ajudar você a ser mais feliz e bem-sucedido. Afinal de contas, trabalhar duro para alcançar os objetivos tende a ajudar sua causa, por isso, é prudente combinar pensamentos e ações positivos.

A gratidão é a porta aberta para a abundância.

– Yogi Bhajan

Elogie o comportamento que você quer implantar

Quando você treina um cão, a maneira mais fácil de fazer com que ele repita determinado comportamento é elogiar o animal ou dar atenção a essa ação. Quando um cão está latindo e você grita com ele, incentiva-o a continuar latindo porque ele está recebendo atenção. O cão não sabe que a atenção é negativa, só sabe que é atenção. Se você conseguir elogiar apenas os comportamentos que preferir, como fazer o cão sentar a seu comando, ignorando as demais atitudes, estará no caminho certo para ter um lar feliz e calmo, com seu bichinho de estimação.

O método de treinamento não se aplica apenas aos cães. Você pode usá-lo na educação de seus filhos e também nas relações com outras pessoas. Se seu filho está agindo de maneira que você não gosta, como fazendo birra em uma loja ou largando meias, sujas, pelo chão, a maneira mais rápida de ver o fato se repetir é lhe dar o que quer. Contudo, isso cria um ciclo de estresse negativo. Se, por outro lado, você ignorar sua má-criação ou explicar que entende o que ele precisa, mas que apenas não pode lhe dar o que pediu, naquele momento, e que, por isso, a cena não mudará a situação e, depois, elogiá-lo quando se mostrar agradecido, educado ou gentil, a dinâmica do relacionamento passará a ser do entendimento mútuo, e não do eterno conflito.

Você tem de estar em condição física superior.
A fadiga faz de todos nós covardes.
– Vince Lombardi

Levante pesos

A partir dos 30 anos, você começa a perder 1% de sua massa muscular a cada ano. Isso significa que você vai ficar menos tonificado e, considerando que o músculo queima mais calorias do que gordura, terá mais dificuldade para emagrecer. A ótima notícia é que você pode recompor o músculo perdido, apenas tem de trabalhar isso.

Ao fazer exercícios que aumentam a massa muscular, você também vai diminuir as chances de desenvolver a osteoporose. Para ganhar músculos, você vai precisar fazer treinamento de força ou levantamento de peso, ou (o ideal) a combinação de ambos. Ao contrário do exercício aeróbio, você não tem de fazer as modalidades de treinamento todos os dias. Duas ou três vezes por semana devem ser suficientes, mas é importante trabalhar todos os grupos musculares. O treinamento de força inclui exercícios como agachamento com cargas, levantamento de pernas, flexões etc. Já no levantamento de peso, você realmente tem de erguer cargas predefinidas.

Se você é mulher, não se preocupe em levantar pesos maiores. Por anos, o consenso era de que as mulheres deveriam abusar mais de repetições e menos de pesos mais pesados, para não encorpar, mas dados recentes indicam que, se quem quer tonificar os músculos, deve fazer o que os homens fazem: levantar grandes quantidades de peso em um número menor de vezes. Um estudo, de 2002, mostrou que mulheres que fizeram duas séries de oito repetições, a 85% da capacidade máxima, obtiveram o maior aumento de metabolismo, enquanto outro revelou que levantar mais peso por um número menor de vezes foi a maneira mais eficaz de reduzir a gordura corporal.

Eu me concentraria em fazer a omelete perfeita. Era importante para mim conseguir fazer uma omelete perfeita, sem nenhum recheio.

– Mario Batali

Coma alimentos ricos em vitamina E

Para aumentar sua memória e prevenir a degeneração cognitiva, coma alimentos que contêm vitamina E, como ovo, aspargo, feijão, abacate e verduras. No organismo, a vitamina E também age como antioxidante, removendo os radicais livres e prevenindo contra a infertilidade e as doenças cardíacas, que podem ser causadas por gorduras saturadas. Para maximizar seu efeito, tome um suplemento de vitamina E junto com o mineral selênio, mas não ultrapasse 1 mil miligramas diários.

Louco por vitamina E

Se você gosta de nozes, será bastante fácil ingerir a quantidade recomendada de vitamina E: 14 miligramas diários. Basta dar uma olhada nos números fornecidos pelo Instituto Nacional de Saúde dos Estados Unidos e você saberá o valor diário (VD) que receberá da vitamina.

- Entre 20 e 24 amêndoas – 40% VD.
- Um quarto de xícara de sementes de girassol – 30% VD.
- Doze avelãs – 22% VD.
- Duas colheres de sopa de manteiga de amendoim – 15% VD.
- Meia xícara de espinafre – 10% VD.
- Um kiwi – 6% VD.

Levar o vinho às nossas bocas é saborear uma gota do rio da história humana.

– Clifton Fadiman

Beba um copo de vinho tinto ou de cerveja por dia

Embora não seja aconselhável beber em excesso, fazê-lo com moderação pode ser saudável. De acordo com alguns estudos, tomar um copo de vinho tinto, a cada dia, pode reduzir o risco de certos tipos de câncer e doenças cardíacas, além de retardar o surgimento ou a progressão das doenças de Alzheimer e Parkinson. Esses benefícios à saúde estão associados a um tipo de antioxidante chamado flavonoide e a um não flavonoide conhecido como resveratrol. Encontrado em maiores concentrações no vinho tinto e no suco de uva escura, o resveratrol é a substância química, presente nessas bebidas, responsável pela redução do colesterol LDL, pela prevenção de coágulos sanguíneos e pela diminuição do risco de certos tipos de câncer.

Há pouco tempo, cientistas descobriram que o vinho tinto não é a única das bebidas alcoólicas que traz benefícios à saúde. Como foi demonstrado, cervejas à base de malte, lúpulo e cevada, de corpo leve e médio, são ricas em silício, e doses moderadas da bebida podem proteger contra a osteoporose. Estudos anteriores revelaram que ingerir cerveja com moderação também pode proteger contra o diabetes tipo II e evitar a formação de pedras nos rins e na vesícula, além de ser uma defesa contra o câncer. Entretanto, tome cuidado para não beber em demasia, para não acabar com a famosa "barriga de cerveja" ou, pior, com o consumo abusivo dela, do vinho, ou de qualquer outra bebida alcoólica, causar estragos perigosos para sua saúde!

Palavras são o melhor afrodisíaco para as mulheres.
O ponto G está no ouvido, e quem o procura
lá embaixo está perdendo seu tempo.

– Isabel Allende

Compartilhe alimentos afrodisíacos

Talvez o verdadeiro caminho para o amor passe pelo estômago. Embora a maioria dos afrodisíacos (termo graças de Afrodite, a deusa grega do amor) pareça funcionar, graças ao efeito placebo, as ostras cruas podem ser uma exceção. Esses saborosos moluscos são ricos em zinco, o que pode melhorar a produção de esperma nos homens e de testosterona em homens e mulheres. Entre seus muitos efeitos, a testosterona é conhecida por estimular o desejo sexual e a excitação. No mínimo, você e o seu parceiro vão se divertir, engolindo essas criaturinhas marítimas (com o perdão dos vegetarianos), cujas formas se assemelham à genitália feminina e podem levar a outros tipos de excitação!

As ostras são um poderoso afrodisíaco, mas não os únicos. Aqui estão alguns outros alimentos que você pode experimentar:

- Abacates.
- Abóboras.
- Amêndoas.
- Aspargos.
- Bananas.
- Baunilha.
- Caviar.
- Chocolates.
- Cravo-da-índia
- Figos.
- Ginseng.
- *Kava kava.*
- *Kelp* (alga marinha).
- Maca (encontrada nos Andes).
- Mangas.
- Manjericão.
- Ovos.
- Pimenta-de-caiena
- Tangerinas.
- Tomates.

A boa notícia? Ainda que esses alimentos não aumentem sua libido, eles são muito bons para seu organismo.

Entre aqueles que cultivam a verdade inequívoca, existe amor.

– Henry David Thoreau

Diga a verdade, ainda que seja difícil fazê-lo

Uma das maneiras de reduzir o estresse em sua vida é dizer a verdade. Faz bem ser honesto, mas sem crueldade com aqueles ao seu redor. Dizer a verdade gera confiança entre os parceiros, os familiares e os amigos e leva a relações mais significativas e duradouras. Embora, às vezes, falar a verdade possa ser difícil, em especial se você fez algo de que não se orgulha, a sinceridade evita o sentimento de culpa por mentir e pela necessidade de inventar novas histórias para suceder a inicial.

Além da verdade, para ser um amigo e parceiro melhor, é importante falar com franqueza. Se alguém que você gosta está fazendo algo prejudicial para si, procure ser forte o suficiente para abordar a pessoa e falar com honestidade sobre a situação, seja para expressar sua opinião de que ela precisa deixar um mau relacionamento ou parar de beber. Embora você possa precisar da ajuda de outros amigos e familiares para tomar essa atitude, seu ente querido vai reconhecer sua preocupação, um dia.

Quando estamos preparados para uma coisa,
a oportunidade de usá-la se apresenta.

– Edgar Cayce

Siga os cinco passos para a manifestação de desejos

Quando existe algo que você deseja, pense em usar o método da manifestação para fazê-lo aparecer em sua vida. Ao manifestar um desejo, você define as intenções na forma de um objetivo e sua mente (e, dependendo de suas crenças, o Divino) vai lhe guiar, de maneira que você possa alcançar, qualquer que seja a meta, seja emagrecer, seja ter uma carreira mais gratificante ou encontrar um grande amor.

Existem cinco passos básicos para a manifestação de desejos que você deve repetir, todos os dias, até que sua intenção seja realizada:

1. *Livre sua mente da negatividade* – Tenha claro entendimento de sua intenção.
2. *Defina sua intenção* – Expresse verbal e mentalmente o que você deseja e quer manifestar.
3. *Tenha esperança de receber o que você deseja* – Acredite que você o merece e que o objeto do desejo já é seu.
4. *Visualize seu desejo* – Imagine-se já com o que você deseja manifestar.
5. *Seja grato* – Sinta e expresse gratidão pelo que você já tem.

O amor é a batida estrondosa que
encobre o ruído do ódio.

– Margaret Cho

Cultive a tolerância

Deixar de lado aquele hábito de julgar os outros, só por terem um estilo de vida diferente do seu, vai tirar um peso de seus ombros. O sentimento de não gostar de alguém pode vir do que seus pais ou a sociedade em que você foi criado lhe ensinou. Você acreditou neles porque era muito jovem para discordar, ou porque queria se sentir ajustado. Agora, tem idade suficiente para rever suas crenças e saber se e por que elas ainda são válidas em sua vida. Desafie-se a encontrar falhas em suas crenças intolerantes e a abrir a mente para ouvir as opiniões daquele que você vê como o outro. Você vai descobrir que ambos têm mais em comum do que poderia imaginar.

À medida que for cultivando a tolerância e aceitando os outros e suas crenças, você vai ampliar conhecimentos sobre outros modos de vida, além de se tornar mais feliz, porque deixará a raiva de lado. Manter a mente aberta para fazer amigos que são diferentes de você em raça, religião, crenças políticas, orientação sexual e outras características, pode enriquecer sua vida, dando-lhe a oportunidade de ver as coisas do ponto de vista de outra pessoa.

Para mais dicas sobre tolerância, visite o site: <http://tolerance.org>.

É simples. Se balança, é gordura.

– Arnold Schwarzenegger

Fortaleça os músculos do tronco

Músculos tonificados não são apenas atraentes, eles também fazem bem para você. Ao fortalecer os músculos do abdome e das costas, de forma automática, você vai melhorar a postura, prevenir e aliviar dores nas costas e ajudar a manter o equilíbrio. Além disso, vai parecer ainda mais sensual do que é hoje.

Os melhores exercícios para fortalecer os músculos do tronco incluem pilates, ioga, boxe, ginástica, dança e basquete, tão bons quanto o treinamento de força. Embora você não possa treinar para reduzir gordura, pode fazê-lo para aumentar o tônus muscular. Assim, se você precisa perder gordura corporal, procure queimar mais calorias em atividades aeróbicas e fortalecer os músculos do tronco, pois, assim, quando a gordura tiver desaparecido, você terá um corpo sensual para mostrar.

Ótimos exercícios para o tronco

Para melhorar os músculos do tronco e a sua postura, inclua os seguintes exercícios de treinamento de força em sua rotina:

- Abdominais.
- Bicicleta.
- Abdominais com pernas elevadas.
- Prancha.
- Prancha lateral.
- Ponte.
- Abdominais invertidos.

Cafeína: a porta de entrada para as drogas.

– Eddie Vedder

Limite a cafeína

Em pequenas doses, a cafeína pode trazer alguns benefícios. A substância eleva a pressão arterial, acelera a frequência cardíaca e aumenta os níveis de serotonina no cérebro, fazendo com que se sinta, por algum tempo, mais alerta. Se ingerida antes da atividade física, pode amenizar a dor muscular. Contudo, a dependência da cafeína pode ser prejudicial para a saúde e para a mente, pois causa desidratação, úlceras, ansiedade, insônia e agitação. No cérebro, a substância pode ter impacto negativo na memória de curto prazo.

A cafeína exerce uma ação inibidora sobre os receptores de um neurotransmissor, a adenosina, produzindo uma sensação de vigor, o que resulta na necessidade de consumir mais cafeína para nova obtenção do efeito. Quando se corta ou reduz a ingestão da substância, a adenosina dilata os vasos sanguíneos no cérebro, provocando dor de cabeça. Além disso, caem os níveis de serotonina, acarretando tonturas, irritação e desmotivação. A boa notícia é que, após cinco dias sem consumir cafeína ou ingerindo uma quantidade menor, os efeitos, em geral, desaparecem por completo, ainda que se trate de um dependente crônico da substância.

Reduzindo o consumo de cafeína a menos de 300 miligramas por dia, você se mantém bem mais saudável. A seguir, veja quanta cafeína é consumida em uma única unidade de algumas bebidas usuais:

BEBIDA	CAFEÍNA	BEBIDA	CAFEÍNA
Coca-Cola	35 gramas	Red Bull®	115 gramas
Café espresso	30-90 gramas	Monster Energy®	160 gramas
Café instantâneo	30-170 gramas	Café grande Starbucks®	320 gramas
Chá	40-120 gramas		

Ioga é a fonte da juventude. Você é tão jovem quanto a sua coluna é flexível.

– Bob Harper

Melhore sua flexibilidade

Brinque quanto quiser com a ideia de que ser flexível vai lhe ajudar na cama, mas a flexibilidade é uma das melhores maneiras de manter seu corpo jovem. E a forma mais indicada para se tornar mais flexível é praticar alongamentos todos os dias e também após a atividade física. Após certos exercícios, como a corrida, os músculos podem se contrair, por isso, é importante alongá-los para evitar dores musculares e melhorar a flexibilidade. Ao fazê-lo, procure manter cada posição por, no mínimo, trinta segundos e tome cuidado para não forçar demais, pois isso pode provocar lesões musculares, deixando-os menos flexíveis. Além disso, nunca faça alongamentos antes de um aquecimento, porque você pode lesionar os músculos, ainda frios. O melhor, se puder, é fazer um aquecimento de cinco minutos, alongar e, em seguida, continuar com os exercícios. Quando você completar o treino, alongue-se de novo.

Quando o corpo é flexível, o sangue circula melhor e, por isso, os ferimentos se curam mais rápido e as dores musculares são menos intensas. A flexibilidade também melhora o equilíbrio e diminui a propensão à queda. Ao envelhecerem ou se tornarem menos ativos, os músculos ficam mais curtos e menos flexíveis. Isso diminui a extensão dos movimentos, dificultando uma vida mais ativa. O alongamento quebra esse ciclo e pode reverter o processo.

Exercícios de flexibilidade

Praticar ioga ou pilates ajuda a melhorar a flexibilidade. Seja qual for seu nível natural de flexibilidade, você vai ficar impressionado com os resultados, após apenas algum tempo de treinamento, duas vezes por semana. A resistência, a postura e a flexibilidade vão melhorar e, por isso, você se sentirá mais esbelto e magro.

Para aqueles que gostam de devorar sua pipoca no saquinho, a boa notícia é que as da minha marca contém um afrodisíaco.

– Paul Newman

Experimente um afrodisíaco peruano

O poder da maioria dos afrodisíacos está no efeito placebo ou na mente daqueles que são sugestionados ao ingerir essas substâncias, passando a pensar em sexo. A maca, porém, uma erva originária da cordilheira dos Andes e servida de muitas maneiras diferentes na cultura peruana, é de fato considerada um afrodisíaco eficiente.

Se consumida em grandes quantidades, pode levar à formação de bócio, por ser rica em iodo, mas se utilizada com moderação, seu extrato propicia uma melhora na vida sexual, sem mais preocupações.

Embora nenhuma pesquisa de larga escala tenha sido realizada até o presente para avaliar sua eficácia, estudos já desenvolvidos mostraram que a planta pode aguçar a libido e a produção de esperma, nos homens. Contudo, nenhuma experiência foi elaborada para investigar o efeito da maca sobre a libido feminina ou a fertilidade. Vale observar que os estudos não revelaram qualquer ação da erva nas áreas da impotência, o que significa ser pequena a probabilidade de que a planta seja uma alternativa ao Viagra®. De resto, se quiser estimular o desejo e pular sobre seu parceiro, ou vice-versa, basta um suplemento diário de 1,5 mil miligramas a 3 mil miligramas.

Serenidade não é se livrar da tempestade,
mas encontrar a paz em meio à tempestade.

– Autor desconhecido

Evite o estresse crônico

Ao contrário do estresse agudo, que todos experimentam algumas vezes quando estão diante de um evento importante, como uma entrevista de trabalho, ou se algo inesperado e intenso acontece, o estresse crônico se dá quando você se sente pressionado por longos períodos de tempo e acredita que a situação é interminável. O quadro pode ocorrer quando você acumula muitas responsabilidades ou quando está trabalhando em um projeto no escritório que parece não ter fim. Com o estresse agudo, as reações de defesa do organismo para lutar ou fugir se dissipam com muita rapidez e você volta a se sentir normal, de novo. Contudo, com o estresse crônico, o corpo reage de maneira muito diferente, incluindo problemas para dormir, fadiga ou dores estranhas no pescoço e nas costas. Depressão, ansiedade ou até agressividade podem começar a comprometer o seu bem-estar emocional.

Quando o estresse crônico é combinado com uma dieta rica em carboidratos e gordura saturada, você de fato está se colocando em risco. Para evitar esse tipo de estresse, aprenda a dizer não e a não assumir mais do que pode suportar, em primeiro lugar. Se isso não for possível, esforce-se para atenuar seus efeitos por meio de atividades relaxantes, exercícios e uma alimentação saudável. Mais adiante, neste livro, você vai aprender algumas técnicas para relaxar que poderão manter esse estresse controlado, para que não seja ele que o controle.

Aquele que não economizar terá de agonizar.

– Confúcio

Domine a regra dos dez segundos

Essa é, sem dúvida, uma estratégia que você vai querer experimentar se tiver o hábito de gastar dinheiro sempre que sai de casa. Funciona da seguinte maneira: toda vez que você estiver pronto para comprar alguma coisa, segure-a em sua mão por dez segundos e pergunte-se se você realmente precisa dela. Você pode querer o objeto, mas você não preferiria gastar o dinheiro em outra coisa, em uma grande compra, por exemplo? Pequenas compras não parecem muito na hora, mas vão se somando. Se você, de fato, quiser ver seu dinheiro crescer, anote o valor do que iria gastar e transfira para sua poupança.

A amizade melhora a felicidade e diminui a miséria, pois dobra nossas alegrias e divide a nossa dor.

– Joseph Addison

Desenvolva uma forte rede de apoio

Embora algumas pessoas sejam solitárias por natureza, a maioria depende de contato social para ter uma vida feliz. As relações sociais e as redes de apoio podem incluir seu parceiro, sua família, seus amigos, seus colegas de trabalho e outras pessoas que você conhece, em diferentes atividades. São essas as redes com as quais você pode contar quando está com problemas e precisa conversar. São as pessoas com as quais você pode passar um tempo, quando precisa fazer uma pausa em meio a uma experiência desgastante. Manter várias redes de apoio pode ajudar a superar com mais facilidade os tempos difíceis, evitando que você coloque um peso indevido sobre as costas de uma única pessoa.

Estudos mostraram que as redes de apoio podem ajudar a proteger contra doenças relacionadas ao estresse, além de ajudar portadores de transtornos do humor a lidar melhor com o problema. Quando se tem relações sociais fortes, tende-se a uma recuperação mais rápida e a se cuidar melhor, após uma doença ou uma internação hospitalar, além de ser preciso menos analgésicos após uma cirurgia. Por fim, os cientistas descobriram que, seja uma pessoa extrovertida, que gosta de estar rodeada de gente, seja uma introvertida, que prefere ficar só, é possível, de fato, ser muito mais feliz junto daqueles com quem se tem relações próximas e positivas.

O condicionamento físico é a obtenção e a manutenção de um corpo uniformemente desenvolvido com uma mente sã plenamente capaz de desempenhar natural, fácil e satisfatoriamente as nossas muitas e variadas atividades, com entusiasmo e prazer espontâneos.

– Joseph Pilates

Pratique pilates

Deseja ser esguio e magro? Matricule-se em uma aula de pilates. O método, desenvolvido por Joseph Pilates, no início do século XX, consiste de uma série de exercícios que ajudam a desenvolver mais flexibilidade, equilíbrio e melhor postura. Tal como acontece com a maioria dos tipos de ioga, pilates não é um exercício aeróbico de alta intensidade. Ao contrário, esse exercício de baixo impacto vai lhe colocar em sintonia com seu corpo, por meio de movimentos lentos o suficiente para serem controlados. Contudo, não é fácil. Os movimentos graciosos ajudam a tonificar os músculos essenciais e queimar calorias, porque você vai ter de trabalhar duro contra a resistência do corpo (ou de uma máquina) para manter as posições.

Embora seja possível praticar em casa, é uma boa ideia aprender o básico com um professor. Isso vai garantir que você faça as posições com mais correção e tire o máximo proveito de cada movimento. Quando você começar a procurar academias que ofereçam pilates, verá que existem dois tipos principais: as que usam uma esteira e as que utilizam aparelhos, como o Pilates Reformer®. Você pode começar com qualquer um, embora possa ser mais fácil ter uma ideia das posições em uma esteira e, só depois, nos aparelhos. Além disso, as aulas de esteira são mais baratas, porque nessa modalidade não incidem os custos de manutenção dos aparelhos. Portanto, se o custo é um problema, comece com uma esteira, antes de investir em aulas com aparelhos.

Sempre faça sóbrio o que você disse que faria bêbado.
Isso vai ensiná-lo a manter sua boca fechada.

– Ernest Hemingway

Reduza o consumo de álcool

Se consumido com moderação (uma ou duas doses por dia), o álcool não tende a ter um efeito negativo sobre sua saúde em longo prazo, a menos que você seja portador de doenças como diabetes ou hepatite. Contudo, ao ingerir mais do que duas doses e, ainda mais, se fizer isso com regularidade, seu cérebro vai sofrer. O consumo excessivo pode causar o encolhimento do cérebro. Além disso, por ser uma neurotoxina, mata as células cerebrais. Cientistas estudaram o cérebro de alcoólicos e descobriram que o cerebelo, que serve como centro de coordenação, fora afetado de forma negativa e que essas pessoas também tinham mais dificuldade em formar novas memórias. Considerando o impacto do álcool sobre o cérebro, não é surpresa saber que beber em excesso pode levar à demência e diminuir a função cognitiva.

O que é uma dose?

No seu *checkup* anual, o médico pode lhe perguntar quantas doses de bebida você ingere por semana. É recomendável que você ingira apenas uma ou duas doses, no máximo, por dia. O teor alcoólico varia de acordo com cada bebida. Segundo o Centro para Controle e Prevenção de Doenças dos Estados Unidos, uma dose padrão equivale a 13,7 gramas de álcool puro ou:

- 350 mililitros de cerveja.
- 235 mililitros de licor de malte (cerveja licorosa).
- 147 mililitros de vinho.
- 45 mililitros de destilados como vodca, rum, uísque etc.

Você não pode fazer ioga. Ioga é o seu estado natural. O que você pode fazer são exercícios de ioga, que podem revelar onde você está resistindo ao seu estado natural.

– Sharon Gannon

Pratique ioga

À medida que você envelhece, pode se tornar menos flexível e sua postura tende a ficar mais caída e curvada. A ioga vai ajudar a reverter esses processos. Na cultura oriental, na qual a ioga foi desenvolvida, essa antiga prática consiste de oito pilares ou "braços" diferentes:

1. A maneira como agimos em relação aos outros e a nós mesmos.
2. A prática de respiração.
3. A concentração.
4. A abstração dos sentidos.
5. Os direcionamentos de conduta.
6. A iluminação.
7. A meditação.
8. As posições.

Na cultura ocidental, porém, a atenção se volta, em especial, para as posições, embora algumas aulas tenham inclinação espiritual e alguns praticantes considerem que a prática seja uma conduta para a vida. Contudo, para a maioria das pessoas, nesta parte do mundo, a ioga é vista como uma modalidade de exercícios. Ainda que você não tenha qualquer conexão espiritual com ela, ainda poderá colher seus benefícios. A ioga o obriga a entrar em contato com seu corpo, pois você aprende a respirar por meio da dor de posturas difíceis, enquanto ultrapassa seus limites físicos. Isso o leva a desacelerar, a se concentrar em sua respiração e a deixar o resto do mundo e todos seus problemas se dissiparem.

A prática de ioga não apenas ajuda você a relaxar, como também é um excelente exercício de força, que melhora a circulação, a postura, o tônus muscular e a flexibilidade. Quer mais um benefício? Ela pode, realmente, reduzir a aparência da celulite, aliviando a pressão causada quando as estruturas fibrosas da pele são muito repuxadas.

O verdadeiro sentimento do sexo é o de uma profunda intimidade mas, acima de tudo, de uma profunda cumplicidade.

– James Dickey

Aprofunde sua intimidade

Você e seu parceiro, na Semana 11, aprenderam a encontrar conforto e amor nos olhos de ambos. Agora, você pode dar voz à intimidade recém-descoberta.

Abra seu coração/alma

Falar sobre sentimentos e medos, abrindo o coração, é uma das melhores maneiras de se aproximar um do outro. Se um de vocês tem guardado muitas coisas só para si, isso pode explicar a separação. Embora pareça assustador, é importante deixar que tudo venha à tona, a fim de curar suas feridas e as de seu parceiro.

No exercício, seu parceiro deve se deitar no chão ou na cama, enquanto você se senta ao lado dele. Então, um coloca a mão sobre o coração do outro. Quando estiver pronto, abra o coração e diga como você está se sentindo em relação ao parceiro. Fale com o coração, mas tenha cuidado para não magoar seu amor, pelo menos, não intencionalmente, evitando acusações e preferindo frases que comecem com "eu" no lugar de "você". Seu parceiro, como ouvinte, deve se esforçar para não julgar, procurando se colocar em seu lugar, ainda que o que você esteja dizendo seja difícil de ser ouvido, porque o propósito é o de estabelecer uma conexão, e não de reagir ou julgar. Se seu parceiro começar a se emocionar, é melhor respirar profundamente por algum tempo até o sentimento passar, para que ele possa continuar a ser um ouvinte comprometido com você.

Quando você tiver dito o que precisava dizer, agradeça ao parceiro pela audição. Em seguida, troque de lugar com ele. Agora, é a sua vez de ouvi-lo, enquanto ele abre o coração para você. Quando terminarem, agradeçam um ao outro por compartilhar os sentimentos e pensamentos, ainda que tenham sido difíceis de ouvir.

A ioga é um caminho para a liberdade. Por sua prática constante, podemos nos libertar do medo, da angústia e da solidão.

– Indra Devi

Pratique meditação iogue

Esteja ou não interessado em praticar ioga, ela pode ser usada para a meditação. Tire os sapatos e, se conseguir, sente-se na posição de lótus, com o pé esquerdo apoiado sobre a coxa direita e o pé direito apoiado sobre a coxa esquerda, ou na posição conhecida como meio-lótus, apenas um dos pés apoiado sobre a coxa oposta. Apoie as mãos, palmas para cima, sobre os joelhos. Mantenha-as abertas ou, com o polegar, toque o dedo médio ou o indicador. Ajeite os quadris até se sentir confortável e, então, mantenha as costas eretas para ter uma boa postura. Não curve a coluna, porque, embora você possa estar mais à vontade no início, vai se sentir desconfortável com muita rapidez.

Feche os olhos e comece a respirar lenta e profundamente. A partir desse ponto, você pode optar por se concentrar apenas em sua respiração ou combinar isso com um mantra, mandala ou meditação visual. Comece a meditar por cinco minutos e aumente para trinta minutos ou uma hora, à medida que se torna mais confiante na prática.

Acredito que a parcimônia é essencial para uma vida metódica.

– John D. Rockefeller

Aproveite descontos e promoções

Não muito tempo atrás, em uma fila de supermercado uma mulher à frente retirou de sua bolsa uma pilha enorme de cupons de descontos e, com isso, levou vários produtos em promoção. Ao final, ela conseguiu diminuir bem o valor da compra.

Fique de olho em promoções, *vouchers* e cupons de desconto e aproveite para fazer uma boa economia. Compre produtos que estão em promoção em determinados locais e faça um pequeno estoque, caso sejam adequados para isso. Procure em supermercados e drogarias folhetos com ofertas que você possa aproveitar. Sendo esperto(a), você vai conseguir economizar tanto quanto aquela mulher do supermercado.

Todas as famílias equilibradas reservam uma hora, todas as manhãs, para tomar chá com pão e manteiga.

– Joseph Addison

Reserve tempo para a família

Embora você possa estar muito ocupado com o trabalho e a vida social, é sempre importante encontrar tempo para sua família. Ela é seu porto seguro. Com ela, você pode ser quem é. Ao compartilhar com as pessoas da família as coisas de que elas gostam e ao lhes solicitar apoio, quando houver necessidade, a proximidade aumentará e, assim, você se sentirá mais feliz por saber contar com essa importante rede de apoio. Ainda que cada pessoa de sua família mais próxima tenha suas responsabilidades fora de casa, certifique-se de que todos se reúnam pelo menos uma vez por dia, seja no café da manhã ou no jantar. Se você tem filhos, descubra maneiras de se relacionar com cada um deles, de um jeito individual.

Procure, também, estender sua atenção aos outros parentes, ligando, escrevendo cartas e reunindo todos, sempre que possível.

Ideias simples para aprofundar os elos

- Organize uma sessão de cinema, toda semana. Seja saindo ou ficando em casa, o filme deve ser escolhido por uma pessoa diferente, a cada vez.
- Agende uma noite, ou um dia por semana, para todos se exercitarem. Jogar boliche ou futebol, fazer caminhadas, o que importa é fazer tudo juntos.
- Comemore as realizações. Mostre à família que o sucesso de cada um é importante para todos, com um grande abraço, um brinde ou um pequeno sinal de amor, como um buquê de flores.

A durabilidade é parte componente de um grande atleta.

– Bill Russell

Melhore sua resistência

Quanto mais tempo você se exercitar mais calorias vai queimar. Embora o treinamento intervalado seja um excelente método de emagrecimento, que não exige tanto investimento de tempo quanto outros tipos de exercícios, você vai precisar de resistência suficiente para vencer a dor. À medida que você fortalece sua resistência, fica mais fácil permanecer em movimento, porque o coração e os pulmões não precisam trabalhar tão duro.

Para aumentar a resistência, exercite-se, pelo menos, cinco vezes por semana, alternando dias mais pesados com outros com atividades mais leves. Dessa maneira, você não sobrecarrega seu corpo, deixando que ele se recupere nos dias mais leves. A cada semana, procure fazer um pouco mais. Uma maneira fácil de controlar o esforço é manter um registro dos exercícios. Se, em uma semana, você faz três séries de dez repetições, então, aumente o peso ou o número de repetições na semana seguinte. Ou, se você conseguiu pedalar sua bicicleta por 50 quilômetros na semana anterior, aumente seu objetivo para 60 quilômetros na seguinte. Quanto mais você for superando os limites de seu corpo mais vai se tornando forte, saudável e magro.

Programe dias de repouso

Quando você está treinando duro para melhorar a resistência, é muito importante alternar dias de exercícios pesados e leves com os de repouso. A alternância dará a seu corpo uma pausa necessária para se recuperar e também se preparar para dar seu máximo. Além disso, dias de descanso ajudam a evitar lesões por excesso de esforço.

Uma mulher é como um saquinho de chá.
Você nunca sabe o quão forte ela é
até que ela entre em contato com a água fervente.

– Eleanor Roosevelt

Tome chá de ervas

Um chá-verde oferece benefícios incríveis à saúde, mas, às vezes, você pode não estar com vontade alguma de tomá-lo. Quando você quer uma bebida quente, mas com um sabor diferente do chá-verde ou do café, experimente um chá de ervas, também conhecido como tisana. Chás de ervas são uma combinação de flores, folhas, caules ou outras partes, de diferentes plantas. Como não contêm chá-preto ou mate, os chás de ervas, em geral, são livres de cafeína. Existem muitas variedades de chá de ervas, mas aqui estão algumas para você experimentar:

- *Mirtilo* – Melhora a circulação, reduz os níveis de açúcar no sangue e diminui as inflamações.
- *Gatária (erva-dos-gatos)* – Atua como calmante e antidepressivo leve.
- *Camomila* – Um chá calmante, que favorece a sonolência e o relaxamento.
- *Chicória* – Pode normalizar a função hepática.
- *Endro (Aneto)* – Calmante para o estômago.
- Ginseng – Ajuda a combater os efeitos do estresse.
- Gotu Kola *(Centelha Asiática)* – Pode agir como sedativo, mas também auxilia no fortalecimento das funções cerebrais.
- *Crataegos* – Melhora as condições do coração.
- *Rooibos* – Embora livre de cafeína, e também conhecido como chá vermelho, oferece benefícios semelhantes aos do chá-verde.
- *Erva-mate* – Pode acelerar o metabolismo, reduzir a fadiga e aguçar a mente.

Cuidado: em caso de gravidez ou algum problema de saúde, como pressão alta, consulte o médico antes de tomar qualquer chá de ervas.

O entusiasmo é o fermento que faz suas esperanças alcançarem as estrelas.

– Henry Ford

Experimente *kombucha*

Chá fermentado feito a partir da cultura de bactérias, leveduras e chá-preto, tem ganho atenção, em tempos recentes, porque seus adeptos afirmam que a bebida traz muitos benefícios à saúde, incluindo desde a melhoria da visão até a cura do câncer. Embora a Agência de Controle de Alimentos e Medicamentos dos Estados Unidos (FDA) e a comunidade científica ainda tenham de avaliar se o *kombucha* é capaz de combater células cancerosas, melhorar os cones e bastonetes dos olhos ou ajudar com artrite, obesidade, constipação, impotência etc., o que *se pode* dizer é que ele contém vitaminas do complexo B, que são ótimas para a pele, os cabelos e as unhas, bem como para o humor e o metabolismo.

Se você tem um sistema imunológico saudável, não está grávida e não sofre de qualquer doença causada por bactérias, experimente tomar *kombucha*. Recomenda-se uma dose diária de 120 mililitros. A bebida é encontrada na seção de refrigerados das lojas de alimentos saudáveis, tendo a carbonatada sabor doce e azedo, com um toque de vinagre.

Faça seu próprio *kombucha*

O *kombucha* é saudável (e delicioso!), mas também pode ser caro. Para reduzir os custos, prepare a bebida em casa. Você vai precisar de chá-preto, açúcar, um frasco que possa ser bem fechado e um *SCOBY* (a colônia de bactérias benéficas obtida de um *kombucha* "mãe"). A loja Happy Herbalist (EUA) vende esses produtos pela internet e oferece um ótimo guia que ensina como preparar bebida efervescente, no site: <http://www.happyherbalist.com/kombucha_ brewing_guide.htm>.

Uma massagem com óleo, um banho quente, uma boa noite de sono, aromas suaves, música e roupas com texturas macias, para mim, denotam sensualidade.

– Padma Lakshmi

Faça uma massagem erótica

Se você deseja levar seu parceiro à loucura, faça-lhe uma massagem erótica.

Deite-o de bruços sobre uma superfície plana e confortável. Comece com carícias leves e relaxantes. Iniciando pelos ombros, deslize as mãos com suavidade pelos dois lados da coluna, intercalando com delicadas batidinhas, até a região lombar e os quadris.

Sem pressa, estenda a massagem às nádegas, aos dois lados dos quadris e aos braços e, depois, passe para as pernas, deslizando as mãos pelas panturrilhas, pela parte de trás dos joelhos, pelas coxas até retornar às nádegas. Continue a fazer os movimentos subindo por um dos lados da coluna até o ombro e descendo pelo braço do mesmo lado. Repita a sequência para o outro lado do corpo de seu parceiro.

Com delicadeza, peça a ele para se virar de frente para você. Inicie os movimentos pela perna subindo até o alto da coxa e descendo pelo outro lado da perna, até alcançar o tornozelo. Deixe os dedos chegarem bem perto dos órgãos genitais, demorando-se um pouco nas carícias, mas sem tocá-los de fato. A parte interior das coxas é bastante sensível e você pode criar forte tensão sexual com a massagem.

Se houver luz na alma / Haverá beleza na pessoa. Se houver beleza na pessoa / Haverá harmonia na casa. / Se houver harmonia na casa / Haverá ordem na nação. Se houver ordem na nação / Haverá paz no mundo.

– Autor desconhecido

Siga algumas dicas de *feng shui*

Se você quiser aplicar os princípios do *feng shui* em sua casa com afinco, é provável que vá precisar de um especialista. Contudo, você pode fazer alguns ajustes que ajudarão a melhorar a energia positiva de sua residência:

- Elimine a bagunça. Ela e a desordem, juntas, não apenas podem ser estressantes, como também impedem a energia de fluir bem.
- Coloque espelhos para criar uma sensação de amplitude, para dobrar a energia positiva e para desviar a negativa.
- Não pendure um espelho em frente à porta de entrada pelo lado de dentro da casa, de forma que você possa se ver ao entrar. Ele vai rebater a energia positiva para fora.
- Instale uma fonte de água em um lugar de sua casa, para onde você queira atrair energia positiva.
- Mantenha apenas imagens positivas em seu lar.
- Abra as janelas, todos os dias, para que uma nova energia e o oxigênio entrem em casa, mas só as deixe abertas por pouco tempo se houver frio fora.
- Utilize elementos sempre em pares em seu quarto (castiçais, fotografias, mesas de cabeceira) para dar as boas-vindas e aumentar o amor.

Sempre imaginei que o paraíso será uma espécie de biblioteca.

– Jorge Luis Borges

Consulte uma biblioteca, e não apenas em busca de livros

Se você já esgotou sua biblioteca pessoal de DVD's, está procurando novas músicas para ouvir e mal pode esperar para assistir mais um programa no Netflix, consulte uma biblioteca. Elas não são mais apenas ótimos lugares para emprestar livros. Muitas delas também abrigam coleções impressionantes de filmes e de registros sonoros, por isso, assim que se inscrever e obtiver o cartão de acesso, terá a chance de emprestar algo para assistir à noite, sem gastar um só centavo.

Como uma vantagem a mais, algumas bibliotecas organizam sessões de cinema e, além disso, grupos variados podem se reunir por lá ou divulgar suas reuniões no quadro de avisos da instituição. Então, se você está procurando um clube de tricô ou amigos que gostem de jardinagem, vale a pena dar uma olhada nesses avisos.

A única coisa que lembro, sobre o dia de Natal, era de que meu pai costumava me levar para um passeio de barco, a cerca de dezesseis quilômetros da costa, e eu tinha que nadar de volta. Extraordinário. Era um ritual. Observe que esta não era a parte difícil. O problema era sair do saco.

– John Cleese

Crie uma tradição com sua família

Quando você era criança, é provável que sua família mantivesse tradições, ou que você gostaria que tivesse uma. Agora, chegou a hora de dar continuidade a elas, ou de começar novas histórias com sua própria família. Junto com seu parceiro, discuta algumas ideias que possam ajudar a aproximar mais a família. Uma tradição pode ser uma atividade que você faz toda semana, ou uma vez por ano, durante certas festividades ou outros eventos especiais, como aniversários. Se colocar o coração nelas, você e sua família vão aguardar com ansiedade cada semana, mês ou feriado, a ponto de seus filhos até transmiti-las, mais tade, às novas gerações.

Se ainda não tiver filhos, você pode criar novas tradições com seu parceiro. Planeje tomar uma garrafa de vinho e fazer o jantar juntos, nas noites de domingo. Exercitem-se aos sábados pela manhã. Programe um café-da-manhã semanal com seus amigos, a cada semana na casa de um. Seja como for, procure assegurar que todos sejam envolvidos por completo, o que significa *laptops* e celulares desligados ou colocados de lado. As possibilidades são infinitas.

Não existem propinas no futebol, apenas presentes.

– Eric Hall

Exercite-se com sua família

A prática de exercícios físicos não precisa ser uma atividade solitária, mas uma ótima maneira de passar o tempo com a família ou o parceiro. Em vez de ir ao cinema, outra vez, ensine os filhos a jogar futebol ou leve-os para uma caminhada ou um passeio de bicicleta. Envolvê-los em atividades de equipe ajuda o desenvolvimento de noções como cooperação, respeito pelas regras e espírito esportivo, além de melhorar a autoestima e a confiança. Atividades ao ar livre não apenas queimam calorias e mostram à família que um exercício pode ser divertido, como estreitam laços de união, pois exigem grande interação entre todos ao passar uma bola ou observar a natureza. Quanto mais cedo você incutir um interesse pela atividade física em seus filhos, mais chances eles terão de permanecer nesse caminho saudável ao longo de suas vidas.

Ideias de atividades

Indeciso sobre o que fazer? Aqui estão algumas ideias divertidas que podem colocar você e sua família em movimento:

- Divirtam-se em rinques de patinação, jogos de *laser tag,* campos de *paintball,* quadras de futebol ou em qualquer outro lugar que todos possam aproveitar.
- Joguem *videogames* ativos. Com o Wii®, o Xbox® 360, com dispositivo Kinect®, e o Move do PlayStation®, vocês podem brincar juntos e queimar calorias.
- Participem de uma corrida juntos. Seja uma prova de 5 quilômetros ou algo mais longo, inscreva sua família em uma prova e comecem a praticar como equipe, para que você possa motivar os demais.

Bebe-se chá para esquecer o contínuo barulho do mundo.

– Tien Yiheng

Beba chá-verde

Parece que, todo dia, os cientistas descobrem um novo benefício do chá-verde: de diminuir o risco de câncer a inibir o crescimento de bactérias que causam a doença periodontal e as cáries. Aqui estão apenas alguns dos benefícios que essa impressionante folha oferece:

- Beber cinco xícaras ou mais, por dia, pode reduzir o risco de acidente vascular cerebral pela metade, em mulheres acima de 40 anos.
- O chá-verde pode ajudar a prevenir doenças do coração e aterosclerose.
- Tomar mais do que dez xícaras pode proteger o fígado contra danos do álcool.
- O galato de epigalocatequina (EGCG) contido nas folhas do chá-verde pode ajudar no processo de emagrecimento.
- O chá-verde pode diminuir os níveis de colesterol ruim.
- Ao absorver os radicais livres, o chá-verde protege sua pele contra os danos causados pela radiação solar.
- O chá-verde protege contra o comprometimento cognitivo relacionado à idade.

Embora ele seja ótimo, lembre-se de que contém cafeína e que, em excesso, ela não faz bem para você. Cada porção de 240 mililitros contém entre 30 e 60 miligramas de cafeína. Logo, não beba mais de cinco xícaras por dia, sem consultar um médico.

Se não gosta do que faz, você pode sempre passar para outra faixa.

– Timothy Leary

Experimente acupuntura

Pode parecer ficção científica, mas algumas agulhas espetadas em seu rosto podem ser o segredo de uma aparência mais jovem, sem referência ao Botox®, mas à acupuntura. Prática da medicina tradicional chinesa, a acupuntura consiste na aplicação de agulhas muito finas em locais definidos no corpo, chamados de pontos de acupuntura, com o objetivo de ajudar o *chi* ("força ou energia da vida") a voltar a fluir melhor. Embora a Associação Médica Americana mantenha ceticismo quanto ao poder da acupuntura, a Organização Mundial da Saúde declarou, em 2003, que ela provoca um efeito positivo sobre doenças, desde derrames e dores de cabeça, até artrite reumatoide e depressão. A acupuntura também tem sido apontada como ferramenta de emagrecimento e maneira de acelerar o metabolismo. Em 2009, revelou-se que a acupuntura facial pode diminuir a aparência das linhas finas e das rugas, pois as agulhas tendem a estimular a produção de colágeno e elastina, que ajudam a dar à pele uma aparência jovem e viçosa.

Se quiser experimentar, escolha um profissional certificado e habilitado para tal.

O verdadeiro amor começa quando nada se pede em troca.

– Antoine de Saint-Exupéry

Deixe um bilhete debaixo do travesseiro de seu parceiro

Para viver um momento especial e verdadeiro, escreva um bilhete de amor e o coloque sob o travesseiro do parceiro. Pode ser algo tão simples quanto "eu te amo", um poema de amor de sua autoria, ou um pequeno cartão com uma lista de todas as razões que justifiquem seu amor. Se não estiver por perto quando ele encontrar a carta de amor, esteja certo de que o fará feliz e de que estará radiante e pronto a cobrir você de beijos, na próxima vez que se reencontrarem.

Se seu parceiro for viajar, deixe um bilhete dizendo "eu te amo" ou "sinto a sua falta" dentro de sua mala, junto com uma foto sua, sorridente, ou de vocês, juntos. Ao abri-la e descobrir a surpresa, vai se sentir amado e animado para voltar logo para casa!

Atividades nobres e banhos quentes são a melhor cura para a depressão.

– Dodie Smith

Tome um banho quente

Fazê-lo depois de um longo dia ou de um treino pesado pode ser, tão somente, um passaporte para encontrar a paz e o relaxamento. Se você tem sofrido com insônia, um banho quente uma ou duas horas antes de ir para a cama pode ajudá-lo a dormir. Para criar um ambiente relaxante, apague as luzes e acenda algumas velas. Se for banho em banheira, pegue um livro ou uma revista de que goste, se a leitura o ajudar a espairecer. Escolha uma música suave, coloque uma toalha grossa enrolada atrás da cabeça e use um aquecedor de ambiente, se você tiver um, para permanecer quente depois de sair da água. Você pode recorrer à aromaterapia, por exemplo, adicionando algumas gotas de óleo essencial de lavanda na água, o que vai relaxá-lo ainda mais ou, se estiver muito dolorido, usar sais de Epsom (sais de banho) para aliviar a tensão muscular.

Para uma experiência ainda mais incrível, prepare um banho de leite e mel, o preferido de Cleópatra. Não apenas você vai se sentir parte da realeza, como também ser recompensado com uma pele macia. Misture meia xícara de mel com duas ou três de leite em pó e acrescente tudo à água do banho. Depois que a mistura de leite e mel se dissolver, espalhe algumas pétalas de rosa ou botões de lavanda.

Um homem que não pensa e planeja com antecedência, logo encontrará problemas batendo à sua porta.

– Confúcio

Planeje-se com antecedência para grandes aquisições

Só na hora de comprar um carro ou começar a planejar uma despesa importante, como um casamento ou longas férias, é que muitas pessoas começam a pensar: "como vou pagar isso?"

Para evitar esse problema, comece a se planejar agora para grandes eventos e aquisições no futuro. Faça uma lista de todas as coisas mais caras que gostaria de fazer ou comprar nos próximos cinco, dez ou mesmo quinze anos. Você quer se casar? Planeja comprar a casa própria, algum dia? Gostaria de fazer uma longa viagem ao exterior? Um carro esportivo ou um par de sapatos Christian Louboutin estão em sua lista de desejos? Seus filhos vão precisar de aparelho ortodôntico ou querem ir para a universidade? Uma vez feita a lista com todas as coisas para as quais você deseja guardar dinheiro, decida qual percentual das economias deve ser reservado para cada uma delas. Então, toda vez que for guardar dinheiro na poupança, coloque essa porcentagem no lugar correspondente.

Assim, em vez de entrar em pânico quando chegar o momento em que precisará comprar algo ou em vez de ter a sensação de que jamais vai obter o que tanto deseja, você já terá guardado uma grande parte dos recursos (se não tudo) de que necessita para comprar aquele carro ou aquele produto caro que tanto cobiça, sem ter de se preocupar com o pagamento de empréstimos ou dívidas no cartão de crédito.

A família e os amigos são tesouros escondidos.
Procure-os e desfrute de suas riquezas.

– Wanda Hope Carter

Registre em vídeo as memórias das pessoas mais velhas da família

Hoje, as ferramentas digitais dão a oportunidade de se fazer um registro dos entes queridos em um filme. Antes que pais, avós ou outros parentes fiquem mais velhos, grave em vídeo uma conversa com eles. No começo, pode ser que eles não se sintam muito à vontade, por isso, diga-lhes que você está fazendo isso para poder assistir quando não estiverem juntos e que você não está pensando em divulgá-lo na internet. Se houver uma história, em particular, que você gostaria de ouvir de novo ou um caso sobre o qual desejaria saber mais, comece por aí. Pergunte-lhes sobre os pais deles, a infância, as aventuras, a época das guerras, como foi viver nos períodos de crise econômica ou na era do amor livre. Eles chegaram a participar de algum conflito armado? Eles choraram na Copa do Mundo de 1950. Se alguma delas sempre se utiliza de certa joia, peça para que conte algo a respeito. Finja que é um jornalista atrás de uma boa reportagem, faça perguntas e ouça com atenção, assim, vai registrar grandes histórias.

Uma vez, um computador me venceu no xadrez, mas não foi páreo para mim no kickboxing.

– Emo Philips

Pratique *kickboxing*

Para realmente turbinar a queima de calorias, matricule-se em uma aula de *kickboxing*. Aprender a desferir golpes e chutes, como *jab* (soco direto), *uppercut* (soco ascendente), *roundhouse* (chute giratório) e outros, com certeza, aumenta sua autoestima e confiança, além de lhe dar a oportunidade de desenvolver algumas habilidades de autodefesa e derreter aqueles quilos a mais. Nas aulas, você vai trabalhar todo o corpo, com grande intensidade, entre 45 minutos e uma hora, em um treino intervalado que vai queimar calorias e tonificar tronco, braços, pernas e glúteo. Se você se sente estressado com o trabalho ou qualquer outra coisa em sua vida, esse é um excelente lugar para extravasar toda a raiva.

Modalidades de *kickboxing*

Existem várias modalidades diferentes, entre as quais, as mais conhecidas:

- *Muay Thai* – utiliza socos, chutes, cotoveladas, joelhadas, *clinches* e pisões para atingir o adversário de oito maneiras diferentes.
- *Lethwei* – arte marcial birmanesa, na qual os lutadores usam socos, chutes, cotoveladas, joelhadas, cabeçadas e punhos, sem proteção.
- *Tae kwon do* – modalidade coreana de combate, que utiliza socos, chutes, bloqueios, arremessos e golpes de mão aberta.

Tudo o que você precisa é amor. Mas um pouco de Chocolate, de vez em quando, não faz mal.

– Charles M. Schulz

Coma chocolate

Melhore sua inteligência, entregando-se aos prazeres do chocolate, mas com moderação, é claro. Prefira apenas os de alta qualidade, feitos a partir da manteiga de cacau e com uma quantidade mínima de açúcar. Os chocolates mais baratos podem conter cera, óleo de palma hidrogenado, conservantes e uma grande quantidade de açúcar. Todos esses ingredientes acabam por neutralizar os benefícios da matéria-prima, que incluem redução da pressão arterial e dos níveis de colesterol LDL.

Chocolates de qualidade também prestam um excelente serviço ao proteger o cérebro e o corpo dos radicais livres, pois contêm mais antioxidantes do que qualquer outra fruta ou verdura. De fato, o chocolate tem o dobro da quantidade de antioxidantes encontrados no vinho tinto e até o tripo do chá-verde. A pesquisadora Henriette van Praag descobriu, ainda, que a epicatequina, uma substância encontrada no cacau, pode melhorar a aprendizagem e a memória, o que pode ser pelo fato de ela aumentar o fluxo de sangue para o cérebro.

Não faz nenhum mal, também, o fato de o chocolate ser delicioso.

Mas você está dizendo que uma massagem nos pés não significa nada, e eu estou dizendo que significa.

– Vincent Vega, em *Tempo de violência*

Experimente a reflexologia

A técnica é semelhante à acupuntura, em que a ideia é eliminar os bloqueios espalhados pelo corpo para que o *chi* possa fluir, com liberdade. Contudo, diferente daquela, a reflexologia não usa agulhas e nada é inserido no corpo. Em vez disso, o reflexologista aplica pressão em diferentes pontos dos pés ou das mãos, que se conectam às diferentes zonas do corpo. Por exemplo, o ponto de pressão que corresponde ao coração está localizado na parte anterior da planta do pé. Assim, se você tiver problemas com o coração ou com o sistema cardiovascular, o reflexologista pode se concentrar na região.

Embora a ciência ainda tenha de provar os benefícios da reflexologia, a terapia, no mínimo, alivia o estresse de maneira eficaz. Ter as mãos e os pés trabalhados por um reflexologista é semelhante a receber uma ótima massagem, e sair do consultório se sentindo bem renovado. Para saber mais sobre reflexologia, faça uma pesquisa na internet ou consulte profissionais habilitados.

Em um relacionamento, o que vem primeiro é a luxúria.
E, depois, mais luxúria.

– Jacqueline Bisset

Tome um banho quente com seu parceiro

Quando combinada com o sexo, a sensação de estar envolvido pela água, como em uma piscina, lago ou mar, é indescritível. Contudo, se você não tem acesso fácil a esses lugares, pode recriar parte dessa sensação no chuveiro.

Da próxima vez que seu parceiro tomar um longo banho (não aquela ducha de cinco minutos, antes de sair apressado para o trabalho), espere alguns instantes e, em seguida, entre no chuveiro com ele. Esfregue costas, pernas e ombros do seu amante e, depois, com vagar, passe a ensaboar a região inferior. Beije sua pele molhada e puxe-o contra si para roubar um beijo apaixonado na boca, sob a água.

Se tiver tempo, vale a pena fazer sexo, enquanto a água escorre sobre os dois. Algumas posições com penetração funcionam bem no chuveiro por causa das superfícies molhadas e lisas, por isso, o sexo por trás, em pé, é uma boa opção para começar. Ou, então, providencie alguns antiderrapantes, com antecedência, para uma melhor aderência ao experimentar outras posições.

O que minha mãe pensava sobre culinária
é que se você trabalhasse duro e prosperasse,
outra pessoa iria fazer isso para você.

– Nora Ephron

Atribua a cada pessoa da casa uma noite para cozinhar

Para algumas pessoas, cozinhar é uma ótima maneira de relaxar, após uma exaustiva jornada de trabalho. O tempo gasto para preparar um prato lhes permite aliviar a tensão, porque precisam deixar de lado o estresse do dia e se concentrar na preparação de uma refeição saborosa. Entretanto, para outras, trata-se apenas de mais uma coisa que deve ser feita antes que possam, enfim, relaxar. Se você faz parte do último grupo e tem um parceiro, um parente ou compartilha a sua casa com um colega, pense em dividir as tarefas da cozinha e atribuir a cada pessoa da casa uma noite para planejar e preparar o jantar. Isso vai lhe garantir um tempo longe da cozinha, além de ser uma oportunidade para que outras pessoas aprendam a cozinhar, em especial se tiver filhos.

Você ficaria surpreso com as refeições que as crianças pequenas são capazes de preparar. É claro, crianças menores e até pré-adolescentes devem ser sempre supervisionados por um adulto, sobretudo, ao usar as facas, o fogão ou o forno. Ainda assim, a maioria delas, sozinha, pode fazer sanduíches e saladas. Comece ensinando alguns sanduíches simples, passando, depois, para outros tipos mais incrementados, incluindo saladas com ingredientes diversos, como maçã, queijo, castanhas e molho balsâmico. Em breve você vai ter um *chef gourmet* mirim em sua casa!

*Devemos fazer o melhor dos males
que não podemos evitar.*
– Alexander Hamilton

Se você ultrapassa o limite de minutos de seu celular, mude de plano

Pode parecer absurdo, mas se você estiver ultrapassando o limite de minutos ou de mensagens de texto de seu telefone celular, com certa regularidade, está na hora de mudar de plano. É uma ideia à qual se resiste, com certa frequência, durante meses. Contudo, dê uma olhada em sua conta. Se você está sempre acima ou quase acima do número máximo de minutos ou mensagens, verifique o quanto está pagando pelos minutos extras e compare com o preço de um pacote de minutos superior. É possível que vá perceber que estaria gastando menos dinheiro a longo prazo e, com certeza, ficaria menos estressado com os seus minutos, se passasse para um pacote mais indicado às suas necessidades.

Outra opção é conversar com as pessoas para quem você liga amiúde, para saber se estariam dispostas a mudar para a sua nova operadora, ou se você poderia mudar para a delas. Se você for a única pessoa de seu círculo imediato de relações que se encontra em outra operadora, pense em mudar, pois, assim, suas chamadas regulares não gastarão todos os seus minutos.

Família é quando o amor supera a tortura emocional.

– Matt Groening

Agende uma reunião em família, toda semana, para discutir os problemas

Embora alguns especialistas discordem, a maioria dos psicólogos e terapeutas comportamentais acredita que guardar as emoções para si pode levar a sentimentos de depressão, ansiedade e estresse, além de provocar insônia. É importante compartilhar os sentimentos de maneira construtiva, não apenas com o parceiro, mas também com outras pessoas mais próximas da família.

Agende uma reunião semanal para a família conversar e discutir qualquer problema que esteja incomodando. Talvez alguém tenha um problema na escola, ou estejam todos desgostosos por você não ter feito x, y ou z. Não importa quem está em falta, procure dar um bom exemplo para o resto da família, primeiro, mostrando-se compreensivo com aquele que expressa um problema. Depois, leve o tempo que precisar para discutir o assunto e oferecer soluções construtivas. Deixe espaço para que outras pessoas também possam apresentar suas ideias, se for o caso, e, com calma, manifeste-se. Se seus filhos costumam interromper uns aos outros, estabeleça uma regra simples: aquele que estiver segurando um bastão (ou outro objeto qualquer) é a única pessoa autorizada a falar.

Ao tornar esses encontros parte das atividades familiares, você vai ensinar a seus filhos como discutir questões difíceis de forma construtiva. A experiência lhes será muito útil no futuro, quando tiverem de enfrentar problemas no trabalho ou em seus próprios relacionamentos. Além disso, ao ser compreensivo e imparcial, você aprofunda o vínculo com seus filhos, enquanto eles estarão mais propensos a ser abertos e honestos sobre o que estiver se passando em suas vidas.

Se você conseguir jogar tênis enquanto alguém está dando tiros na rua, isso é o que se chama de concentração.

– Serena Williams

Tome aulas de tênis

Seja com amigos seja em uma aula, jogar tênis é um ótimo exercício. A prática do esporte melhora a coordenação motora, queima calorias e, se o jogo for de duplas, você pode aprender a trabalhar melhor como ser parte de uma equipe. Se seu parceiro precisa perder alguns quilos, o tênis é perfeito, porque você vai precisar de uma segunda pessoa, a não ser que esteja praticando contra uma parede ou com uma máquina de lançar bolas. Logo, você descobrirá que o esporte usa todos os principais grupos musculares e, por isso, não deve ser praticado todos os dias. No entanto, ao contrário de algumas atividades esportivas com contatos mais pesados, ele pode ser desfrutado ao longo de toda a vida.

Se você já não joga tênis há algum tempo, pode ser uma boa ideia retomar algumas aulas. Elas vão ajudá-lo a desaprender maus hábitos que possa ter desenvolvido. Além disso, você descobrirá melhores maneiras de se mover na quadra, como posicionar o corpo e se balançar com correção, para ter um saque forte ou uma devolução poderosa, sem se machucar.

Ao praticar o esporte, não se surpreenda ao ver que não apenas sua técnica está melhorando, mas a resistência, a velocidade, a coordenação, a agilidade e a flexibilidade também. De acordo com o doutor Ralph Paffenbarger, de Harvard, as pessoas que praticam pelo menos três horas de tênis, por semana, reduzem pela metade o risco de morrer por uma causa *qualquer*.

A memória é a mãe de toda a sabedoria.

– Ésquilo

Coma mirtilo

Eis um excelente alimento. É um fruto pequeno, rico em fibras, que tem a maior concentração de antioxidantes de todas as frutas frescas e que pode ajudar na redução da gordura da barriga e de doenças do coração. Esse fruto ácido também pode auxiliar sua visão, prevenindo ou retardando o surgimento de catarata, degeneração macular e miopia. Em resumo, vai ajudá-lo a ficar mais saudável, magro e jovem. Não é incrível?

O mirtilo também é bom para o cérebro. De acordo com o doutor James Joseph, neurologista da Universidade de Tufts, a fruta é capaz de *reverter* uma perda de memória em um curto prazo e retardar os efeitos do envelhecimento, reduzindo o dano celular causado por toxinas. Além disso, fortalece os sinais disparados entre os neurônios, o que mantém a função cognitiva em alta. Para aproveitá-lo ao máximo, coma meia xícara de mirtilos frescos por dia, ou bata essa dosagem de mirtilos congelados com leite desnatado, para fazer um suco.

O mirtilo é poderoso, mas não está sozinho. Na família *Vaccinum,* existem outras frutas saudáveis para você experimentar, incluindo, amora e groselha.

Quando quero me recompensar, faço uma massagem relaxante.

– Eva Longoria Parker

Faça uma massagem

Se você é atleta ou praticante de atividades físicas, uma massagem após uma sessão de treino pode aliviar as dores musculares, evitando, assim, dias de sofrimento e preparando o corpo para continuar se exercitando. Contudo, a massagem também é ótima para os que não são praticantes, pois relaxa o corpo, o que ajuda a reduzir a pressão arterial e os níveis de cortisol, o hormônio do estresse no sangue. Apenas experimentando esse toque, você está se protegendo de doenças cardíacas, ou as relacionadas ao estresse e, é possível, de pegar um resfriado. Se você sente alguma rigidez por causa de uma doença, má postura ou estresse, uma massagem pode ajudar os músculos e as articulações a recuperar mais mobilidade, além de deixá-lo mais ativo.

Existem muitos tipos de massagem, entre as quais, as mais comuns são:

- *Sueca* – Possui movimentos deslizantes e de alongamento, que podem aliviar a dor e melhorar a circulação.
- *Shiatsu* – Combina acupressão e alongamento, para aliviar a tensão.
- *Massagem dos Tecidos Profundos* – Trabalha os músculos que se encontram abaixo da primeira camada de músculos superficiais, sendo excelente para aliviar ou reduzir a dor crônica.
- *Tailandesa* – Mistura posições de ioga com técnicas tradicionais de massagem. Durante uma sessão, você permanece vestido e nenhum óleo é utilizado.

As pessoas não me querem ver fazendo sexo [...]
Eu sou a rainha do "beijo, preliminares, dissolve".
E, então, o "Oh! Bom dia, tigrão".

– Julia Robertss

Não pule preliminares

Embora possa ser tentador ir direto para o ato, em si, as relações rápidas deveriam ser uma exceção, com preliminares sexuais alçadas à condição de regra. Assim, o casal gastará mais tempo para conhecer melhor as preferências e os gostos de cada um, levando a um melhor relacionamento na cama e fora dela.

Não veja preliminares como uma obrigação. Antes, use-as para atiçar seu parceiro e deixá-lo tão excitado que ele não vai querer esperar para fazer sexo. Cabe a você e a seu amante definir se os orgasmos são parte das preliminares ou se preferem chegar quase até lá, antes de partir para a penetração. De acordo com um estudo recente da Universidade de New Brunswick, a duração média desejada das preliminares é de apenas dezoito minutos. Portanto, não há nenhuma razão para você não investir nelas e deixar o seu parceiro enlouquecido antes da penetração: a experiência é prazerosa para ambos e leva a uma vida sexual saudável e duradoura.

De vez em quando, uma garota tem de se permitir alguns prazeres.

– Sarah Jessica Parker

Tenha um dia de *spa*, só seu

Economize para passar um dia em um *spa*. Para homens e mulheres, a experiência de mimos em um *spa* de luxo pode ser muito relaxante, desde que seja em um dia livre de obrigações, para você aproveitar ao máximo. Dependendo da escolha, um pacote básico de um dia inclui massagem, tratamento facial, almoço leve, acesso à sauna ou ao banho de vapor aromático, manicure e pedicure. Você sairá do *spa* depois de algumas horas, sentindo-se relaxado e revigorado.

Se você não puder pagar um dia de *spa,* crie o seu próprio com um amigo, alguém da família ou o parceiro. Acenda velas em seu quarto, selecione um CD ou *play list* com músicas relaxantes e cubra a cama com uma toalha bem macia. Tenha em mãos um óleo de massagem sem perfume ou um com essência de lavanda, rosas, jojoba ou outro aroma relaxante. Com a pessoa que vai receber a massagem deitada na cama, coloque um pouco de óleo em suas mãos para aquecê-lo e, então, comece a massagear o seu parceiro (ou amigo). Procure ir devagar, trabalhando as partes do corpo de maneira que faça a pessoa se sentir bem. Após terminar e deixar o parceiro (ou companheiro de *spa*) desfrutar a sensação de relaxamento durante alguns momentos, troque de lugar com ele. Se você quiser que pareça mesmo um *spa,* tenha à mão fatias de pepino e outros ingredientes, para fazer máscaras faciais caseiras e inclua serviços de manicure e pedicure. Os homens podem desfrutar de tudo isso também, embora prefiram não pintar as unhas.

Cuidado com as pequenas despesas. Um pequeno vazamento pode afundar um grande navio.

– Benjamin Franklin

Reduza o café

Tomar café é, para você, um hábito sério? Você faz uma pausa para tomar uma xícara de café, todos os dias, ou quase todos os dias da semana? Preparar um café pela manhã se tornou um ritual que lhe traz prazer? Você conhece o barista e alguns frequentadores do seu bar favorito? Sair para tomar café faz parte do seu convívio social ou é um ato com outra utilidade? Se você precisa de cafeína, o convívio não é tão importante, na verdade.

Se você é do tipo "cafeinômano", comece a pensar em trocar esse caro hábito de tomar café fora por uma máquina de expresso para casa ou, então, compre um café de boa qualidade e prepare a bebida com um recurso menos dispendioso (um trivial fitro de café, por exemplo). Pegue o dinheiro que você gastaria tomando café ou chá fora e aplique em sua conta de poupança automática. Se você está gastando uns 9 reais por dia em cafés, poderia economizar até 3 000 reais por ano.

Outra maneira de economizar é observar o hábito de comer fora, ainda mais se você estourar seu orçamento. Em vez de dizer ao parceiro e amigos que você não pode sair, substitua os refrigerantes por água e limão. (Se quiser ficar em forma, a propósito, você não deve tomar refrigerante de nenhuma maneira.) Em vez de pedir um prato principal só para você, prefira dividi-lo com um amigo ou peça duas entradas. Considerando o atual tamanho das porções na maioria dos restaurantes, com certeza, você não vai passar fome.

Nascemos para nos unir aos nossos semelhantes e para nos ligar em comunidade com a raça humana.

– Marco Túlio Cícero

Faça parte de um clube de viagens, de um grupo de culinária ou de uma organização social

Expandir seu círculo social pode fazer você mais feliz. Uma ótima maneira de conseguir isso é criar ou se juntar a um grupo que trabalhe com um tema de seu interesse. Primeiro, procure descobrir o que está disponível na região, consultando a internet. Defina seu interesse: fazer caminhadas, jogar boliche, cozinhar, viajar, ser voluntário etc. Então, procure identificar se há grupos já formados dos quais você poderia participar. Se não houver, organize um, próprio, e divulgue em sua comunidade que você está procurando novos interessados.

Dessa forma, você estará dando prioridade a si e a seus interesses. Isso é muito importante, em especial se você tiver o hábito de colocar os outros em primeiro lugar e não der atenção às próprias necessidades. Assim que começar a frequentar as atividades de seu grupo, você vai se tornar mais comprometido consigo, além de se sentir mais feliz e com a mente renovada, após as reuniões. Além disso, terá a oportunidade de fazer novos amigos. É fácil fazer amizades nesses grupos, uma vez que todos ali compartilham, pelo menos, um interesse comum. Para iniciar uma conversa, o assunto está garantido.

Há oito meses não faço sexo. Para ser honesta, agora prefiro jogar boliche.

– Lil' Kim

Participe de um clube de bocha ou boliche

Bocha e boliche não são os esportes mais aeróbicos que existem, mas vão manter você em movimento, e qualquer coisa é melhor do que nada. Ao fazer parte de um clube, você terá de participar de jogos todas as semanas, procurando mostrar seu melhor desempenho. A responsabilidade pode motivar o treino durante a semana, antes de cada partida. Convide os amigos para que o vejam jogar, para o caso de precisar de um pouco mais de incentivo para se aprimorar. Ao melhorar o arremesso ou aumentar o potencial de ataque, você vai querer se exercitar um pouco mais, nas horas vagas.

Se você tem dificuldades para manter seu compromisso com uma atividade física, participar de um clube vai permitir queimar calorias extras, pelo menos, um dia por semana. Com isso, espera-se, você perceberá que queimar calorias não precisa ser uma obrigação e que pode envolver união, amizade e até boas risadas.

Queime mais calorias

Esses não são os exercícios mais intensos que você poderia fazer (em média, uma pessoa de 70 quilos queima 365 calorias, jogando uma hora de bocha e 219, no boliche) e, por isso, existem boas atividades durante as partidas para melhorar os números. Se você estiver jogando bocha, fique agachado quando não estiver correndo. Isso vai mantê-lo alerta e prepará-lo para pegar a bola na hora certa. No boliche, pratique exercícios com as pernas, enquanto espera a vez. Além disso, entre os jogos, procure desenvolver alguma técnica ou levantar pesos, para poder arrasar nas partidas.

Deve-se governar uma grande nação como se cozinha um pequeno peixe. Sem exageros.

– Lao Tsé

Coma peixes com baixo teor de mercúrio

A menos que você seja vegetariano, espera-se que tenha incluído peixe à dieta para que possa se beneficiar dessa proteína magra e dos ácidos graxos ômega-3, além de outros nutrientes. No entanto, é preciso escolher o peixe com sabedoria, porque certas espécies são ricas em mercúrio. O consumo excessivo do metal pode causar intoxicação, o que prejudica o cérebro, os pulmões e os rins, além de levar a deficiência sensorial, fraqueza muscular e dificuldade de coordenação.

Para evitar a intoxicação pelo elemento, siga as seguintes diretrizes da Agência de Controle de Alimentos e Medicamentos (FDA) e da Agência de Proteção Ambiental (EPA), ambas dos Estados Unidos:

- Consuma quantidades muito limitadas ou evite o consumo de tubarão, peixe-espada, cavala.
- Não coma mais do que 170 gramas (duas porções) por semana de filé de atum, atum-branco enlatado, lagosta, linguado ou peixe-relógio.
- Não ingira mais do que 340 gramas (quatro porções) por semana de camarão, atum *light* em lata, salmão, *saithes* (espécie de bacalhau), peixe-gato, bacalhau, caranguejo, solhas, linguado, garoupa, *haddock*, arenque, dourado-do-mar, peixe-vermelho, ostras, truta, sardinhas, vieiras ou tilápia.

O amor é como alga marinha, até quando você a afasta, não a impede de voltar.

– Provérbio

Experimente os vegetais do mar

Talvez você nunca tenha pensado em comer nada que venha do oceano, além de peixes e frutos do mar, mas algumas plantas que se desenvolvem em águas salgadas também são muito boas. As algas marinhas são ricas em vitaminas e minerais essenciais, que estão presentes nas plantas de tal maneira que facilitam sua absorção pelo organismo. Elas também são ricas em iodo, que ajuda a tireoide a funcionar bem, assim como em ácido fólico, vitamina K e lignanas, que são compostos que ajudam a proteger o organismo contra o câncer. Variedades em tons marrons, como *kelp* (laminária), *wakame* e *kombu* contêm um composto conhecido como ácido algínico, que pode eliminar metais pesados do trato digestivo.

Para aproveitar os benefícios dos vegetais do mar, você pode comer *sushis,* que são enrolados em algas, petiscar algas desidratadas ou usar as plantas em saladas. Algumas pessoas combinam *kombu* com feijão, pois dizem que a alga ajuda a reduzir a flatulência causada pelo grão. Bom para você e para a sua família: todo mundo ganha.

O erotismo é como uma dança:
um sempre conduz o outro.
– Milan Kundera

Seduza seu parceiro com beijos, mordidelas de amor e outras coisas

Durante preliminares, ou o sexo em si, deixe seu parceiro enlouquecido, beijando todo o seu corpo. Percorra as zonas erógenas dele com a língua, soprando-as, para lhe dar uma sensação ainda mais intensa. Desenhe uma linha curva do pescoço até seu púbis e você poderá lhe sentir um tremor ou um pequeno sinal, sinalizando que ele quer que sua língua vá apenas um pouco mais adiante.

Você também pode provocar seu parceiro com pequenas mordidelas de amor. Com delicadeza, mordisque sua pele nas áreas carnudas e ouça seus gemidos. Se ele gostar, morda mais forte, mas vá devagar se ele se queixar de dor. Arranhar é outra prática que algumas pessoas adoram. Comece a passar as unhas, com suavidade, ao longo das coxas, costas ou braços de seu parceiro, pressionando mais, caso peça. As marcas vermelhas desaparecerão em alguns instantes, mas as lembranças desses momentos vão durar muito tempo.

Um pressentimento é a criatividade procurando lhe dizer alguma coisa.

– Frank Capra

Experimente a terapia criativa

Quando você toca em sua consciência criativa, pode abrir caminhos que o bloqueavam e começar a ver o mundo de uma perspectiva diferente. Deixe-se criar sem julgamento e sem censurar sua expressão criativa e, assim, poderá começar a superar o estresse, a depressão, o sofrimento e outras emoções negativas, que o têm impedido de seguir em frente. Esse tipo de atividade estimula uma parte diferente do cérebro que você se acostumou a usar, e pode lhe dar uma perspectiva mais ampla sobre as coisas.

Além disso, a terapia criativa pode ajudar até quando você não está se sentindo "travado". Ao trabalhar com aquela parte do cérebro e permitir que sua criança interior venha à tona, você pode começar a gerar novas ideias positivas de coisas para construir e criar, e de caminhos para percorrer. Experimente fazer terapia criativa por, ao menos, trinta minutos, duas a três vezes por semana, para, assim, entrar em contato com o seu *eu* infantil. Você pode optar por qualquer coisa que estimule a mente, como pintar, tocar um instrumento musical, fazer cerâmica, tricotar, escrever, atuar ou dançar. A proposta é sacudir a rotina e fazer os pensamentos seguirem por um novo caminho.

Quando arrancamos uma única coisa da natureza, descobrimos que ela está ligada ao resto do mundo.

– John Muir

Instale um ar-condicionado

Se você deseja controlar a temperatura da casa, pense em instalar um ar-condicionado, com opções de quente e frio, que pode ser adquirido em lojas de materiais elétricos. Embora exija um pouco de conhecimento, a instalação não é muito difícil. Se você possui o aparelho de parede manual mais comum, tudo o que precisa é uma chave de fenda para remover o antigo aparelho, uma furadeira para instalar o novo e a capacidade de diferenciar os fios vermelhos dos brancos para conectá-los com correção, sem se esquecer de desligar a energia elétrica para evitar acidentes.

O que você ganha com todo esse trabalho? Os modelos mais recentes permitem ser programados para não funcionar no máximo, enquanto estiver fora, e para voltar à temperatura ideal, na hora em que você iniciar o retorno para casa. Por exemplo, no verão, você pode programá-lo para refrescar a casa durante o dia e, mais tarde, para voltar a uma temperatura confortável e convidativa, à noite.

Um amigo é um presente que você dá a si mesmo.

– Robert Louis Stevenson

Faça amigos

Nenhum homem ou mulher é uma ilha. Até o falecido escritor norte-americano J. D. Salinger, solitário famoso, tinha amigos na pequena cidade de Cornish, New Hampshire. Os seres humanos são, por natureza, animais sociais. Vivem perto uns dos outros, em cidades. Trabalham juntos, em grupos. Ainda que possam reclamar ou resistir, tendem (talvez em segredo) a se divertir em festas da comunidade e em reuniões de família. Esses vínculos sociais os fazem felizes não apenas porque os relacionamentos podem levantar um astral quando se está triste, mas também porque, como mostram alguns estudos, amigos felizes têm o condão de contagiar um grupo. De acordo com um trabalho realizado por James Fowler, da Universidade da Califórnia, em San Diego, e Nicholas Christakis, da Universidade de Harvard, um amigo feliz aumenta a felicidade do outro a uma taxa média de 9%, enquanto um amigo infeliz pode diminuí-la em 7%. É evidente que isso não significa que você deve virar as costas para os seus amigos, quando estão infelizes. Ao contrário, ficando ao lado para ajudar a resolver seus problemas, você pode aumentar a felicidade deles e a própria. É um jogo no qual todos saem ganhando, ao longo do tempo.

Se você tem dificuldades para fazer amigos, pode criar ou participar de um grupo, para compartilhar um interesse comum. Procure falar bem dos outros para que a pessoa com quem você estiver falando não tome, de forma involuntária, os traços negativos que forem ditos sobre o outro e os relacione a você, fenômeno que os psicólogos chamam de "transferência espontânea de traços". Lembre-se de sorrir, para que as pessoas o achem simpático. Talvez fique chateado se ninguém falar com você em um evento, mas mostrar um semblante fechado não vai resolver o problema. Sorria e, se puder, apresente-se aos outros.

O corpo do bailarino é simplesmente a manifestação luminosa da alma.

– Isadora Duncan

Saia para dançar

Os exercícios físicos podem ser divertidos! Quando se trata de se expressar e, também, de queimar calorias, poucas atividades são melhores do que a dança. Não importa se você faz aulas de balé clássico, jazz ou danças de salão ou se prefere balançar o corpo em um clube de dança: você vai suar ao som de música e entrar em forma enquanto se diverte. Quer uma prova? Basta olhar as fotos de "antes e depois" dos participantes que chegam às finais de um programa como o *Dançando com as estrelas.* Eles, decerto, concordam que a dança é um exercício cardiorrespiratório incrível, além de ajudá-los a liberar o estresse e a tonificar todo o corpo por meio do movimento. Ainda que você inicie com os dois pés esquerdos, depois de algumas semanas dançando em um clube ou tendo aulas, vai mostrar algum ritmo e mais confiança na pista de dança.

Queime calorias, queime...

Saia para dançar, procurando passar, pelo menos, uma hora na pista. Se você tem energia suficiente para aguentar uma hora inteira dançando sem parar ou se precisa diminuir o ritmo de vez em quando, não importa: o fogo do seu metabolismo será aceso. Veja o que, em média, uma pessoa de 70 quilos é capaz de queimar em uma hora, mexendo-se ao ritmo dos seguintes estilos de dança:

- Dança aeróbica: 442 calorias.
- Danças de salão em ritmo acelerado: 374 calorias.
- Balé ou Jazz: 326 calorias.
- Danças de salão em ritmo médio (como a polca): 306 calorias.
- Danças de salão em ritmo lento (valsa, tango, mambo): 204 calorias.

Uma ótima introdução às culturas é a cozinha.
Ela não só reflete sua evolução,
mas também crenças e tradições.

– Vikas Khanna

Experimente frango indiano com especiarias

De acordo com a Universidade da Califórnia, em Los Angeles, o saboroso prato indiano conhecido como frango com especiarias pode reduzir o impacto da doença de Alzheimer, porque a curcumina encontrada nas especiarias ajuda a remover as placas de beta-amiloide que se acumulam no cérebro acometido pela doença. A cúrcuma, uma dessas especiarias, também previne contra a perda de memória, retardando o processo de oxidação no cérebro, além de ajudar na digestão, simulando o fluxo de bílis e a quebra de gorduras.

Os ingredientes

As receitas de frango com especiarias variam um pouco umas das outras, mas não os ingredientes que você precisa ter à mão para preparar a base de *curry* (caril), que dá o sabor marcante do clássico prato. Se tiver dificuldade de encontrar algumas das especiarias, procure uma loja especializada em produtos indianos.

- Cebolas.
- Tomates.
- Vinagre branco.
- Gengibre.
- Alho.
- *Garam masala* (tempero indiano).
- Cúrcuma moída.
- Páprica.
- Coentro.
- Pimenta-de-caiena.
- Cardamomo.
- Sementes de mostarda.
- Canela em pau.

As chalotas são para os bebês, as cebolas são para os homens, o alho é para os heróis.

– Autor desconhecido

Abuse do alho

Além de não apenas ter um ótimo sabor, ele também pode ajudar você a se sentir mais saudável e ter uma vida mais longa. Essa erva culinária, muito popular, pode diminuir os níveis de colesterol, atuar como depurativo do sangue e evitar a formação de coágulos, matar bactérias nocivas no organismo, reduzir os níveis de açúcar no sangue, prevenir contra o risco de alguns tipos de câncer e melhorar o metabolismo. A menos que você tenha algum tipo de alergia ao alho, procure consumir de dois a três dentes por dia, o que é mais fácil do que pode parecer. Os pequenos bulbos do alho podem ser assados no forno com azeite sobre fatias de pão, além de ser empregados como tempero para todos os tipos de alimentos, de aspargo a frango. Existe até sorvete de alho! Uma coisa que o alho não faz, porém, é ajudar o hálito. Portanto, se você está pensando em ir a uma reunião ou a um encontro, mastigue um raminho de salsa.

Cultive seu próprio alho

No Brasil, a produção brasileira se concentra nos estados do Rio Grande do Sul, Santa Catarina, Minas Gerais, Goiás e Bahia, mas é insuficiente para atender a demanda nacional. Em geral, o país importa o produto da China, Argentina, Chile e Espanha. Embora a maior parte do alho utilizado nos Estados Unidos se produza em Gilroy, na Califórnia, o principal produtor mundial é a China. Contudo, se você não vive perto de Gilroy e quer ter um produto fresco à disposição, poderá cultivar o próprio alho. Para isso, plante um dente descascado na posição vertical, cerca de 3 centímetros abaixo da superfície do solo, em uma área muito ensolarada de seu jardim ou quintal. Se plantar mais de um dente, lembre-se de deixar 10 centímetros de distância entre eles. Quando as folhas ficarem marrons e caírem, será a hora da colheita, pendurando-a para secar em um lugar fresco e seco, para não apodrecer.

Tudo no meu marido é sexy,
especialmente seus lábios.

– Kelly Preston

Diga palavras obscenas

Falar alguns palavrões e obscenidades antes do sexo pode ajudar a criar uma tensão sexual, mas usar uma linguagem suja durante a relação, para dizer ao parceiro, em termos bem explícitos, como você se sente, pode aumentar ainda mais a excitação. Se você é um tanto tímido para usar esse tipo de linguagem, comece devagar. Diga ao parceiro quanto ele é atraente ou como você adora beijar a pele dele, ou sentir as mãos dele em seu corpo. À medida que se sentir mais à vontade durante os momentos de intimidade, poderá começar a ser mais explícito, dizendo-lhe o que vai fazer com ele, o que você quer que ele faça com você, ou como é bom quando vocês se masturbam ou fazem sexo oral, anal ou vaginal.

Não sabe bem que tipo de palavras deve usar? Basta folhear um romance erótico e você encontrará fartos exemplos. Desde que a conversa seja entre quatro paredes e que você não use termos que possam ofender o parceiro, tudo é válido, ainda que se sinta um pouco fora de sua maneira habitual de ser.

A meditação ajuda você a fazer menos e realizar mais.

– Deepak Chopra

Pratique meditação com mandalas

Nem toda meditação envolve sons, algumas buscam direcionar a atenção em imagens, por meio de visualizações mentais ou de objetos reais. Nas culturas orientais, muitas vezes, utiliza-se uma mandala – uma imagem circular composta por figuras geométricas – para ajudar a fixar a concentração durante a prática.

Para realizar esse tipo de meditação, escolha uma mandala que toque seu coração. Elas são achadas, com facilidade, em livros e em lojas que vendem produtos espirituais ou mercadorias orientais. Se você tiver algum talento artístico, também pode criar sua própria mandala e posicioná-la a cerca de um ou dois metros de distância do lugar em que vai se recolher para meditar.

Quando estiver pronto, feche os olhos e respire profundamente, por dez vezes ou pelo tempo que precisar, até que se sinta relaxado por completo. Imagine seu coração se conectando com a mandala e, no momento certo, olhe bem para ela, com a visão levemente desfocada (ou seja, sem fixar o olhar). Observe as cores e imagens, sem se deixar prender por elas. Permaneça nesse estado durante o tempo em que se sentir confortável.

A conservação é um estado de harmonia entre os homens e a terra.
– Aldo Leopold

Abra e feche as cortinas, conforme as estações

Cortinas e persianas não servem apenas para bloquear os raios solares e os olhos curiosos dos vizinhos. Elas também podem ser usadas para regular a temperatura da casa. Embora possa parecer um absurdo, para manter sua casa fresca no verão, mantenha as persianas e cortinas fechadas durante o dia, para que o calor não aqueça demais os ambientes. No inverno, as cortinas devem continuar fechadas, exceto durante a parte do dia em que a incidência solar ocorra sobre as janelas. Então, abra-as para deixar o calor entrar e aquecer a casa. Na primavera e no outono, abra janelas e cortinas nos dias quentes, para que os raios solares e o ar fresco arejem os cômodos.

É óbvio que você não tem de fazer isso o tempo todo, nem precisa se sentir como se vivesse em um calabouço. Entretanto, se usar as cortinas e persianas dessa maneira (ainda que só o faça quando estiver fora de casa), você vai economizar energia, usando menos aquecimento e ar-condicionado, em especial se tiver cortinas pesadas que favoreçam um bom isolamento.

Uma das vantagens de ter velhos amigos é que você pode se dar ao luxo de ser estúpido com eles.

– Ralph Waldo Emerson

Mantenha contato com velhos amigos

Faça novas amizades, mas mantenha contato com os velhos amigos. À medida que você vai envelhecendo e as circunstâncias vão se transformando, é fácil perder o contato com as pessoas que foram muito próximas. Depois de uma década ou mais em que cada um seguiu o seu caminho, você pode pensar que não tem muito em comum com seu melhor amigo da escola ou da faculdade. No entanto, quanto mais vocês dois tenham ficado em contato, menos provável isso será.

A era digital facilitou muito manter contato com essas pessoas, pois você pode alcançá-los por meio das redes sociais, como o Facebook, ou por e-mail. Contudo, para manter as relações fortes e saudáveis, você vai precisar fazer mais do que apenas encaminhar uma mensagem de vez em quando, ou aceitar um amigo na rede. Será preciso se esforçar para ligar, fazer planos para ter encontros com eles, escrever cartas "de papel", enviar cartões de aniversário e de Natal etc. Ao continuar a compartilhar seus detalhes mais íntimos, você vai manter e fortalecer os vínculos de amizade e fazê-los durar toda uma vida.

Moro perto de uma colina. Primeiro, comecei a caminhar, depois passei a fazer jogging *e então comecei a correr ali.*

– Tea Leoni

Comece a correr

Correr ou fazer *jogging* é uma atividade física de alta intensidade, que vai ajudar você a perder peso e se sentir muito melhor. Já ouviu falar do "barato" do corredor? Acontece quando o organismo libera endorfinas, os hormônios do bem-estar, depois de um longo e extenuante exercício físico. Embora você não precise correr para curtir esse "barato", a corrida queima muitas calorias e ajuda a melhorar o seu metabolismo.

No entanto, correr pode ser difícil para o seu corpo, pois é uma atividade física de alto impacto, ou seja, você vai sentir toda vez que atingir o chão, ao contrário do que acontece com um exercício de baixo impacto. Por isso, é preciso cuidado ao iniciar um programa de corrida. Comece devagar, talvez incluindo cinco ou dez minutos de corrida às caminhadas. Se preferir começar correndo, experimente um ou dois quilômetros a uma velocidade baixa. À medida que ficar mais condicionado, aumente as distâncias a percorrer, gradualmente. Faça alongamentos após cada corrida e programe dias para descansar, assim, você vai começar a ver resultados e se proteger de lesões.

Todas as boas ideias que já tive vieram enquanto estava ordenhando uma vaca.

– Grant Wood

Beba leite desnatado

Preferir esse tipo de leite aos demais, com maior teor de gordura, vai ajudá-lo a manter a forma e aumentar o poder de seu cérebro. Um copo de leite desnatado contém 38 gramas de colina, uma vitamina solúvel em água que pode reduzir a incidência de câncer de mama e melhorar a memória. Embora os efeitos dos nutrientes em ratos nem sempre sejam similares aos dos seres humanos, roedores que receberam quantidades adequadas de colina no útero não desenvolveram senilidade à medida que envelheciam. Os poucos estudos realizados com humanos mostram que a colina pode melhorar a memória e a função cognitiva. Há outras fontes de colina, além do leite desnatado, mas essa é uma das mais saudáveis. Podem ser citadas: gema de ovo, soja, amendoim, manteiga, batata e cevada.

Beba leite achocolatado depois do exercício

O leite desnatado é o mais saudável tipo de leite de vaca que você pode tomar, mas uma pesquisa recente do Laboratório de *Performance* Humana revela que o leite achocolatado é, de fato, a melhor bebida para consumir depois ou durante uma sessão de exercícios. A proteína, os carboidratos, o sal e o açúcar contidos na bebida preferida das crianças ajudam a aliviar as dores musculares e fornecem o combustível necessário para o próximo treino.

O iogurte é muito bom para o estômago, os rins, a apendicite e a apoteose.

– Eugène Ionesco

Tome iogurte rico em probióticos

De vez em quando, aparece um "novo" nutriente ou alimento que ganha os holofotes. Há algum tempo, os probióticos amealharam todas as atenções, depois que os fabricantes de alimentos passaram a alardear a presença desses organismos vivos em seus iogurtes e bebidas. O que, afinal, é um probiótico? Trata-se de uma cultura de bactérias vivas que auxiliam a digestão dos alimentos e a destruição de outras bactérias, as nocivas. Eles podem ajudar a aliviar a constipação e a diarreia, além de regular o sistema digestivo.

Entretanto, diferentes cepas oferecem distintos benefícios, assim, quando um produto alimentar afirma que contém probióticos, é provável que seja verdade, embora possa não ser aquele que você está procurando. O probiótico que protege contra o resfriado comum não é o mesmo que reduz os sintomas da síndrome do intestino irritável (IBS). A Agência de Controle de Alimentos e Medicamentos dos Estados Unidos (FDA) ainda não comprovou as alegações dos fabricantes de que os probióticos encontrados em seus produtos servem para melhorar a digestão, mas tomar um copo de iogurte no café da manhã não é uma má ideia.

Eu me sinto muito mais saudável quando faço sexo. Fisicamente. Sinto certo nervosismo quando acordo pela manhã. Apenas energia nervosa. Tomo vitaminas e me exercito todos os dias. Quando faço sexo, não sinto isso.

– Alyssa Milano

Faça sexo... regularmente

Se você está fazendo da maneira certa, o sexo pode ser incrível. O orgasmo libera o hormônio oxitocina e as endorfinas, que deixam você mais feliz e ainda mais próximo do seu parceiro. Além disso, diminui em mais de 50%, por um período de tempo, a sensação de dor. Ah, e o orgasmo também torna a velha desculpa "estou com dor de cabeça" nula e sem efeito, porque o clímax sexual pode, de fato, eliminar esse tipo de dores e também as enxaquecas.

A atividade sexual, além de tudo, pode ser um bom exercício aeróbico, dependendo de sua criatividade nas posições e do vigor aplicado no ato. Ainda que não seja tão vigoroso, fazer amor três vezes ou mais por semana pode reduzir a chance de um ataque cardíaco ou um acidente vascular cerebral, em até 50%, melhorar a capacidade de dormir e diminuir a incidência (no caso dos homens) de câncer de próstata. Além disso, vive-se mais! Estudos sobre longevidade realizados pela Universidade Duke e por uma organização britânica revelaram que existe uma forte correlação entre pacientes que faziam sexo com frequência e pacientes que tiveram uma vida longa.

A única beleza duradoura é a beleza do coração.

– Rumi

Pratique meditação do coração aberto

Na vida agitada que você leva, às vezes, as necessidades do seu coração ficam em segundo plano. Você pode lidar de frente com as coisas da mente e do estômago, mas deixar o coração em silêncio, esperando, com paciência, ser ouvido. Com a meditação do coração aberto, você direciona toda a atenção para ouvir seu coração e para abri-lo aos sentimentos que você pode experimentar quando está mais vulnerável, procurando sentir e compartilhar a paz, a alegria, o amor, a tranquilidade e a felicidade.

Esse tipo de meditação, em geral, é realizado em grupo e, é comum que no final da sessão ocorra a prática do reiki. Contudo, você pode praticá-la sozinho. Para começar, sente-se no chão de maneira confortável, mantendo a coluna ereta. Coloque dois ou três dedos no centro do peito, sobre o esterno, e feche os olhos. Respire profundamente e imagine o coração se abrindo. Sorria para ele. Nesse instante, você talvez comece a rir ou a chorar, o que é normal. Agora, você pode fazer a oração do coração aberto, chamada "fonte da verdade", pedindo a ela para eliminar dele a inveja, a arrogância e outros sentimentos negativos. Se preferir, substitua essas palavras por outra oração espiritual. Com a prática da meditação do coração aberto, você colhe os benefícios da meditação, além de aprender a conduzir e ouvir seu coração.

Procure na internet grupos de meditação do coração na região em que mora.

Nós não teremos uma sociedade se destruirmos o meio ambiente.

– Margaret Mead

Instale um chuveiro de baixo fluxo

Para ser bom para seu orçamento doméstico e também para o meio ambiente, instale um chuveiro de baixo fluxo e faça uma escolha consciente: tome banhos mais curtos. Uma combinação assim será suficiente para você economizar milhares de litros de água por ano.

Há não muito tempo, os chuveiros possibilitavam um fluxo de 20 a 30 litros de água por minuto. Hoje, eles são muito mais corretos, do ponto de vista ambiental, pois liberam, em média, 10 litros por minuto. No entanto, um chuveiro de baixo fluxo libera somente cerca de 6 litros de água por minuto. Ainda assim, é provável que você nem sinta a diferença durante o banho matinal, seja uma ducha mais forte ou a gostosa sensação de uma chuva leve em seu corpo.

Combine seu novo chuveiro com um banho um pouco mais curto e você poderá economizar mais de 35 mil litros de água por ano. Embora a economia de dinheiro não seja significativa, pois a água é barata, ela compensará o custo do novo chuveiro. E o meio ambiente agradecerá.

Um livro de verdade não é aquele que lemos,
mas aquele que nos lê.

– W. H. Auden

Participe de um clube do livro

Fazer parte de um clube desses pode deixar você mais feliz e inteligente, de uma vez só. Eles são excelente maneira de conhecer gente nova, fazer amizades com outros amantes da leitura e manter contatos regulares com pessoas que têm interesses comuns. Alguns são mantidos por pessoas que têm uma atividade semelhante, como o Ed2010® (disponível em <http://www.ed210.com>), que reúne profissionais da indústria editorial e que pode abrir as portas para você se relacionar com outras pessoas de sua área.

Não importa o tema do clube, se de literatura clássica, não ficção ou romances, o formato é, em essência, semelhante. Para iniciar, todos os integrantes do clube leem determinado livro e, então, reúnem-se na casa de um dos participantes, em uma biblioteca ou em um café, para discuti-lo. Ao abordar os eventos e temas da obra, você poderá se sentir como se estivesse de volta àquelas aulas interessantes de literatura na escola, só que agora sem se preocupar com a nota. Você compartilhará suas ideias, e também ouvirá as contribuições dos colegas, o que lhe trará uma nova visão do livro.

A maioria corre para ver quem é o mais rápido.
Eu corro para ver quem tem mais coragem.
– Steve Prefontaine

Inscreva-se em uma corrida

Às vezes, é difícil manter a disciplina e, de fato, ter vontade de se exercitar. Se você tem lutado para entrar em forma durante meses ou até anos, está na hora de adotar uma abordagem diferente, porque a sua não está funcionando. Querer perder peso para ter um corpo mais bonito ou uma saúde melhor não é um objetivo ruim, mas se isso não for suficiente para manter sua motivação, descubra o que poderá ser.

Uma maneira de manter a motivação para entrar em forma é se inscrever para uma corrida para a qual você ainda não tenha condições físicas de completar. Triatlo e corridas de cinco ou dez quilômetros são provas organizadas com frequência e você poderá treinar para elas durante o ano todo. Escolha uma com bastante antecedência, para dar tempo suficiente para se preparar, mas não tanto que lhe permita adiar a preparação. Então, comece a contar para todos que vai participar de uma corrida e os convide para assistir. Dessa maneira, não apenas você vai sentir uma pressão a mais, sabendo que pagou para correr e já contou aos outros, como poderá ter o apoio deles. Você talvez descubra que amigos ou familiares também querem correr a seu lado!

À medida que trabalha na direção de seu objetivo, você se surpreenderá ao ver como seus hábitos alimentares melhoram e a motivação para se exercitar aumenta a cada dia. Se você tirar fotos no dia em que se inscrever e depois, no dia da corrida, vai ficar muito orgulhoso com o resultado!

Aquilo que, talvez, ouça os maiores absurdos no mundo
é um quadro em um museu.

– Edmond de Goncourt

Leve um amigo a um museu

Museus não são lugares enfadonhos, construídos para visitação. Ao contrário, são edifícios com arquitetura interessante que abrigam algumas das criações mais preciosas do mundo. Há os incríveis esqueletos de dinossauro no Museu de História Natural do Instituto Smithsonian, em Washington, as pinturas originais de Claude Monet no Museu do Louvre, em Paris, as exposições interativas no museu de ciências de sua cidade e muito mais, todos esperando para entreter e instruir. Contudo, eles são mais do que apenas suas exposições. Muitos também oferecem espaços para palestras de cientistas famosos, programação de cinema e até festas dançantes.

Descubra os museus que existem em sua região e vá conhecê-los. Pode ser aquele que acabou de inaugurar uma nova exposição que despertou seu interesse, e que você pode gostar tanto que até decida se associar a ele. Se quiser aumentar o prazer da visita, convide um amigo. Ele poderá desafiá-lo com uma interpretação diferente sobre uma obra de arte ou surpreender você com uma informação fascinante sobre um artista ou um objeto, que o catálogo da exibição não mencionou.

Se as cenouras deixassem você bêbado,
os coelhos estariam todos grogues.
– Mitch Hedburg

Use vitamina A

Muitas vitaminas abordadas antes, neste livro, ou que ainda serão abordadas, atuam para melhorar o cérebro e a saúde do corpo, quando ingeridas. É importante incluir a vitamina A na alimentação. Contudo, se você quiser parecer mais jovem, pode aplicá-la direto na própria pele. De acordo com relatório publicado em 2007, pela Escola de Medicina da Universidade de Michigan, participantes de um estudo que usaram uma loção contendo 0,4% de retinol (vitamina A), três vezes por semana, durante um período mínimo de 24 semanas, de modo visível, apresentaram menos rugas, pele mais suave e menos sinais de envelhecimento. Os cientistas relacionaram os resultados ao fato de que o retinol aumentou a produção de glicosaminoglicanos e procolágeno, substâncias que ajudam a pele a reter água e a produzir colágeno.

Ingerir vitamina A também é favorável, pois estimula o desenvolvimento saudável das células e tecidos, fortalece as membranas mucosas, protege a visão e estimula o crescimento ósseo. Fontes saudáveis de retinol incluem cenoura, brócolis, ovos, leite, batata doce, couve e abóbora.

Uma precaução com o retinol

Embora a ingestão de vitamina A por meio dos alimentos seja saudável, em caso de gravidez, o uso de produtos à base de retinol na pele pode causar problemas ao bebê. Contudo, em troca, você vai ostentar aquele brilho materno natural e ainda poderá recorrer à hidratação, o que vai ajudar a pele durante toda a gestação.

Ele me levou para casa e me deu um longo beijo.
Esse foi o meu segundo beijo e ele tocou meus peitos.
Depois, houve Ben. Com ele tive meu primeiro grande amasso.

– Charlize Theron

Faça de tudo, menos a penetração

Se você estiver sentindo que sua vida sexual caiu na rotina, volte ao bê-á-bá. Procure, por algum tempo, não ter relações com penetração. Se quiser, determine uma data, alguns dias ou uma semana à frente. Embora você possa se sentir de novo como adolescente, essa é uma ótima maneira de restabelecer o vínculo com o parceiro. Vocês dois podem, inclusive, ter prazer por meio da masturbação mútua ou do sexo oral, mas, dessa maneira, acabam tendo de reexplorar o corpo um do outro e reaprender a fazer o parceiro gemer de prazer. Faça de tudo: lamber, beijar e acariciar áreas às quais não dá atenção há muito tempo e, depois, observe como o parceiro reage. Se ele gostar, você pode acrescentar a nova carícia ao repertório!

O exercício pode ser muito útil para casais que namoram ou são casados há anos ou décadas, pois os desejos sexuais e as sensações mudam durante o período. Considerando que, muitas vezes, homens e mulheres aceleram preliminares, essa é uma ótima oportunidade para você e seu parceiro descobrirem o que funciona para os dois, atualmente. Além disso, após alguns dias de "amassos", a vida sexual estará recarregada de novo e você, pronto para transar como há muito tempo não fazia.

No momento em que prestamos atenção a uma coisa qualquer, até uma folha de grama, ela se torna um mundo misterioso, impressionante e indescritivelmente magnífico em si mesmo.

– Henry Miller

Pratique meditação da atenção plena

Com tudo o que você quer e precisa fazer durante o dia, não é preciso muito para entrar em um ciclo em que estará correndo de um lado para o outro, prestando mais atenção ao próximo compromisso da agenda do que em viver o presente. Depois, ao olhar para trás, talvez lamente ter deixado passar um momento prazeroso sem, de fato, aproveitá-lo. Sem uma máquina do tempo, você não pode retardar ou reverter o relógio, mas praticando a meditação da atenção plena, tem como chegar perto disso.

Quando você estiver correndo, durante o tempo de lazer, obrigue-se a desacelerar. Em termos físicos, comece a caminhar mais devagar, para ter mais tempo de observar o que se passa em volta. Olhe para o que está ao redor, ouça as conversas ou os sons da natureza, respire profundamente e sinta o aroma do lugar em que está. Em vez de comer depressa, apoie o garfo na mesa e admire sua comida. Pode parecer tolice, mas se você gastou tempo para chegar ao restaurante ou para preparar a refeição, então, é importante apreciá-la. Ao levar o alimento à boca, feche os olhos e saboreie a comida, de verdade. Quanto mais você praticar a meditação da atenção plena, mais vai apreciar seu entorno, menos seu tempo vai se dissipar e mais relaxado você vai se sentir em todos esses momentos.

Ao semear frugalidade colhemos liberdade,
uma colheita de ouro.

– Agesilau

Cancele os serviços que você não usa

Alguma vez já assinou um serviço que você não precisa ou que nunca usou? É claro que sim. Todos fazem esse tipo de coisa. Agora, é um bom momento para verificar os serviços que você possui e os que pode eliminar, para economizar dinheiro todos os meses. Se você odeia televisão, mas gosta de ver filmes, cancele o caro serviço de TV a cabo e assine um serviço barato de aluguel de DVD. Pense em substituir sua linha telefônica convencional por um telefone celular ou use o Skype®.

Você se exercita tanto ao ar livre que não se lembra como é sua academia? Então, cancele a matrícula. Não renove assinaturas das revistas que você não lê. Mantenha sua casa livre de coisas que você não usa mais. Se morar em um apartamento, verifique se é possível compartilhar serviços de internet e dividir a conta com um vizinho. Pegue o dinheiro economizado em cada serviço cancelado e o invista. Ao longo do tempo, você vai gostar tanto das férias que nem sentirá falta da TV a cabo.

Leve a vida de maneira gentil e amigável com todos que o cercam, e você vai se surpreender com a felicidade que terá.

– Charles M. Schwab

Seja o tipo de amigo que você deseja ter

Você já teve chance de ler sobre ser o tipo de parceiro que deseja atrair. Para trazer um bom parceiro para sua vida, é importante que trate os outros da forma como gostaria de ser tratado. Isso vale para os amigos. Quando estiver com eles, procure ouvir com atenção quando expressam suas alegrias e tristezas, seja digno da confiança, não faça fofocas e procure se divertir junto, assim, você vai atrair esse tipo de pessoa como novos amigos, além de fortalecer as amizades que já tem.

As gafes da amizade

Com um pouco de esforço, é fácil cultivar uma grande amizade. Contudo, você também deve estar atento com certos hábitos ou atitudes que podem sabotar até as melhores relações:

- Esquecer os amigos, quando estiver namorando outra vez.
- Procurar os amigos apenas quando precisar desabafar.
- Não mostrar interesse em seus problemas ou realizações.
- Nunca pagar uma conta.
- Contar os segredos mais profundos de seus amigos para outras pessoas.

Uma boa comunicação é tão estimulante quanto uma xícara de café e depois tira o sono da mesma maneira.

– Anne Morrow Lindbergh

Tome uma xícara de café ou chá antes de se exercitar

Quanto mais hidratado você estiver antes de uma atividade física, mais eficientes serão os exercícios. Contudo, se você já estiver com a devida hidratação, tome uma xícara de chá ou café antes de ir para a academia. Não apenas vai se sentir um pouco mais "ligado" e com mais energia de curto prazo, como se sentirá mais preparado para forçar um pouco mais seus limites. Após sete anos estudando as relações entre cafeína e atividade física, o doutor Robert Motl, da Universidade de Illinois, descobriu que tomar uma xícara de café ou chá reduz a sensação de dor que se tem ao se exercitar. Outros pesquisadores descobriram que a ingestão de um pouco de cafeína após os exercícios pode aliviar a dor, ajudando na absorção de carboidratos e, portanto, enviando mais glicogênio para os músculos esgotados.

Se você optar pela cafeína, não exagere. Limite-se a apenas uma xícara antes ou após o treino, dependendo do que está procurando. Não acrescente leite nem açúcar ao café ou chá e beba mais água durante os exercícios, para neutralizar o efeito diurético do café. O objetivo é ingerir cafeína, e não calorias.

Uma palestra é muito mais um tipo de diálogo do que muitos possam perceber.

– George Wald

Assista a uma palestra

Você pode pensar que a última coisa que quer fazer com seu tempo livre é assistir a uma palestra. Contudo, elas (em geral) não são tão árduas quanto você pode imaginar. Na verdade, muitas são mais interessantes do que o último episódio de um *reality show* que você assiste na televisão e têm idêntica duração. Se presenciar uma palestra é algo novo para você, o segredo é começar com um tema que lhe interesse. Gostaria de aprender mais sobre fotografia? Vá ouvir um fotógrafo famoso falar sobre sua vida e como criou sua obra. Está interessado no universo? Verifique a programação de palestras do planetário ou observatório mais próximo de você. Seu escritor favorito acaba de lançar um novo livro? Confira no site dele, ou no da editora, a agenda de palestras ou encontros com o autor, assim, você poderá ir quando ele estiver em sua cidade e, talvez, possa conhecê-lo. As possibilidades são infinitas, mas você é que precisa encontrar os eventos.

Depois que tiver assistido a algumas, escolha um tema que você gostaria de conhecer. Se continuar a aprender e a desafiar seu cérebro durante toda a vida, poderá ajudar a evitar sua degeneração no processo de envelhecimento.

O tempero deve fluir.

– Extraído de *Dune*

Experimente gengibre

Se você deseja realmente atiçar o fogo de seu metabolismo, então, inclua o gengibre no preparo da comida. Um estudo australiano descobriu que essa raiz picante pode, por um período determinado, elevar as taxas metabólicas em 20%. Além disso, o gengibre contém tanta quantidade de antioxidantes como uma xícara de espinafre, auxilia na digestão, reduz a inflamação e pode prevenir o câncer de ovário e colorretal. Tudo isso pode ajudar você a se manter mais ativo e a ter uma vida mais longa e feliz.

Se você sofre da doença de movimento, comer pequenos pedaços de gengibre, mastigar doces à base de gengibre ou tomar um comprimido da raiz pode aliviar a náusea, sem provocar a sonolência que alguns medicamentos contra enjôo causam.

Receitas com gengibre

Fresco, seco, cristalizado ou em conserva, o gengibre pode ser excelente para o organismo. Confira a seguir algumas opções de pratos preparados com o ingrediente:

- Biscoito ou bolinho de gengibre.
- Sopa de cenoura e gengibre.
- Asas de frango picantes.
- *Curries* (caril).
- Fritura de frango ao molho de gengibre.
- Frango com gergelim.
- Peixe ao vapor com gengibre.
- Brócolis salteados.
- Sorvete caseiro.

Flechas elétricas de carne atravessando o corpo. Um arco-íris de cores atinge as pálpebras. Uma música difusa cai sobre os ouvidos. É o gongo do orgasmo.

– Anaïs Nin

Tenha orgasmos e aumente sua autoestima

À parte das pesquisas científicas, é fácil acreditar que os orgasmos podem fazer uma pessoa se sentir muito bem com ela própria. Eles são intensamente prazerosos e é impressionante ver como o corpo é capaz de produzir essas sensações. Se ele é atingido durante a masturbação, a confiança é ainda maior.

Atingir um orgasmo pode, de fato, melhorar a autoestima, devido às substâncias químicas que libera. Durante o clímax, o sangue flui para o córtex pré-frontal do lado direito do cérebro. A região cerebral é responsável pelas decisões e pela expressão da personalidade, assim, quando estimulado pelo orgasmo, faz o corpo sentir uma profunda sensação de gratificação. Ele também pode reduzir os efeitos da depressão, com a liberação das endorfinas, os hormônios que melhoram o humor.

Para concluir, o pesquisador alemão, doutor Werner Habermehl, acredita que quanto mais sexo você fizer, mais inteligente vai se tornar, porque o ato sexual libera também adrenalina e cortisol.

Tudo é realmente tão urgente quanto o seu estresse sugere?

– Carrie Latet

Dê um basta ao lixo eletrônico e ao telemarketing

O lixo eletrônico é irritante. As ligações de telemarketing são piores. Em vez de ser sobrecarregado com tanto lixo, cada vez que abrir seu e-mail, e de ser perturbado durante o jantar, faça algo a respeito.

Melhore seus filtros *anti-spam,* programe o sistema de e-mail para bloquear remetentes indesejados e diminua a quantidade de correspondência eletrônica. Descadastre-se de empresas de mala direta que enviam correspondência inútil pelo correio físico. Isso não só vai reduzir o custo dessas empresas com as remessas, como vai ajudar o meio ambiente. Agora, a única coisa que restará para aborrecê-lo, ao receber a correpondência, são as contas... Caso você opte por recebê-las por meio eletrônico, até esse lixo de papel vai diminuir!

Nós poderíamos ter salvado a Terra,
mas fomos extremamente sórdidos.
– Kurt Vonnegut Jr.

Use lâmpadas fluorescentes e LEDS, para reduzir a conta de energia

Goste-se ou não, as lâmpadas incandescentes, que a maioria das pessoas conhece desde a infância, estão ficando obsoletas. Sua substituta, a lâmpada fluorescente compacta (CFL), chega a ser quinze vezes mais econômica, mas tem suas desvantagens. As primeiras versões da CFL emitiam uma luz fria, ao contrário da quente iluminação das lâmpadas incandescentes, com as quais se havia costume. Desde então, elas foram projetadas para oferecer uma luz mais quente, proporcionando a alegria da economia em conjunto com uma luz mais agradável para casa. Entretanto, as lâmpadas fluorescentes contêm uma pequena quantidade de mercúrio e, por isso, demandam o cumprimento de uma lei de descarte das que não servem mais, com seu encaminhamento para um ponto de coleta, como, por exemplo, lojas que vendem lâmpadas ou material de construção.

A mais recente opção para iluminação é o diodo emissor de luz (LED). Desenvolvidas em 1962, essas luzes de extremo brilho foram, no início, utilizadas em calculadoras portáteis, mas agora podem ser usadas em casa. Elas gastam muito pouca energia e são excelentes para iluminar pequenos espaços. Apesar disso, acabam gerando um calor considerável, o que limita seu tamanho e utilização, além de serem mais caras do que as lâmpadas fluorescentes e incandescentes. Você pode instalar uma lâmpada de LED em seu *closet,* na garagem ou em qualquer espaço pequeno e pouco usado em que precise de uma boa iluminação. Cada lâmpada de LED pode durar entre 25 mil e 100 mil horas, ou seja, sua próxima substituição deve se dar uma década depois.

Paus e pedras podem quebrar meus ossos,
mas as palavras me farão ir para um canto
e chorar sozinho por horas.

– Eric Idle

Ajude um amigo que se sinta rejeitado

Todos passam por isso. Guardada em suas lembranças, deve estar aquela ocasião na qual seu parceiro, amigo, chefe ou filho o criticou de uma maneira que tanto o magoou. Ainda que você receba uma crítica construtiva com tranquilidade, há momentos em que você somente não está preparado para ela, ou em que os comentários parecem menos construtivos e mais agressivos. Algumas pessoas não têm muito tato ao expressar as críticas e, por isso, suas palavras podem realmente ferir.

Quando isso acontecer com um amigo, esteja ao seu lado. Ajude-o a entender que a pessoa que fez o comentário doloroso, decerto não teve a intenção de magoá-lo e que, embora a fala possa ter parecido pessoal, talvez dissesse respeito a algo maior, como um prazo a ponto de se encerrar. Ou talvez a pessoa tivesse sido criticada mais cedo naquele dia e descontou a raiva em seu amigo. Apoiá-lo vai ajudar para que ele se sinta melhor, além de aproximar ainda mais vocês dois, tornando mais fácil para você recorrer a ele em um momento de necessidade.

O homem que está preparado tem metade da batalha ganha.

– Miguel de Cervantes

Planeje suas refeições com antecedência

Quando se planeja com antecedência, em geral, faz-se melhores escolhas. Isso vale quando se trata das finanças e também quando se trata da alimentação. Em vez de esperar até ficar com fome e, só então, pedir comida em casa ou ir a um restaurante ou *fast-food,* planeje suas refeições para a semana inteira. Para começar, visite o site da Clínica Mayo que oferece um guia intitulado "Pirâmide do peso saudável", que explica quantas calorias se deve comer e quantas porções de cada tipo de alimento (frutas, proteínas etc.) vão ajudar a alcançar o objetivo de emagrecimento. Em seguida, usando essas diretrizes, procure receitas em sites e livros de culinária, para ter uma lista de refeições e lanches saudáveis que você gostaria de ter para toda a semana e, a partir daí, monte sua lista de compras.

Com um plano para as refeições que inclua alimentos de que você gosta, será muito mais fácil dizer não a toda aquela comida pouco saudável, porque você estará satisfazendo suas necessidades e pensando em sua saúde. Além disso, se você programar uma manhã ou uma tarde para preparar o máximo que puder, com antecedência, para o resto da semana, vai economizar tempo para mais tarde, quando se sentir tentado a ligar para a pizzaria do bairro.

A vulgaridade é a tentativa de uma mente preguiçosa e fraca para se expressar com veemência.

– Autor desconhecido

Limite o uso de gírias

As línguas evoluem e transformam a maneira como se falam uns com os outros. Se você observar o léxico norte-americano, encontrará palavras que foram consideradas gírias no passado e, atualmente, dominam o vernáculo da língua inglesa. Caso fosse falar usando apenas a linguagem formal, como as palavras e expressões preferidas do tempo de Shakespeare, com certeza, você pareceria estranho, porque novas palavras foram inventadas para o lugar daquelas e a fala não é mais formal.

Algumas gírias vêm de subculturas que tiveram um profundo impacto na cultura norte-americana. Por exemplo, as palavras *hip* (moderno, atual), *cool* (legal, "da hora") e *baby* (garota, querido, benzinho) se originam na cultura do jazz. Novas palavras são criadas o tempo todo. Há vinte anos, ninguém diria a palavra e-mail, mas, agora, o termo está dicionarizado. É um tipo de gíria comum e aceitável.

Por outro lado, certas gírias fazem você parecer ignorante, deseducado, além de deixar seu cérebro preguiçoso, porque você não tem mais de se esforçar para descrever ou expressar algo. Esse tipo de gíria, grosseira, pode, às vezes, servir para dar ênfase às emoções, mas, na maioria das vezes, nada mais é do que um subterfúgio de linguagem. Além disso, aquelas que degradam outras pessoas são ofensivas e não deviam ser usadas em nenhuma circunstância. Quando estiver prestes a soltar uma dessas bombas de vulgaridade, pare e pense em como você poderia formular seu pensamento de maneira mais profunda.

Francine disse que você adora o chá de ginseng que ela faz.
É ótimo para a libido.

– Do filme *A assassina*

Experimente ginseng

Por milhares de anos, as raízes de diferentes variedades de ginseng têm sido usadas na medicina oriental para curar um grande número de doenças. Os fitoterapeutas e os mais recentes naturopatas acreditam que o ginseng americano tem um "efeito de resfriamento", podendo ser usado para febres, ao passo que os asiáticos possuem um "efeito de aquecimento", sendo úteis para melhorar a circulação.

Se você quiser provas científicas dos benefícios da planta, antes de incluir esse suplemento à sua dieta, estudos mostraram que o ginseng pode encurtar a duração do resfriado comum, melhorar os níveis de glicose no sangue, reduzir o colesterol LDL, auxiliar na disfunção erétil e diminuir a inflamação. Se você não está tomando anticoagulantes, não está grávida e não sofre de doenças hormonais, está apto a consumir até 200 miligramas de ginseng por dia. Verifique com seu médico se você tem diabetes, histórico de câncer de mama ou endométrio, ou se toma antidepressivos IMAO (inibidores da monoamina oxidase) antes de experimentar a raiz!

E o ginseng siberiano?

Também conhecido como eleutero, o ginseng siberiano, na verdade, não é ginseng, embora ofereça benefícios semelhantes à saúde e também esteja disponível na forma de suplemento na maioria das lojas de alimentos naturais. A raiz carnuda pode reduzir a inflamação, diminuir o colesterol, aliviar o estresse e, inclusive, agir como antidepressivo e ajudar com a memória.

A habilidade torna o amor sem fim.

– Ovídio

Apimente a relação com novas posições

O sexo é ótimo até se tornar uma repetição tediosa. Uma maneira rápida de chegar a essa situação é sempre fazer posições de rotina. A menos que você tenha uma razão de saúde para não experimentar uma nova posição, mude algumas coisas para injetar energia em sua vida sexual. Mais adiante, neste livro, serão abordadas algumas variações da clássica posição "papai e mamãe", a condição da mulher por cima, da penetração por trás, entre outras. Contudo, existem muito mais posições do que poderiam ser incluídas nesta obra. Se você está procurando novas ideias, uma boa sugestão é o livro *Position of the day playbook,* do site Nerve, [em tradução livre, Posição do dia: um manual].

Algumas das posições podem incluir ângulos aos quais você não está acostumado, portanto, se houver dor, pare. Não seja herói tentando seguir em frente, porque você só vai se machucar e isso levará a menos sexo. É evidente, se quiser aumentar a flexibilidade, você pode incluir sessões de alongamento, ioga ou pilates à vida. Que motivação melhor pode haver para você aprimorar a forma física do que o desejo de intensificar a *performance* sexual?

Senti raiva de meu amigo: disse o que sentia, minha raiva passou.
Senti raiva de meu inimigo: não disse o que sentia, minha raiva dobrou.

– William Blake

Expresse suas emoções para aliviar a carga

A forma emocional como você se sente pode influenciar a maneira como você se apresenta fisicamente. Se estiver passando por uma fase difícil, conversar com um amigo, um parente ou um terapeuta pode ajudar a se sentir menos só e a compreender melhor os sentimentos. Como mostrou um estudo recente, compartilhar sentimentos profundos e manter conversas cheias de significado, em vez de se envolver em conversa fiada, ajuda a se sentir mais feliz e unido com aqueles de quem se gosta.

No entanto, continuar a bater na única tecla, sem encontrar uma solução ou um novo caminho para seguir, pode fazer você se sentir sufocado. Porque quando você, com frequência, revive uma situação difícil, em vez de tentar resolver o problema, também reacende todas as emoções dolorosas associadas à situação. Por fim, chega um instante em que você precisa resolver o problema ou, se não conseguir, guardá-lo e seguir em frente. Com o tempo e a experiência, você pode vir a descobrir que, ao revisitar o problema mais tarde, é capaz de encontrar uma solução definitiva.

Uma maneira extrema e doentia de guardar as emoções é a repressão, que se dá quando você tenta enterrar os sentimentos negativos no fundo do inconsciente. Ocorre, porém, que eles ainda conseguem afetar o modo como você se sente e age em relação a si e aos outros. A terapia pode ser uma ferramenta muito útil para deixar as emoções virem à tona e para aprender a lidar com elas. Não é recomendável a tática de bloquear um momento difícil até conseguir "esquecê-lo" por completo, mas se você tem dificuldades para processá-lo, coloque-o de lado por um tempo e espere até estar psicologicamente mais preparado para lidar com o problema.

Sempre planeje com antecedência. Não estava chovendo quando Noé construiu a arca.

– Richard C. Cushing

Comece a economizar para a faculdade o mais cedo possível

Se você tem filhos e ainda não começou a economizar para a faculdade deles, faça-o já. Se não tem filhos no momento, pensa em ter, e não começou a poupar para a educação deles, no futuro, o conselho é idêntico. Embora possa soar estranho, isso é o que Ramit Sethi, editor da *The Scrooge Strategy* (A estratégia do pão-duro – um boletim que oferece dicas para economizar) e autor do livro *I Will Teach You to Be Rich* [sem título em português – versão livre da tradutora: Vou ensinar você a ser rico], ensina a fazer. É a atitude que ele adotou para si, apesar de não ter filhos... ainda. Isso porque quanto mais tempo for economizado, mais juros o dinheiro vai render e menos terá de ser pago a longo prazo. Aqui estão duas maneiras de começar a poupar para a educação de seu filho na universidade:

1. Abra uma conta de poupança automática, destinada a gastos com o ensino superior, para que determinado valor seja transferido de sua conta corrente para a poupança, todos os meses.
2. Faça um plano de previdência privada para crianças, cujo rendimento quase sempre é maior do que a poupança. Se você estiver preocupado com os impostos a pagar na modalidade, saiba que quanto mais tempo o dinheiro ficar investido, menor será o imposto devido.

Um dia é suficiente para nos fazer um pouco maiores.

– Paul Klee

Transforme-se para transformar o mundo

Seria maravilhoso poder estalar os dedos e fazer o mundo funcionar do jeito que você quisesse, mas isso não é possível, ainda. Por enquanto, a melhor coisa a fazer é "ser a mudança que você deseja ver no mundo" (Mahatma Gandhi). Se você deseja que mais pessoas sejam respeitosas, seja mais respeitoso. Se você deseja que mais pessoas sorriam, umas para as outras, sorria para mais pessoas. Tudo o que você sentir que falta no mundo, esforce-se para incorporar em si.

Esse tipo de atitude é um modo de vida e de bem-estar espiritual para os seguidores da religião hindu, que procuram colocar a filosofia em prática todos os dias em suas vidas, com *ahimsa* (não violência), *dharma* (deveres mundanos) e *sadhana* (respeito por todos os seres vivos). Adote essas mudanças positivas para si, sendo gentil e respeitoso com os outros: você vai começar a ver que a atitude pode ter um efeito dominó em sua comunidade.

Pratique o bom carma

Os hindus acreditam no poder do carma, a ideia de que as ações de cada um não apenas têm um efeito positivo ou negativo sobre o mundo ao redor, como também refletem de volta para o autor. Em outras palavras, se você fizer uma boa ação ou agir com gentileza com alguém, eles acreditam que você será recompensado por sua ação, de forma positiva. Por outro lado, se for cruel ou prejudicar as pessoas, você será punido pela ação. Não é difícil perceber, até para os não hindus, que agindo com amor com as pessoas de sua comunidade isso trará melhora para sua vida, a longo prazo.

É melhor cortar a pizza em quatro pedaços porque eu não estou com fome suficiente para comer seis.

– Yogi Berra

Aprenda a fazer uma avaliação visual do tamanho das porções

Informação é poder. Por exemplo, você pode saber que 30 gramas de queijo contêm 100 calorias, mas o que esses gramas representam? Uma vez que não se espera que você leve uma balança digital a um restaurante ou à casa de um amigo, é importante conhecer tanto o valor calórico dos alimentos quanto o tamanho das porções, se a intenção for a de emagrecer.

Aqui estão algumas dicas para se avaliar visualmente o tamanho das porções de uma série de alimentos:

- Uma porção de 85 gramas de proteína cozida deve ser do tamanho de um baralho de cartas.
- Uma batata média tem o tamanho aproximado de um *mouse* de computador.
- Uma xícara de arroz ou de macarrão se aproxima da dimensão de uma mão fechada ou de uma bola de tênis.
- Uma xícara de fruta, uma maçã ou uma laranja média são do tamanho de uma bola de beisebol.
- Meia xícara de legumes picados deve ter a dimensão de três cubos de gelo.
- Uma porção de 30 gramas de queijo equivale ao tamanho de quatro dados.
- Duas colheres de sopa de manteiga de amendoim têm quase o tamanho de uma bola de golfe.
- A ponta de um polegar equivale a uma colher de chá; três pontas de polegar, a uma colher de sopa; e um polegar inteiro, a 30 gramas.

Aqueles que não sabem nada de línguas estrangeiras não sabem nada de sua própria.

– Johann Wolfgang von Goethe

Aprenda outro idioma

Quando você aprende uma nova língua, desafia o seu cérebro, de verdade. Um idioma estrangeiro requer a assimilação de novas informações, habilidades de memorização e o aprendizado de diversas regras gramaticais. De acordo com um estudo da University College de Londres, publicado em 2004, aprender uma nova língua não apenas permite que você converse e se relacione com mais pessoas, como também ajuda a formar "massa cinzenta" no cérebro. Quanto mais cedo você puder aprender uma segunda (ou terceira, ou mais) língua, mais matéria cinzenta vai ganhar. Contudo, não importa sua idade, quando você aprende um novo idioma, ainda será capaz de aumentar as conexões entre seus neurônios.

No processo de aprendizagem, talvez você se sinta frustrado de vez em quando. Ao perceber essa sensação chegando, faça uma pausa e deixe o inconsciente processar o conhecimento já adquirido. Quando voltar aos estudos, alguns dias depois, você talvez descubra ser capaz de compreender o que o intrigava antes.

Para aprender uma nova língua, matricule-se em um curso de extensão de uma faculdade local. Dessa maneira, você vai conhecer outras pessoas, praticar e fazer perguntas, o que lhe trará estrutura para continuar praticando. Assim que puder falar a língua de forma razoável, não deixe de se recompensar com uma viagem ao país de origem do idioma e de pôr em prática suas novas habilidades!

Um conto sem amor é como carne sem mostarda, um prato insípido.

– Anatole France

Passe a mostarda

Eis aí uma planta incrível. Uma xícara de suas folhas apimentadas contém cinco vezes a quantidade de vitamina K que você precisa, quase 100% de sua vitamina A e mais da metade de sua vitamina C, sem mencionar que também é rica em ácido fólico e vitamina E. Além disso, uma porção desse potente antioxidante tem apenas 21 calorias. Por causa das vitaminas e outros nutrientes, as folhas da mostarda podem proteger contra doenças do coração e artrite reumatoide, manter a saúde dos ossos, retardar a degeneração cognitiva e ajudar a aliviar os sintomas da asma. Use as folhas em saladas ou as refogue para ter um acompanhamento saudável para sua refeição.

A mostarda comum, que você conhece, é o condimento feito a partir das sementes da planta. Elas são ricas em selênio e magnésio e podem ajudar a reduzir a inflamação e proteger o organismo do câncer gastrointestinal. Além disso, melhoram o metabolismo. Estudo realizado pelo Instituto Politécnico de Oxford descobriu que comer uma colher de chá de mostarda melhora o metabolismo em 20% a 25%, por várias horas. Faça a experiência antes de ir para a academia!

Se você é do tipo que gosta de culinária, pode preparar sua própria mostarda. Primeiro, compre sementes de mostarda integrais e triture-as, utilizando um pilão ou moedor de café. Então, acrescente vinagre, se pretender armazená-la, ou água, se imaginar consumi-la em poucas horas, até atingir a consistência desejada. Por fim, cubra e deixe descansar. Quanto mais tempo deixar descansar, mais picante ficará.

Experimentei diversas variedades de sexo. A posição convencional me dá claustrofobia e as outras me provocam torcicolo ou travam minhas mandíbulas.

– Tallulah Bankhead

Experimente variações da posição "papai e mamãe"

Embora deva ser a posição sexual mais comum, é muito provável que não seja a mais excitante. Aqui estão algumas ideias para apimentá-la:

Técnica de alinhamento coital – O homem deve fazer a penetração de um ângulo mais elevado para que o seu púbis friccione o clitóris da parceira. O movimento de fricção aumenta a estimulação na região clitoriana (rica em terminações nervosas), o que pode ajudar o casal a alcançar o orgasmo.

Abertura plena – Deitada de costas, a mulher eleva as pernas para trás e por cima dos ombros do homem. Essa posição vai permitir uma penetração profunda e, dependendo do ângulo dos quadris da mulher, também a estimulação do ponto G. Se a mulher fizer os exercícios de Kegel, ainda nessa posição, pode levar a uma sensação mais intensa para ambos os parceiros.

Rachadura do bambu – Ajoelhado ou sentado sobre os pés, o homem se inclina um pouco para a frente sobre a mulher, que tem os quadris apoiados em um travesseiro. Ela deve manter uma das pernas flexionada, com o pé sobre a cama e colocar a outra sobre o ombro do parceiro. Durante a relação, a mulher deve alternar várias vezes a perna que ficará elevada, provocando a estimulação do ponto G, enquanto o homem move o pênis dentro dela.

A Esposa de Indra – A posição permite a penetração máxima e a estimulação do ponto G. Para praticá-la, a mulher deve se deitar de costas, dobrar os joelhos e trazê-los contra o peito, enquanto o homem se ajoelha à sua frente.

Dormir cedo e acordar cedo tornam um homem saudável, rico e sábio.

– Benjamin Franklin

Durma para se livrar do estresse

Uma das coisas mais importantes e prioritárias a se fazer para ter um corpo à prova de estresse é dormir bem, com regularidade. Se você não dormir o suficiente, pode sentir o seguinte:

- Aumento da irritabilidade.
- Depressão.
- Ansiedade.
- Diminuição da capacidade de se concentrar e entender informações.
- Aumento da probabilidade de cometer erros e causar acidentes.
- Aumento da inabilidade e tempo de reação mais lento (um perigo atrás do volante).
- Supressão do sistema de imunidade.
- Ganho de peso indesejável.

Qualquer um desses efeitos provocados pela falta de sono pode comprometer a vida diária. Infelizmente, a dificuldade de dormir pode ser um subproduto do *jet lag,* após uma viagem de negócios ou o horário noturno de trabalho. Muitas vezes, os distúrbios do sono, que incluem desde ronco e apneia até insônia e síndrome das pernas inquietas, também comprometem o descanso, até quando se vai para a cama na hora certa.

Procure identificar o que o faz ficar acordado, como seus próprios hábitos, o trabalho ou um problema de saúde, encontrando uma maneira de lidar com os problemas. Mude sua rotina, reserve tempo para consultar seu médico, pratique meditação. Com uma boa noite de sono, você vai estar mais preparado para lidar com os desafios da vida e menos ansioso para encará-los de frente!

O segredo de tudo é a paciência. Você obtém a galinha chocando o ovo, e não o quebrando.

– Arnold Glasgow

Não seja o primeiro a comprar

Sem dúvida, você deve ter algum amigo que se orgulha de dizer que é um dos primeiros a ter um produto recém lançado no mercado. Deixe-o se divertir com o novo brinquedinho *e* descobrir os problemas e defeitos sozinho. Agora, se você estiver interessado em um aparelho eletrônico, espere até que a segunda ou a terceira geração seja lançada, o que, em geral, é mais seguro e, com certeza, mais barato. Além do quê, você não terá de esperar por muito tempo. Com a velocidade da tecnologia, atual, uma nova versão revisitada de um produto leva apenas poucos meses para ser lançada. Se você puder aguentar até que os fabricantes criem uma versão mais estável de um novo aparelho, então, também poderá economizar dinheiro, sem perder nada.

Você começa a salvar o mundo salvando uma pessoa de cada vez.

– Charles Bukowski

Seja gentil com os desabrigados

Qual foi a última vez que você entrou em contato com uma pessoa desabrigada? Como você reagiu? Você falou com ela, ignorou-a ou teve aversão? As pessoas sem moradia podem fazer você se sentir constrangido ou culpado em relação à posição que ocupa na sociedade, por ter uma situação financeira melhor. Entretanto, coloque-se no lugar delas por um momento e será capaz de ver que, se a maioria das pessoas fingisse não vê-lo quando você tentasse abordá-las, essa atitude teria um impacto profundo e negativo em sua autoestima. Assim, ainda que não queira dar dinheiro aos sem-teto, você pode, ao menos, dar-lhes uma palavra amiga ou um sorriso, ou até conversar com eles. Use seus instintos, como faria com qualquer outra pessoa, mas não se aproxime de alguém que possa ser perigoso. Em grande parte dos casos, porém, você não precisa ter medo de ouvir a história de vida dessas pessoas. Como vieram parar nesse lugar? Desejam se reencontrar com a família? Estão instaladas em algum abrigo? Têm um plano para voltar a andar com os próprios pés? Se você ficar sensibilizado, talvez possa reunir recursos em sua comunidade para ajudá-las a recomeçar suas vidas. Esse tipo de conversa e atitude pode ajudar a aumentar o ânimo delas e estimulá-las a seguir na direção certa.

Em vez de dar dinheiro, pense em levar comida. Se você mantém uma barra de cereais, um petisco saudável ou um par de meias a mais em sua bolsa, ou no carro, ofereça-os a quem vier pedir alguma coisa. Quando sair para jantar, leve as sobras para um desabrigado que encontrar no caminho de volta para casa.

Os animais são meus amigos e
eu não como meus amigos.

– George Bernard Shaw

Coma refeições vegetarianas

Para algumas pessoas, o vegetarianismo é um estilo de vida. Contudo, se você quer perder peso, comer refeições desse tipo o maior número de vezes possível vai ajudá-lo a atingir o objetivo.

Estudos têm mostrado que os vegetarianos possuem índices menores de obesidade, pressão alta, câncer de cólon e diabetes. Além disso, dietas vegetarianas saudáveis têm níveis mais baixos de gordura saturada e colesterol, pois os produtos de origem animal são a principal fonte dessas substâncias. Contudo, não se engane achando que só por cortar a carne vai começar, de maneira automática, a perder peso. Você ainda tem de comer de maneira saudável, porque uma alimentação vegetariana não exclui biscoitos, doces, refrigerantes e outros alimentos, pouco saudáveis. Entretanto, se você preferir encher o prato com tofu, feijão, grãos integrais, frutas e verduras, o provável é que consiga reduzir os níveis de colesterol e ainda emagrecer.

Alternativas vegetarianas

Ser vegetariano não significa comer como um coelho. Há restaurantes vegetarianos e veganos que oferecem pratos saborosos e você também pode preparar refeições em casa. Use tofu em seus refogados. Faça sanduíches, substituindo a carne por frutas e legumes e proteínas de trigo, como o glúten.

Ele permite que amemos as palavras, que as analisemos e descubramos de onde elas vieram.

– Theodor Geisel, mais conhecido como doutor Seuss

Estude latim

Essa, que era a língua dos antigos romanos, serviu de base para as românicas: francês, italiano, português e espanhol. Durante séculos, o latim foi um meio para que cientistas de diferentes idiomas pudessem se comunicar. Embora não seja mais usado, hoje em dia, conhecê-lo pode trazer uma vantagem para o aprendizado de qualquer língua românica, além de ajudar o entendimento e o uso da gramática inglesa correta e o conhecimento da etimologia de muitas palavras, tanto das línguas românicas quanto do inglês, o que amplia o vocabulário. Se você for estudar medicina, odontologia ou enfermagem, o conhecimento de latim vai facilitar que aprenda todos os nomes das partes do corpo e uma miríade de outros termos científicos e médicos.

Frases famosas em latim

- *Carpe diem* (Horácio) – Aproveite o dia.
- *Omnia vincit amor* (Virgílio) – O amor tudo vence.
- *Deus ex machina* (Horácio) – Deus por meio de uma máquina.*
- *Cogito ergo sum* (René Descartes) – Penso, logo existo.
- *Sic itur ad astra* (Virgílio) – Assim se vai aos astros.
- *Si vis amari ama* (Sêneca) – Se queres ser amado, ama.

* No antigo teatro greco-romano, recurso usado para fazer surgir um deus no palco, por meio de mecanismos, a fim de dar uma solução a um enredo complicado. Emprega-se a expressão para designar um desfecho forçado nos espetáculos. (N. T.)

Mais vale magro no mato,
*que gordo na boca do gato.**

– Esopo

Apaixone-se pelo feijão

Na dieta vegetariana, as pessoas consomem o feijão em busca de proteína, mas o grão é excelente tanto para vegetarianos quanto para não vegetarianos. Com o seu poder de combate contra os radicais livres, ele vai ajudar você a se manter jovem. Todavia, isso não é tudo. O feijão é rico em fibras – uma xícara do grão contém cerca de 15 gramas de fibras – por isso, ajuda a digestão. Além disso, alguns tipos, como o feijão preto, podem ajudar a diminuir o colesterol e a equilibrar o açúcar no sangue, assim reduzindo o risco de doenças do coração e diabetes. Estudos mostraram que comer feijão regularmente reduz a taxa de obesidade em 22%, provavelmente porque o grão ajuda a saciá-lo com os seus 15 gramas de proteína!

Inclua três xícaras de feijão por semana em sua dieta, mas tome cuidado com o que compra. Se você optar pelo feijão enlatado, prefira os com baixo teor de sódio e lave os grãos em água fria antes de usá-los para retirar mais sal. Prefira, também, o feijão vegetariano, preparado sem gordura de origem animal e sem carne, pois isso acrescenta gordura saturada em sua dieta.

---

* Moral da história para a fábula "O rato da cidade e o rato do campo", traduzida do grego por Manuel Mendes. Variação: Mais vale o pouco certo, do que o muito duvidoso. Corresponde, em inglês, a *Better beans and bacon in peace than cakes and ale in fear*, que em tradução literal é: Melhor feijão e toucinho em paz do que bolos e cerveja com medo. (N. T.)

Fazer amor? É um ato de comunhão com uma mulher. A cama é a mesa sagrada. É onde encontro paixão – e purificação.

– Omar Sharif

Explore as variações da posição com a mulher por cima

Outra posição clássica é a da mulher por cima, o inverso da papai e mamãe. Embora seja divertida, se você quiser apimentar a vida sexual, aqui estão mais algumas variações:

Borboleta – A mulher apoia os pés na cama e insere o pênis do seu parceiro na vagina subindo e descendo o corpo no ritmo que desejar. O homem pode ajudá-la a se firmar e entrar no ritmo. Para realizar a posição, é necessário que a mulher tenha quadríceps fortes (músculos da coxa – mais uma razão para fazer exercícios de agachamento com carga). Ela também pode variar, colocando os joelhos na cama e apoiando-se com uma das mãos.

Pés alternados – A mulher flexiona um dos joelhos e apoia o pé na cama, enquanto o outro joelho repousa sobre a cama. Se a mulher quiser um controle maior, ela pode deslizar a mão por baixo da pelve do homem e controlar os movimentos dele.

Montaria invertida – A mulher se senta sobre o homem com os joelhos ou os pés apoiados na cama, porém, de costas para ele. Para mudar o ângulo da penetração, tudo o que ela precisa fazer é se inclinar para frente ou para trás.

Posição de iguais – Situação que traz um pequeno truque. A mulher se senta sobre o homem, mas, em vez de ter os joelhos ou os pés dobrados, ela os estica à frente. Embora a penetração não seja tão profunda, leva a sensações interessantes.

Dormir é a melhor meditação.

– Dalai Lama

Durma oito horas toda noite

Quando se está completamente descansado, está-se mais preparado para lidar com o que a vida traz. Pense nisso. Após algumas noites de sono medíocre, você se sente menos produtivo, frustra-se com facilidade e seu equilíbrio emocional parece estar por um fio? Dormir não apenas ajuda o corpo na recuperação física do dia, como também melhora a memória, reduz os níveis de estresse e diminui o risco de doenças cardiovasculares. Além disso, uma boa noite de sono pode até ajudar a emagrecer. Procure dormir entre sete e nove horas por noite, o que significa ir para a cama mais cedo do que costuma, talvez.

Se você sente dificuldades para pegar no sono, à noite, mudar a dieta noturna pode ser uma boa ideia. Alimentos que contêm triptofano, como peru, leite quente, mel e banana, ajudam a induzir o sono, enquanto o álcool, alimentos gordurosos ou picantes, grandes quantidades de proteína e, claro, a cafeína vão mantê-lo acordado ou impedi-lo de dormir tão bem quanto poderia.

Nada está tão irremediavelmente perdido
quanto uma oportunidade cotidiana.

– Marie von Ebner-Eschenbach

Peça desconto à vista

Quando for fazer compras e a loja oferecer uma opção de parcelamento, pergunte se há desconto para o pagamento à vista. Ainda que a loja não ofereça essa opção com clareza, questione a possibilidade.

A existência de parcelamento, em geral, embute juros no valor do produto. Nada mais justo, portanto, que ser beneficiado por entregar todo o dinheiro da compra no ato.

Faça pesquisas de preços pela internet, informe-se das condições e encontre a maneira mais barata de adquirir o produto que você deseja. Muitas vezes, as lojas se oferecem para cobrir as condições que os concorrentes propuseram, para fechar uma venda. Compre com inteligência e economize sempre.

A vida é muito curta para ser pequena.

– Benjamin Disraeli

Seja um motorista atencioso

O trânsito é estressante para todo mundo. Torne-o menos desgastante para si e para os outros, dirigindo com atenção e cuidado, e não deixe que a frustração atravesse seu caminho. Quando um motorista estiver andando muito devagar, contorne-o com segurança e não olhe feio para ele, ao passar. Se alguém lhe der uma fechada, diminua a velocidade ou mude para outra pista. Se buzinarem para você, veja se deveria corrigir algo e, se não for o caso, ignore o motorista barulhento. Procure maneiras de manter uma conduta em que seja parte da solução e não do problema. Nem todos são motoristas exímios ou educados, mas você pode reduzir seu próprio estresse e evitar que aborrecimentos estraguem sua alegria, se não se deixar abater emocionalmente pelos problemas causados pelo trânsito ruim.

Outra maneira de reduzir o estresse, ao trafegar pela cidade, é reservar um tempo maior do que o necessário para chegar ao destino. Saindo mais cedo, você pode relaxar no carro, ouvindo uma música suave. Se acabar ficando preso no trânsito e sem rotas alternativas, dispute um jogo consigo ou com os passageiros do carro. O trânsito é frustrante, mas para todos os motoristas presos nele, portanto, lembre-se de que não é um problema pessoal, de que vai acabar e que, enquanto isso, é melhor encontrar uma forma de aproveitar o momento em que estiver só ou com os companheiros de viagem.

Toda a felicidade depende de um café da manhã tranquilo.

– John Gunther

Tome o café da manhã

Esqueça os sanduíches gordurosos de queijo, presunto e ovos! E não deixe de tomar um café da manhã completo. Comer cerca de uma hora após acordar estimula o metabolismo. Estudos mostram que a ingestão de um desjejum rico em fibras e com baixo teor de gordura pode ajudar você a comer com moderação e consumir menos gordura durante todo o dia. O café da manhã também favorece o cérebro, ajudando-o a ser mais produtivo. Entretanto, você precisa fazer uma opção saudável. Café e um biscoito não contam, mas sim uma combinação de proteína, carboidrato e gordura. Se a ideia de comer dentro de uma hora após levantar revira seu estômago, escolha algo leve, como uma fruta ou uma torrada integral e, cerca de uma hora depois disso, faça a refeição matinal adequada. Assim, você abastece seu corpo com energia logo cedo e substitui o lanche do fim da manhã por um desjejum mais substancioso.

Aqui estão algumas ideias para um café da manhã saudável:

- Um ovo servido com uma fatia de torrada integral e legumes ou frutas.
- Um *waffle* de trigo integral coberto com manteiga de amendoim e frutas.
- Aveia acompanhada de frutas.
- Iogurte misturado com granola de baixo teor de gordura e frutas.
- Pão integral coberto com ricota e figos ou tomates.

É o exercício solitário que eleva o espírito e mantém a mente vigorosa.

– Marco Túlio Cícero

Aprenda cinco novas palavras todos os dias

Assim como o atleta dedica um tempo para se aquecer e flexionar os músculos, antes de iniciar uma atividade extenuante, exercitar as células do cérebro todos os dias mantém a sua mente afiada.

Pegue o dicionário e escolha cinco palavras que você não conheça. Grave suas definições na memória e escreva cinco sentenças, usando-as de maneiras diferentes. No dia seguinte, veja se é capaz de recitar aquelas definições de memória. Em seguida, aprenda mais cinco. Se você não tem o hábito de memorizar poesia, letras de música, fatos estranhos ou nomes desconhecidos, adquirir um novo vocabulário pode ser um desafio. No entanto, "a prática leva à perfeição" e, com perseverança, em breve você vai descobrir que a tarefa de guardar palavras na memória vai se tornando cada vez mais fácil e gratificante.

Cinco palavras para você começar

1. *atucanar* – 1. (v.) apoquentar, provocar; 2. (s. f.) apoquentação, aporrinhamento, troça.
2. *contrabalançar* – (v.) compensar, equilibrar.
3. *limbo* – 1. (s. m.) borda, rebordo; 2. (s. m.) porção laminar dos órgãos foliáceos, como folhas, pétalas, sépalas etc.
4. *peculato* – (s. m.) apropriação indébita ou desvio de bens e dinheiro praticados por funcionário público.
5. *escabrosidade* – 1. (s. f.) aspereza; 2. (s. f.) falta de decoro.

Não é o cavalo que puxa a carroça, mas sim a aveia.

– Provérbio

Coma aveia

Ela é um excelente alimento para o café da manhã ou para um lanche saudável. As fibras solúveis e insolúveis existentes permitem que seja digerida, com vagar, pelo organismo e, dessa forma, melhore o metabolismo, sem elevar os níveis de açúcar no sangue. As fibras solúveis da aveia também ajudam a reduzir o colesterol LDL, sem afetar de modo negativo o nível de HDL, porque produzem uma substância viscosa que retém os ácidos biliares sintetizados a partir do colesterol, eliminando-os em conjunto com outros dejetos. Para um aproveitamento máximo, recomenda-se o consumo de três gramas de fibras solúveis por dia, que podem ser encontradas em dois terços de xícara de farelo de aveia ou em uma xícara de aveia em flocos.

ALIMENTOS RICOS EM FIBRAS SOLÚVEIS	
Ameixa	1,3 gramas
Grapefruit (toranja)	1,8 gramas
Meia xícara de ervilhas cozidas	2,0 gramas
Meia xícara de feijão rajado	2,2 gramas
Uma batata	2,2 gramas

Todas as criaturas da natureza se unem para expressar o propósito da natureza. Em algum lugar da monta e do acasalamento, do cio e da união está o grande segredo da própria natureza.

– Graham Swift

Experimente posições por trás

O sexo por trás se refere à penetração vaginal e não à anal. Embora você possa usar qualquer uma dessas durante o sexo anal, as posições por trás são aquelas em que o homem está por trás da mulher, e não em sua frente, durante uma relação sexual vaginal. Embora nelas o clitóris não seja estimulado, o homem ou a mulher podem fazê-lo nas preliminares ou com as mãos, se a posição permitir. Além disso, elas são bastante interessantes para atiçar o ponto G.

De quatro – Esta é a mais conhecida de todas as posições por trás. A mulher (e, às vezes, também o homem) fica de quatro na cama, enquanto o parceiro se ajoelha para penetrá-la por trás. Para manter os movimentos em sincronia, o homem segura a parceira pela cintura.

Cão preguiçoso – Nessa variação da posição de quatro, a mulher apoia o peito e os braços na cama, mas empina o glúteo. O homem penetra por trás ajoelhado ou se inclina sobre as pernas de sua parceira, de maneira que fique sobre as nádegas dela. A posição garante uma pressão intensa e prazerosa para o homem.

Elefante – A mulher se deita de bruços, com as coxas esticadas e afastadas, enquanto o homem faz o mesmo sobre ela ou se ajoelha entre as pernas da parceira. Nessa posição, ele introduz o pênis de forma profunda, enquanto o clitóris pode ser estimulado pela superfície da cama.

Por trás invertida – É uma posição na qual é um pouco complicado se manter o ritmo. O homem se deita de costas na cama e a mulher repete isso, sobre o parceiro. A posição permite que o homem acaricie a mulher enquanto ambos se movem juntos.

Não deixe que sua mente obrigue seu corpo a carregar o fardo de suas preocupações.

– Astrid Alauda

Procure relaxar antes de dormir

Liberar o estresse antes de deslizar entre os lençóis ajuda a reduzir a insônia. Respire profundamente. Tome um banho quente. Ouça música relaxante. Escreva em seu diário. Converse sobre o dia com um amigo ou o parceiro. Faça uma caminhada. Desfrute de um copo de leite morno. Medite. Se você for para a cama se sentindo estressado, ficará propenso a revirar na cama, não sendo capaz de dormir.

Alongamento para dormir

Toda noite, tome alguns minutos para fazer estes alongamentos de ioga que poderão ajudá-lo a dormir.

- Uttanasana *(posição da cegonha)* – Com o corpo ereto e os pés afastados e alinhados aos quadris, curve-se lentamente para a frente e desça até seu limite. Relaxe a cabeça, os braços, sinta o alongamento na região lombar.
- *Dying Bug* – Deitado de costas, dobre os joelhos sobre o peito e agarre as laterais dos pés flexionados. Com vagar, leve os joelhos para os lados do corpo.
- Setu Bandha Sarvangasana *(postura da ponte)* – Deite-se de costas, com os pés apoiados no chão. Eleve os quadris até o corpo fazer uma linha reta. Entrelace os dedos abaixo da pélvis.
- *Inclinação lateral sentada* – Sente-se com as pernas cruzadas, estenda os braços para cima em direção ao teto e incline-se para o lado, mantendo o glúteo no chão e os ombros relaxados.
- Rája kapodásana *(postura do pombo)* – Sente-se ereto, estique uma das pernas para trás e dobre a outra de maneira que o pé toque o interior da coxa. Incline-se para a frente.

Veja: <http://www.FitnessMagazine.com/workout/express/10-minute/stretches-to-help-you-sleep> para mais alternativas sobre o tema.

A sorte favorece a mente preparada.

– Louis Pasteur

Economize para aquelas contas ocasionais

Quando você pensa em pagar as contas, lembra-se daquelas que não vêm *todo* mês? Por exemplo, certos impostos são cobrados uma ou duas vezes por ano, em geral, assim como as apólices de seguros. Se seu orçamento estiver apertado ou houver uma necessidade imprevista, essas contas ocasionais podem ser devastadoras. Pagar grandes contas como essas pode lhe obrigar a fazer despesas regulares, como as do supermercado, com o cartão de crédito, o que vai lhe sobrecarregar com os encargos financeiros.

O método mais eficaz para lidar com as contas que chegam de maneira irregular é, de forma automática, reservar uma fração do custo dessas contas todos os meses. Informe-se em seu banco se você pode programar depósitos automáticos em uma conta de poupança. Para uma conta anual, reserve 1/12 do valor da dívida em uma poupança mensal; para uma opção semestral, deixe um sexto do valor etc. Se seu banco fizer isso de maneira automática, você mal vai notar a falta do dinheiro, mas, quando a conta chegar, descobrirá que tem o valor depositado na poupança, preservando-o da dor de juntar o dinheiro para pagá-la. E o melhor: ganhará alguns trocados, um bônus por ter administrado seus compromissos de maneira inteligente.

Em cada comunidade há trabalho para fazer.
Em cada nação, há feridas para curar.
Em cada coração, há poder para realizá-los.

– Marianne Williamson

Adote a reciclagem

De acordo com a Agência de Proteção Ambiental dos Estados Unidos (EPA), em 2008, os norte-americanos geraram 250 milhões de toneladas de lixo, mas apenas 83 delas foram encaminhadas para a reciclagem ou compostagem. Isso significa que, em média, cada pessoa naquele país gerou dois quilos de lixo, reciclando ou compostando apenas quinhentos gramas.

Se você quer começar a reciclar ou deseja incentivar outras pessoas a adotar a prática, o segredo é torná-la fácil. No trabalho, peça uma reunião com o gerente para discutir a possibilidade de implantar um programa de reciclagem. Há organizações não governamentais e empresas que mantêm programas de incentivo à reciclagem de vários tipos de materiais, o que pode ser um bom começo. Com a concordância da gerência, procure encontrar lugares adequados no escritório para facilitar a coleta de materiais. Coloque avisos para divulgar o lançamento do programa e a importância da participação dos funcionários, especificando os materiais que podem ser reciclados.

Em casa, reúna-se com todos para organizar um programa de reciclagem. Se tiver filhos, explique porque a reciclagem é importante. De vez em quando, verifique o lixo para ver se certos materiais que podem ser reciclados estão sendo jogados ali e, em caso negativo, informe à família que isso deve ser feito. Além da reciclagem, procure incentivar o hábito da reutilização. Seja criativo e você formará seguidores!

E compre sacolas reutilizáveis, evitando as de papel ou plástico.

Nem sempre faço uma grande refeição depois do trabalho, apenas algumas batatas fritas e vinho!

– Saffron Burrows

Não pule refeições

Cortar calorias fazendo isso pode ser tentador, mas, se você quer perder peso, é um erro. Deixar de fazer refeições não apenas suga a energia e, com ela, a produtividade, como também torna você mais predisposto a consumir alimentos nada saudáveis ou a comer demais na refeição seguinte. Além disso, o hábito diminui o metabolismo. Embora você não *tenha* de comer várias pequenas refeições ao longo do dia, como sugerido na Semana 40, pode ajudar a manter sua função metabólica, consumindo, pelo menos, três refeições e um ou dois lanches por dia. Apenas garanta que a maioria das refeições seja saudável, plena de proteínas magras, carboidratos complexos e gorduras salutares, que vão saciá-lo durante todo o dia.

Organize-se com antecedência

Quando você faz escolhas alimentares inteligentes com antecedência, evita o ganho de peso ou a desaceleração do metabolismo. Organize uma tabela alimentar e afixe no refrigerador, contendo todas as refeições da semana. Peça ajuda para o parceiro, os filhos ou o colega de quarto. A tabela vai garantir lanches e refeições saudáveis, assim, se você sentir fome no meio do dia, não se sentirá culpado por comer um petisco planejado com antecedência. Para ter as refeições prontas de forma mais rápida, após ir às compras, faça todo o trabalho de preparação que puder (cortar, temperar etc.) para a semana inteira.

Quem olha para o meu capacete, todo amassado, acha incrível que eu não tenha sofrido algum corte ou ferimento na cabeça.

– Daniel Macpherson

Use um capacete

Fazê-lo é uma das coisas mais inteligentes que você pode adotar, caso vá realizar qualquer atividade que possa resultar em um ferimento na cabeça. Os jogadores da Liga Nacional de Futebol (NFL), da Liga Nacional de Hóquei (NHL) e as patinadoras da liga *Derby Dolls,* todos norte-amercianos, além dos ciclistas da Volta da França *(Tour de France)* usam capacetes, por uma só razão: proteger seus cérebros. Um capacete, além de amenizar o choque, reduz muito o risco de você sofrer uma concussão se sua cabeça for atingida.

Concussões são graves. No passado, foram considerados ferimentos sem importância, mas já se sabe que até pequenas lesões na cabeça podem levar a sérios problemas no futuro. Sua gravidade pode ser medida pela maneira como se reage depois de sofrer o impacto. Um trauma de grau 1, ou leve, causa desorientação, dificuldade de manter a atenção e confusão mental, mas os sintomas desaparecem em quinze minutos. No caso de uma concussão de grau 2, os sintomas são os idênticos, mas persistem por mais de quinze minutos. Em um trauma de grau 3, há a perda da consciência. Os dois útlimos graus podem resultar em uma lesão cerebral permanente. Concussões de grau 1, sofridas repetidas vezes, também podem causar danos cerebrais permanentes ou predispor o desenvolvimento de demência ou doença de Alzheimer, a longo prazo.

Se você acha que os capacetes não são "legais", está na hora de rever sua posição e checar o que o mercado oferece. Atualmente, há uma grande variedade de estilos e cores, sendo alguns modelos parecidos com chapéus, com o capacete escondido por baixo. Deixe as desculpas de lado e proteja seu cérebro.

O clima é mais importante quando você tem um jardim. Não há nada como ouvir a chuva caindo e pensar como ela está encharcando as suas vagens.

– Marcelene Cox

Consuma cromo

É um mineral brilhante, usado em pintura de carros para produzir um efeito de espelho cromado, mas muito útil para o corpo humano. Quando ingerido, atua no metabolismo das gorduras e açúcares e também diminui os níveis de colesterol. Ele pode ajudar a manter o corpo jovem, protegendo seu DNA e RNA, além de reduzir a fome e a ânsia de comer, que levam a excessos à mesa. Ingeri-lo na forma de suplemento é desaconselhável, porque, em níveis elevados, tem um potencial perigoso. Por outro lado, não há qualquer problema no consumo de alimentos naturalmente ricos desse elemento, o que inclui grãos integrais, ovos, brócolis, vagens, frutos do mar, carne, laticínios, suco de laranja e suco de uva.

A grande experiência de vida para o homem é sua aventura em direção à mulher.
O homem abraça na mulher tudo aquilo que não é ele mesmo,
e, dessa resultante, desse abraço, surge cada nova ação.

– D. H. Lawrence

Experimente, ainda, outras posições

Para ampliar o repertório sexual, mais posições com penetração, para inspirá-lo:

- *União suspensa* – De pé, o homem segura a mulher pelas nádegas. Ela o abraça com as pernas para se sustentar enquanto ele a penetra.
- *De pé, por trás* – A mulher se apoia em uma parede e abre as pernas, alinhado-as aos ombros, enquanto o homem a penetra por trás.
- *Carrinho de mão* – Essa posição requer equilíbrio e flexibilidade. Com a mulher deitada de barriga para baixo e braços apoiados na cama, o homem segura as pernas dela enquanto a penetra por trás.
- *Parafuso* – A mulher se deita de lado e dobra os joelhos até a altura do peito, enquanto o homem, apoiado na beirada da cama, penetra em um ângulo diferente.
- *Sentados* – O homem se senta em uma superfície elevada, enquanto a mulher o faz de frente para ele, movimentando-se para frente e para trás.
- *Posição da tesoura* – O homem deve se deitar de lado apoiado em um dos braços, enquanto a mulher se deita para o lado oposto e coloca uma das pernas sobre ele. A posição facilita a estimulação do clitóris e aumenta a pressão no pênis.
- *Conchinha* – Homem e mulher se deitam de lado, ela de costas para ele. Ele a abraça e a acaricia enquanto a penetra por trás.

Como você pode conhecer alguma coisa,
se está tão ocupado pensando?

– Buda

Experimente meditação zazen

Zazen é a meditação sentada do zen budismo, mas não requer qualquer filiação religiosa ou filosófica. Esse estado meditativo pode ser definido com precisão como "basta sentar". Tudo o que exige é a capacidade de sentar no chão e assim ficar por certo tempo, algo difícil se você estiver mais acostumado a realizar uma coisa diferente a cada minuto do dia!

Para começar a meditação zazen, sente-se com as pernas entrelaçadas sobre uma almofada firme, evitando, assim, fazê-lo direto sobre elas. Use roupas adequadas, para permanecer aquecido. Matenha-se ereto, como se fosse içado pelo topo da cabeça e sinta a coluna estendida. Mantenha os ombros para trás, o peito aberto e ponha a língua no céu da boca. Sua visão deve estar mais voltada para baixo e os olhos, relaxados. Tente desfocar o olhar, de leve, para que não enxergue bem o que está à frente. Isso o ajudará a se concentrar em seu interior. Descanse as mãos no colo. Mantenha a boca fechada e respire pelo nariz. No início, pratique a concentração contando cada respiração. Em sua mente, conte de um a dez, considerando um número para cada respiração completa (inspiração e expiração). Ou somente a acompanhe, voltando sua atenção para o som e a sensação do ar entrando e saindo do seu corpo.

Como qualquer outra forma de meditação, a zazen é mais eficaz se praticada com regularidade. Se puder torná-la, ou qualquer outro tipo de meditação, parte de sua rotina, você vai encontrar clareza, paz, aceitação, satisfação e muito menos estresse.

O tempo de lazer deveria ser uma ocasião para nos energizar profundamente e colocar as ideias para fermentar. Quando um homem permite que esse tempo passe sem qualquer uso criativo, ele perde um pouco da sua felicidade.

– C. Neil Strait

Fique longe da mesa durante o dia de trabalho

Se você se sente tenso e exausto no final de um dia de trabalho, é importante começar a incorporar um momento de relaxamento em sua rotina. Cinco minutos de respiração profunda, almoçar fora, e não em sua mesa, uma volta no quarteirão, subir e descer as escadas, ou até um cochilo de meia hora são gestos simples que podem fazer você se sentir revigorado e pronto para trabalhar, de novo. O corpo não foi feito para ficar sentado o dia inteiro. Os olhos se cansam de olhar, fixos, para telas de computador durante oito ou mais horas por dia. E você não pode esperar que seu cérebro, no fim do dia, funcione tão bem quanto de manhã, se não lhe der um descanso e um tempo para recarregar.

Dê a si e a seu corpo uma pausa. Se você acredita que não tem esse tempo, comece reduzindo o número de horas que você desperdiça na internet ou fazendo coisas sem sentido e use esse período extra para usufruir uma recompensa maior. Adote o hábito de se afastar do escritório ou de sua mesa durante o dia e você vai ter mais energia para o trabalho, ao voltar.

E, se você não trabalhar em uma mesa, faça pequenas pausas para recarregar!

Como é maravilhoso saber que ninguém precisa esperar um só momento para começar a melhorar o mundo.

– Anne Frank

Doe seus óculos usados

Se você acabou de fazer uma cirurgia para corrigir a visão ou precisa de uma nova prescrição para seus óculos, doe sua armação usada para alguém que necessite. De acordo com a One Sight, organização sem fins lucrativos com atuação em todo o mundo, 314 milhões de pessoas não enxergam com clareza. Problemas de visão podem afetar a capacidade de aprendizado na escola, de sucesso no trabalho e, em alguns países, de sobrevivência. De acordo com outra organização sem fins lucrativos, a Unite for Sight, os cegos na África têm uma taxa de mortalidade quatro vezes maior do que a de um africano comum.

Para ajudar os que possuem problemas de visão, você pode doar seus óculos usados, se ainda estiverem em bom estado, para uma organização como a One Sight, que fará o repasse para alguém que precisa, mas que não pode pagar por eles. Se você não usa óculos ou deseja ajudar ainda mais, faça uma doação em dinheiro para uma dessas organizações. Com isso, vai propiciar aos desfavorecidos a realização de exames ou cirurgias, como a de catarata, bem como a ocorrência de cegueira. Doe o dom da visão para alguém que precisa.

O homem pode ser o capitão de seu destino,
mas também ser vítima do açúcar no seu sangue.

– Doutor Wilfred Oakley

Coma pequenas refeições ao longo do dia

No lugar de três grandes refeições por dia, experimente fazer várias, mas pequenas, ao longo do dia. É natural, que você tenha de controlar quantas calorias estará consumindo, mas os especialistas em condicionamento físico acreditam que, quando você se alimenta de maneira saudável com constância, seu corpo queima mais calorias, porque, cada vez que você come, o organismo tem de trabalhar, o que acelera o metabolismo.

Ainda que não haja comprovação oficial, consumir pequenas porções mais vezes ao dia traz também outros benefícios. Quando você mantém o corpo ocupado em digerir calorias, fica menos propenso a sofrer alterações nos níveis de açúcar do sangue, mantendo um patamar de energia estável durante o dia. Você também se torna menos propenso a ficar com muita fome, estágio no qual o organismo retém calorias e, assim, consegue controlar melhor a vontade de comer tudo o que encontra pela frente.

O transporte é uma coisa terrível para os vegetais. Eles, provavelmente, sofrem de jet lag, *assim como as pessoas.*

– Elizabeth Barry

Frequente feiras de produtos orgânicos

Já foi dito que comer alimentos orgânicos é bom para você e para o meio ambiente. Se você puder comprar o produto orgânico em uma feira ou mercado especializado em seu bairro, a história ficará ainda melhor. Assim, você estará apoiando os agricultores de sua região e suas práticas agrícolas sustentáveis, em vez de comprar produtos em uma rede de supermercados sem rosto. Além disso, reduzirá a chamada "pegada de carbono", porque não estará comprando produtos que tenham sido transportados de outro lugar do mundo. E mais: poderá até economizar dinheiro. Eis aí uma iniciativa inteligente.

Se você possui filhos ou amigos que nunca foram em uma feira de produtos orgânicos, convide-os. Apresente-os aos produtores de quem você costuma comprar. Faça desses passeios um momento de diversão para seus filhos, que, quando crescerem e se lembrarem dessa época, olharão com carinho para esses lugares e se tornarão mais propensos a também comprar ali. Após fazer compras em uma dessas feiras, prepare uma refeição com alguns dos ingredientes frescos comprados, mostrando a eles como esses produtos são deliciosos.

Exceto a videira, não há nenhuma planta que dê um fruto tão importante como a oliveira.

– Plínio, o Velho

Coma azeitonas

A azeitona e o azeite de oliva são ricos em gordura, a boa gordura, a monoinsaturada. Além disso, são fontes de vitamina E. A gordura monoinsaturada ajuda a reduzir os níveis de colesterol LDL no sangue, enquanto a vitamina E age como antioxidante, protegendo o organismo contra os radicais livres e ajudando a prevenir o câncer de cólon. Além disso, as azeitonas contêm fibras, sendo ótimas para petiscar.

O azeite de oliva oferece tantos benefícios quanto os das azeitonas, sendo usado para cozinhar. Se você quer ser amigo de seu coração, substitua outros óleos de cozinha pelo azeite. Seu consumo também pode ajudá-lo a viver mais tempo. Mariam Amash, mulher israelense que afirma ter nascido em 1888, atribuiu sua longevidade, em parte, ao fato de tomar um copo de azeite por dia.

O líquido também é utilizado em certos produtos de beleza, pois ajuda a tratar a pele seca e a restaurar o brilho dos cabelos, dando-lhes aparência mais jovem.

Sexo é emoção em movimento.

– Mae West

Encontre o ponto G

O ponto G, ou ponto de Gräfenberg, assim chamado em homenagem ao ginecologista alemão, Ernst Gräfenberg, que estudou o papel da uretra no orgasmo feminino, é como uma pequena almofada de tecido erétil, localizado entre cinco e sete centímetros dentro do canal vaginal. A uretra, que transporta a urina da bexiga para fora do corpo, atravessa esse tecido e, acredita-se, é também a via de saída da ejaculação feminina.

Para encontrar o ponto G de uma mulher da forma mais fácil, espere que ela esteja bastante excitada, porque assim a região se encherá de sangue, e insira um ou dois dedos na vagina. Use um movimento provocante contra a parede da frente da vagina (o lado do umbigo). Assim que o tocar, ela talvez sinta vontade de urinar. Explique-lhe que não é isso e, se houver algum fluido, que não se preocupe, pois se trata apenas de lubrificação excretada pelas glândulas de Skene. Se ela gostar da estimulação, tente diferentes pressões e movimentos, até que atinja o orgasmo.

Tensão é o que você acredita que devia ser.
Relaxamento é o que você é.
– Provérbio

Procure relaxar em sua mesa com alongamentos simples

Você já sabe a importância de relaxar, ao acordar pela manhã e antes de ir para a cama, à noite, mas também pode encontrar um pouco de paz no meio do dia, se reservar um pouco de tempo para se alongar. Se você acabou de ter uma conversa desagradável com o chefe, um colega de trabalho, o parceiro (ao telefone), ou está afogado no trabalho, tire um momento para se afastar da situação e aliviar a tensão.

Respire profundamente. Visualize uma imagem que faça você se sentir seguro e em paz. Inspire de modo profundo e estique os braços acima da cabeça, abrindo bem os dedos, expirando, em seguida. Incline-se, devagar, de lado a lado, para dissolver a tensão acumulada nas costas. Se puder se levantar, faça uma série de alongamentos para relaxar os músculos, duas ou três vezes por dia. Se não, improvise, na própria mesa. Busque pausas, ainda que de cinco minutos, para sair do trabalho e se centrar.

Um organizador de primeira linha nunca está com pressa. Nunca está atrasado. Sempre mantém uma carta na manga para o inesperado.

– Arnold Bennett

Limpe sua mesa de trabalho no final de cada dia

Quando você chega ao trabalho, todas as manhãs, é importante começar o dia com a cabeça limpa. Entretanto, ao encontrar a mesa entulhada de xícaras de café, anotações do dia anterior e materiais de escritório, fica fácil se distrair e perder a energia com a qual você chegou. Para começar o dia ainda mais produtivo, reserve alguns minutos no final de cada dia de trabalho para arrumar sua mesa e seu computador. Dessa maneira, você sempre terá à mão as ferramentas que precisa, como canetas, lápis, arquivos etc., porque estarão guardados em seus devidos lugares.

Talvez você seja capaz de trabalhar com vários projetos concomitantes e ainda ter uma mesa bagunçada, mas seu chefe pode não saber disso. Uma mesa limpa indica que você é um funcionário organizado e capaz de lidar com projetos simultâneos, sem ficar sobrecarregado. Se você tem medo de se sentir um medíocre, como o personagem de tiras diárias, em jornais "Dilbert", só porque decidiu ser organizado, procure uma loja de material de escritório ou de arte. Lá, poderá encontrar uma grande variedade de produtos, como pastas de arquivo, clipes de todos os tamanhos e agendas, que vão ajudá-lo a organizar sua mesa do jeito que você mais gosta, tanto com motivos divertidos como com um estilo mais sofisticado.

Enquanto o espírito de boa vizinhança era importante na fronteira, porque os vizinhos eram tão poucos, hoje é ainda mais importante, porque os nossos vizinhos são muitos.

– Lady Bird Johnson

Ajude um empreendedor nos países em desenvolvimento

Uma maneira ímpar de aumentar a felicidade em alguma parte do mundo é ajudar um empreendedor em um país em desenvolvimento a decolar. Nos Estados Unidos, inclusive com uma economia em crise, é mais fácil começar um novo negócio, pois os empresários têm acesso a subsídios, empréstimos e crédito. Já nos países em desenvolvimento, não é tão simples assim.

Em 1984, o ex-membro do Corpo da Paz, John Hatch, criou a Fundação de Assistência Comunitária Internacional (FINCA), que desenvolve o que ele chama de "bancos comunitários", que oferecem "microcréditos" a pequenos empreendedores de comunidades em nações do terceiro mundo na África, no Oriente Médio, na América Latina, na Europa e na Ásia. Em muitos desses países, são poucos os empregos assalariados, e entre 30% e 80% da população ganha a vida de maneira autônoma, tornando a estratégia muito útil. A FINCA também oferece treinamento em práticas de negócios aos beneficiários de microcrédito, para ajudar as microempresas a progredir.

Você pode ajudar esses pequenos empreendedores, investindo nos programas da FINCA, trabalhando como voluntário ou fazendo uma pequena doação que vai para os bancos comunitários.

Felicidade é um pote de cerejas e um livro de poesia sob a sombra de uma árvore.

– Astrid Alauda

Inclua lanches na sua dieta

Comer ao longo do dia é uma das maneiras de evitar a fome excessiva e impedir que se coma algo não necessário. Contudo, se você ainda prefere fazer três refeições prinicipais, em vez de várias pequenas refeições ao longo do dia, pelo menos, ajude seu organismo, fazendo pequenos lanches. Se você já cortou as calorias, seu corpo pode estar procurando recuperá-las, acionando a sensação de fome. Uma das maneiras de impedir o organismo de fazer isso é comer pequenos lanches saudáveis espaçados. Para permanecer saciado, prefira alimentos com baixo teor de gordura, ricos em carboidratos e com menos de 150 calorias. Alimentando-se dessa maneira, você estará menos propenso a exagerar no jantar e seu corpo vai perceber que recebe o combustível necessário, o que tornará mais fácil queimar aqueles últimos quilos.

Eis algumas ideias para lanches inteligentes:

- Biscoito integral de água e sal com queijo *cottage.*
- Pasta de grão-de-bico *(homus)* com cenouras.
- Cereais integrais com leite desnatado.

A memória é o escriba da alma.

– Aristóteles

Faça um curso de memorização

Você já sabe que é importante melhorar a memória, mas acha difícil encontrar motivação para fazer o trabalho preciso para revigorá-la. Se for esse o caso, procure fazer um curso de memorização. Em um estudo, cientistas desafiaram os participantes a memorizar uma lista de palavras aleatórias. Antes de qualquer treinamento, as pessoas mais velhas se lembraram de menos palavras que as mais jovens. Contudo, ao repetirem o teste, após terem aprendido algumas técnicas de memorização, os participantes conseguiram recordar três vezes mais palavras.

Um curso de memorização também pode aumentar o seu QI, além de ajudá-lo a encontrar suas chaves perdidas. Crianças que receberam treinamento em memorização tiveram um aumento de 8% em testes de QI e, embora o estudo não tenha sido realizado com adultos, não seria surpresa descobrir que essas ferramentas podem melhorar o potencial de inteligência como um todo.

Vamos colocar algum homus *nisso. Ele cura tudo.*

– Extraído de Uma Comédia Nada Romântica

Experimente *homus*

Encontrar opções de lanches satisfatórios, às vezes, pode parecer difícil. Contudo, você sempre pode recorrer ao *homus*. A iguaria, originária do Oriente Médio, é feita com grão-de-bico, azeitonas, sementes de gergelim, suco de limão, especiarias e alho, ingredientes muito bons para sua saúde. Muitos deles possuem qualidades antioxidantes, e a maioria estimula o metabolismo, ajudando você a manter uma figura jovem. Se você prefere uma dieta vegetariana, *homus* combinado com pão integral se transforma em uma porção completa de proteína. A pasta de grão-de-bico pode ser encontrada em diversos sabores, do original aos aromatizados com azeitonas, pinhão, ou alho extra, e é deliciosoa com pão integral ou cenouras. É bom lembrar, contudo, de que ele é rico em calorias e, por isso, se você estiver controlando seu peso, limite o consumo a apenas duas colheres de sopa para um lanche, assim, você não ficará tentado a comer demais.

Não é o sexo que dá prazer, mas o amante.

– Marge Piercy

Encontre o ponto A

O ponto A, ou zona erógena forméx anterior, é um tema recém--chegado às discussões sobre sexo, uma vez que foi oficialmente descoberto apenas em 1996, pelo cientista malaio, doutor Chua Chee Ann, quando pesquisava a secura vaginal. O ponto A se situa na parede frontal da vagina, logo abaixo do colo do útero. Estimulada, a região produz um fluido que lubrifica a vagina e leva a um intenso orgasmo.

Uma maneira de despertar o ponto é inserir um ou dois dedos na vagina da parceira, com a palma da mão voltada para cima e a mulher em uma posição que permita uma penetração profunda. Com os dedos introduzidos, fazer um movimento de "escavação" na parede. Usar, nessa área, técnicas semelhantes às empregadas com o ponto G, ou seja, fricção e batidinhas, para descobrir o que leva ao orgasmo.

Você pode adiar, mas o tempo não posterga.

– Benjamin Franklin

Pare de adiar suas tarefas

Adiar parece ótimo... e de fato é, naquele momento. Todavia, como um dia de procrastinação leva a outro, não vai demorar até você estar tão atrasado em relação aos prazos, que não terá outra saída a não ser pedir uma prorrogação ou se estressar para tentar cumpri-los.

Em geral, as pessoas adiam tarefas por duas razões principais: ou a atividade não é interessante ou parece massacrante. Se você está evitando um projeto ou uma tarefa porque é maçante ou apenas porque não gosta do trabalho, calcule quanto tempo será preciso para concluí-la e se programe para trabalhar nela. Se possível, a atividade deve ser a primeira coisa a ser feita, todos os dias. Diga a si próprio que, depois que tiver terminado a tarefa, você poderá se dedicar a algo mais prazeroso, como um passeio ao ar livre ou uma xícara de café, e que vai comemorar em grande estilo quando houver concluído todo o projeto.

Se você está adiando trabalhar em um projeto porque parece algo grande demais para dar conta, de fato, precisa parar de fazer isso ou, aí sim, ficará sobrecarregado. Arranje um tempo, divida o projeto em partes e, a cada dia, procure realizar uma delas, até que tenha concluído por completo. Quando olhar para trás, vai ficar impressionado com seu esforço, o que vai lhe dar confiança para assumir outros grandes desafios.

À medida que deixar de adiar as tarefas e passar a assumir uma abordagem mais disciplinada para lidar com atividades ou projetos desinteressantes e custosos, grandes e pequenos, você vai aplicar essa estratégia para o resto da vida e deixar de amontoar contas a pagar e pratos sujos na pia.

Melhor três horas adiantado que um minuto atrasado.

– William Shakespeare

Seja pontual nas reuniões e esteja preparado

Se você quer ficar do lado oposto de seus colegas de trabalho, passe a chegar atrasado e despreparado para as reuniões. A maioria das pessoas acredita que está perdendo preciosos minutos de tempo por estar presa a uma reunião e, se você chegar tarde e sem nenhuma contribuição a dar, pode ter certeza que vai receber um severo olhar de desaprovação.

Por outro lado, se você levar todas as reuniões a sério e chegar no horário, com ideias que pesquisou com antecedência, não apenas vai impressionar os colegas de trabalho (que, se não estiverem preparados, podem se sentir aliviados), como também vai ganhar pontos com seu chefe. Tanto ele quanto seus colegas podem não usar as ideias que você apresentar, mas, pelo menos, todos perceberão sua confiança e criatividade e que é dedicado ao trabalho e sabe trabalhar em equipe. Essas são as clássicas qualidades fortes que os supervisores procuram, quando estão avaliando quem deve ser promovido ou merece ter o salário aumentado.

Não podemos viver apenas para nós mesmos. Milhares de fibras nos unem a nossos semelhantes.

– Herman Melville

Seja voluntário

Quando se é um voluntário, seja em um trabalho regular ou apenas para uma atividade eventual, não apenas se leva felicidade para os outros, como se traz para si próprio. Doar dinheiro para instituições de caridade é uma atitude digna de louvor, pois ajuda a manter seus programas sociais, porém, envolver-se física e mentalmente em uma atividade assistencial permite uma alegria ainda maior. Isso porque se sente, em primeira mão, o impacto da contribuição.

Há muitas maneiras diferentes de trabalhar como voluntário. Em sua comunidade, você pode ajudar a limpar e organizar, visitar idosos, participar de uma campanha de alimentos ou de roupas, adotar um animal, ler para um cego... é uma lista quase interminável. O impulso de ajudar o próximo só atinge algumas pessoas, em certas ocasiões. Participar de uma campanha no Natal é louvável, mas deve-se ter em mente que as organizações precisam de voluntários durante o ano inteiro. Assim, pense em trabalhar como voluntário uma vez por mês ou outra periodicidade, ao longo do ano.

Se você deseja ser voluntário, mas não sabe quais oportunidades existem, faça uma pesquisa na internet e descubra aquelas que mais se encaixam em seu perfil.

A mulher à sua frente no caixa do supermercado tem todas aquelas coisas deliciosas que você nem imaginava que elas compravam.

– Mignon McLaughlin

Coma antes de ir ao supermercado

Não faça compras com fome. Caso contrário, você estará muito mais propenso a fazê-lo por impulso, escolhendo produtos que não são saudáveis apenas porque parecem bons naquele momento. Os bolinhos parecem deliciosos, não? E que tal algumas batatas fritas? Uma pizza congelada é uma boa ideia para o jantar da noite... e assim por diante. Todos os alimentos, depois, vão chamar sua atenção na geladeira e na despensa, implorando para você comê-los.

Essa falta de força de vontade não é só culpa sua. De acordo com um estudo de 2009, o comportamento parece estar entranhado no cérebro humano. O estudo revelou que, quando se está com fome, a comida parece mais atraente (até alimentos que, de outra forma, não seriam comidos), por isso, a menos que você acredite que sabe mais do que a ciência, coma antes de ir ao supermercado, ainda que seja apenas um pequeno lanche. Você também pode usar essa estratégia antes de sair para jantar, caso esteja morrendo de fome. Coma algo pequeno antes de deixar sua casa e não ficará tentado a pedir o maior prato do cardápio.

Pediram-me para memorizar o que eu não entendi e minha excelente memória se recusou a ser insultada dessa maneira.

– Aleister Crowley

Memorize sua lista de compras

Você sabia que pode exercitar a memória com jogos mentais? Aqui estão algumas dicas para melhorá-la:

1. *Transforme as coisas que precisa lembrar em desafios de memória* – Por exemplo, antes de ir ao supermercado, faça uma lista do que você precisa. Então, memorize-a ao máximo e guarde em um bolso ou bolsa. Não olhe para ela de novo até achar que comprou todos os produtos ali marcados. No início, você pode esquecer algumas coisas, mas, com a prática, vai melhorar.
2. *Use acrônimos e acrósticos* – Acrônimos como *ROYGBlV** e acrósticos como *Every Good Boy Deserves Favor*** podem ajudar você a lembrar de informações que precisam ser sequenciadas em determinada ordem.
3. *Divida as informações em partes* – Repartir grandes volumes de informação, como sequências de números, em partes menores facilita a lembrança, depois.
4. *Associe palavras com imagens* – Isso funciona muito bem com nomes de pessoas. Quando você precisa se lembrar do nome de alguém que acabou de conhecer ou de outros, específicos, procure associar cada um com uma imagem em particular. Memorizando nome e imagem juntos, é provável que, ao trazer a imagem para a mente, você vai se lembrar do nome que deseja.

---

* ROYGBlV é o acrônimo, em inglês, para a sequência de cores do arco-íris: *red, orange, yellow, green, blue, indigo, violet* (vermelho, laranja, amarelo, verde, azul, anil e violeta). (N. T.)

** As iniciais de cada palavra correspondem às notas musicais (na notação alemã) que ficam sobre as linhas do pentagrama na clave de sol (E G B D F, ou seja, Mi, Sol, Si, Ré, Fá). Em tradução literal, a frase é: Todo bom menino merece consideração. (N. T.)

Na guerra da manteiga contra a margarina, confio mais nas vacas do que nos químicos.

– Joan Gussow

Se vier de uma planta, coma, mas de uma fábrica, não

Quer saber como se manter saudável de maneira fácil? Basta não comer alimentos industrializados (processados). Essa é uma das 64 dicas que Michael Pollan recomenda em seu livro *Regras da comida: um manual da sabedoria alimentar* (Intrínseca, 2010). Cortar o consumo de gordura saturada, manter uma dieta pobre em colesterol e controlar as calorias são importantes para a saúde, porém, consumir alimentos não industrializados é uma ótima maneira de assumir o controle da alimentação, da saúde e da longevidade.

Queijo, manteiga etc. não são considerados alimentos industrializados. A referência é aos produtos processados que contêm ingredientes como sólidos de xarope de milho, aromatizantes artificiais, proteínas de soja hidrolisadas, monoglicerídeos etc. Esses são feitos em fábricas por seres humanos e máquinas e, considerando serem relativamente novos para o consumo humano, seus efeitos sobre a saúde ainda não são de todo conhecidos, além do fato de que o corpo ainda não sabe a melhor forma de processá-los. Assim, é melhor não arriscar. No supermercado, prefira as seções de produtos frescos, como verduras, frutas, carnes e laticínios, evitando passar por corredores cheios de alimentos processados. Ou, então, compre o alimento fresco na feira de produtos orgânicos.

Os homens são aquelas criaturas com duas pernas e oito mãos.

– Jayne Mansfield

Encontre o ponto P

A versão masculina do ponto G é o P, ou próstata. A glândula é responsável pela sensação de bombeamento que os homens têm durante a ejaculação, pois o sêmen é propelido para fora da cabeça do pênis. Para massagear a próstata, o homem deve estar extremamente excitado. Usando uma luva de látex ou outro tipo de proteção, espalhe uma quantidade generosa de lubrificante no ânus de seu parceiro. Provoque e massageie o ânus até ele ficar relaxado e o homem estar pronto para a introdução de seu dedo médio. Peça ao parceiro para respirar profundamente enquanto você o faz, bem devagar, enquanto com a outra mão, se possível, acaricia seu pênis. Com o dedo introduzido por completo e a palma da mão voltada para cima, levante o dedo até sentir uma massa do tamanho de uma noz. A essa altura, seu parceiro, antes um pouco apreensivo, deve estar excitado. Procure tocar, friccionar ou contornar as bordas da próstata até ele atingir o orgasmo ou se sentir satisfeito. Então, retire o dedo aos poucos, enquanto o homem respira fundo. O homem pode precisar de algum tempo para se entregar plenamente à sensação, mas depois, talvez, vai lhe pedir mais.

As pessoas enumeram os defeitos daqueles que as fazem esperar.

– Provérbio

Não se atrase

Se você é do tipo que sempre se atrasa, está na hora de mudar esse péssimo hábito. Viver correndo e com pressa não apenas é estressante, como faz você parecer pouco profissional. Além disso, as pessoas que o estão esperando sentem que você não respeita o tempo delas.

Comece procurando saber por que está sempre atrasado. Talvez você subestime o tempo que se leva para chegar a determinado lugar. Se for esse o caso, use uma ferramenta da internet para determinar o tempo que um percurso vai levar e, depois, acrescente dez ou vinte minutos como margem de segurança. Por outro lado, se você costuma se atrasar porque gasta muito tempo se arrumando para sair, procure separar as roupas que vestirá já na noite anterior ou passe a levantar mais cedo. Se é do tipo que precisa fazer "mais uma coisa" antes de sair, pergunte a si próprio quantas vezes esse comportamento o fez se atrasar. Depois, saia de casa na hora certa!

O segredo do sucesso não está em fazer o próprio trabalho, mas em identificar o homem certo para fazê-lo.

– Andrew Carnegie

Progrida em sua carreira

Quando está trabalhando em um grande projeto, você costuma assumir todo o trabalho sozinho ou procura dividir as tarefas entre os colegas? Se você é do tipo que investe longas horas para concluir um projeto que seria mais bem desenvolvido por vários cérebros e mãos, está na hora de aprender a delegar responsabilidades se pretende ser um gerente eficiente. Por exemplo, a editora de uma revista não tem a atribuição de escrever, editar e criar a revista inteira sozinha. Para produzir uma publicação de qualidade, ela contrata funcionários ou *freelancers* com experiência em cada função, atribuindo-lhes diferentes responsabilidades. Assim, a editora não fica sobrecarregada e a revista se beneficia de diferentes mentes e experiências.

Existem partes de um projeto que você supervisiona que poderiam ser delegadas a um colega mais qualificado para lidar com elas? Se sim, atribua-as a ele, assim, não apenas vai delegar o trabalho a alguém e mostrar que confia em sua capacidade (o que também valoriza o colega diante de seu chefe), como estará poupando seu tempo para supervisionar todo o projeto, em vez de se perder nos detalhes. Conforme você for aprendendo a delegar de maneira eficaz, seu chefe (ou cliente) vai passar a vê-lo como um ativo ainda melhor para a empresa, atribuindo-lhe projetos cada vez maiores.

Não podemos fazer grandes coisas,
apenas pequenas coisas com um grande amor.
– Madre Teresa

Construa uma casa com a Habitat para a Humanidade

A Habitat para a Humanidade trabalha para construir casas a preços acessíveis para famílias de baixa renda. Desde sua fundação, em 1976, a organização ergueu mais de 350 mil casas para cerca de 1,75 milhões de pessoas, possuindo filiais no mundo todo, inclusive no Brasil (http://www.habitatbrasil.org.br).

Existem muitas formas de participar das atividades dessa organização sem fins lucrativos. Você pode trabalhar na construção de uma casa para uma família. Terá de dar duro, queimar algumas boas calorias e sentir que está contribuindo diretamente para a felicidade de outras pessoas. É uma sensação incrível. Além disso, pode ser voluntário em uma das lojas da instituição, que, assim como a Legião da Boa Vontade, recebe doação de materiais e os vende a preços baixos para o público. Os lucros são reinvestidos nos programas sociais da instituição. Outra forma de ajudar é fazer parte da equipe que entrevista as famílias, para determinar a elegibilidade para os programas e trabalhar com elas até ver o sonho da casa própria se realizar.

Não importa que tipo de trabalho você vai escolher, pois saber que está ajudando a construir uma casa digna para alguém vai estampar um sorriso em seu rosto!

*Você vai ter maus hábitos alimentares se frequentar a 7-Eleven.**

– Dennis Miller

Priorize os produtos naturais

Desafie-se a evitar os corredores dos supermercados, nos quais, em geral, a maioria dos produtos alimentícios industrializados está localizada. Ao contrário, prefira fazer suas compras, de preferência, nas áreas em que se encontram os alimentos integrais e naturais. Restringindo-se a elas, você dará prioridade a comprar frutas e verduras frescas, carnes, frutos do mar e laticínios, em vez de comida congelada, biscoitos, batata frita etc. Dessa maneira, será mais fácil evitar as tentações e comprar lanches saudáveis, como frutas e legumes.

Cuidado com as armadilhas

Quando estiver comprando nas áreas destinadas aos produtos naturais, você precisa saber fazer as escolhas certas. Na seção de refrigerados, vai encontrar produtos prontos para assar e creme *chantilly*. Na de carnes, terá de escolher carnes magras, como peru e frango, às mais gordurosas. Na padaria, deve preferir pães integrais (feitos no dia, se possível), evitando os que contêm conservantes, xarope de milho rico em frutose e outros ingredientes pouco saudáveis. Por fim, na seção de hortifrutigranjeiros, fique longe dos calóricos molhos para salada e nem pense em pegar coberturas de glucose de milho para as frutas. Quer fazer uma maçã ficar muito saborosa sem calorias a mais? Basta polvilhá-la com um pouco de canela.

* Rede de lojas de conveniência presente em vários países. (N. T.)

O que importa não é quanto doamos, mas, sim, quanto amor depositamos em nossa doação.

– Madre Teresa

Busque a excelência em seu trabalho voluntário

Não há nenhum valor em fazer algo, se você só vai realizá-lo pela metade. Não importa o que você faz, onde trabalha, a quem ama, coloque o coração e a alma em tudo o que fizer. Invista toda sua energia e você vai se superar e encontrar mais satisfação em suas atividades.

Essa atitude deve ser observada também em seu trabalho voluntário. Se você estiver participando de uma campanha de alimentos, roupas ou brinquedos, ou orientando pessoas em dificuldades, coloque todo cuidado e consideração em cada gesto. Assim, todos os que se beneficiam com seu trabalho vão apreciá-lo mais, seus colegas voluntários o olharão com reconhecimento maior e você ficará ainda mais feliz.

Tomates high-tech. *Leite misterioso. Superabóboras.*
Deveríamos comer essas coisas? Ou são elas que vão nos comer?

– Anita Manning

Coma comida de verdade

Em geral, a filosofia de Michael Pollan, na obra citada (Semana 42), está voltada à ingestão de comida de verdade. O que isso significa? Que preparar a comida com alimentos crus e ingredientes naturais não representa *ter* de comer comida "crua" (não cozida), embora alguns alimentos possam ser consumidos *in natura*. Pollan defende o uso de frutas frescas, legumes, grãos integrais, proteínas (frango, carne, peixe, frutos do mar) etc. para preparar uma refeição, em vez de recorrer a alimentos embalados que tenham sido processados em uma fábrica. Comida "crua" ou "de verdade" é o que no passado, de três ou quatro gerações, chamava-se apenas de "comida".

O autor recomenda não comer nada embalado que tenha mais de cinco ingredientes. É claro que, se eles forem todos "alimentos integrais" como, por exemplo, a granola composta de frutas secas e castanhas, sem ingredientes ou aditivos industrializados, é provável, que você não precise se preocupar. Contudo, se o produto contiver algum ingrediente que, em geral, você não vá adquirir, como goma guar ou monoglicerídeos, coloque-o de volta na prateleira. Pollan chama esse tipo de produto de "substâncias comestíveis disfarçadas de comida".

Às vezes, é difícil comer comida de verdade. Porque, para isso, é preciso tempo e disposição para cozinhar (pelo menos um pouco). Contudo, na maioria dos casos, a comida preparada com alimentos naturais tem melhor sabor e é boa para você, por conter menos radicais livres. Para os viciados em comida industrializada, há alguns produtos no mercado que seguem as diretrizes de Pollan, como as barras de cereais, mas você vai ter de procurar por elas.

A imperfeição é bela, a loucura é genial e é melhor ser absolutamente ridículo que absolutamente chato.

– Marilyn Monroe

Deixe a luz acesa

Talvez você seja tímido em relação ao próprio corpo, mas não se preocupe: seu parceiro não vê os "defeitos" que você acredita ter. Não importa que você esteja magro, gordo, pesado, se tem pouco peito, ou o que quer que seja: seu parceiro se sente atraído por você, caso contrário não iria querer fazer sexo. Mostrar as inseguranças na cama pode diminuir o desejo dele por você, assim, se quiser conversar com o parceiro sobre seu corpo (embora seja melhor falar sobre isso com alguém com quem não se está fazendo sexo), espere uma hora em que não esteja para ir para a cama com ele.

Enquanto isso, mantenha a luz acesa. Deixe o parceiro ver o seu corpo enquanto o beija e o acaricia. Dê-se o prazer de vê-lo embaixo ou em cima de você, enquanto fazem amor. Delicie-se ao olhar seu parceiro fazer sexo oral em você, ligando o prazer intenso que está sentindo com a pessoa que está olhando. Olhar um nos olhos do outro durante o sexo, sentindo-se tão próximos, pode produzir o hormônio oxitocina do bem-estar e aumentar a intimidade. Assim, a menos que queira amar no escuro ou usar uma venda para aumentar a excitação, deixe a luz acesa ou as velas queimando!

Sentar-se com um cão em uma colina em uma tarde gloriosa é retornar ao Éden, em que ficar sem fazer nada não era tédio, era paz.

– Milan Kundera

Tire férias e aproveite os fins de semana longos

Ainda que você não possa se ausentar por um longo período de uma só vez, reserve-se um tempo livre. Podem ser apenas alguns dias aqui e acolá, mas só uma pequena pausa pode ajudar a recarregar as energias e a ser mais produtivo no retorno ao trabalho. Além disso, as pausas podem reduzir seus níveis de estresse e ajudá-lo a se sentir mais feliz com a vida.

As férias não precisam ser extravagantes. Planeje acampar em algum lugar próximo, que você não conheça. Se levar comida e tiver receitas simples e práticas de fazer, vai conseguir preparar refeições deliciosas e saudáveis, além de economizar dinheiro enquanto explora e desfruta a natureza. Se puder sair por um período mais longo, planeje um tempo para descansar e relaxar, assim, não precisará tirar férias de suas férias, quando voltar para casa!

Para se tornar um homem capaz e bem-sucedido em qualquer profissão, são necessárias três coisas: natureza, estudo e prática.

– Henry Ward Beecher

Pense em duas razões pelas quais não conseguiu progredir na carreira

Às vezes, é preciso avaliar em que ponto se errou para poder corrigir o problema e voltar ao caminho certo. Se faz algum tempo que você foi promovido ou recebeu um aumento de salário, ou se sua carreira não se desenvolveu da maneira como você esperava, faça uma avaliação crítica sobre o que está ou não fazendo, para impedir que isso aconteça. A razão que explica por que sua carreira não avançou pode não ter nada a ver com você, por exemplo, se a economia do país estiver em recessão. Contudo, se suas ações ou omissões têm impedido você de seguir adiante, é importante tomar medidas certas, de maneira que melhore sua renda e obtenha mais segurança no emprego.

Analise o que os novos contratados estão trazendo para a empresa e pergunte-se se você possui, no mínimo, essas competências. Se não, procure fazer um curso para atualizá-las. Talvez você precise aprender a gerenciar melhor o tempo, a aperfeiçoar seu conhecimento técnico ou a falar em público. Seja qual for o caso, você pode desenvolver habilidades nessas áreas e se tornar um bem valioso para a corporação.

Estou convencido de que um bom biscoito, simples e caseiro, é melhor do que todos os biscoitos que se pode encontrar no supermercado.

– James Beard

Leve comida e bebida em sua viagem

Alimentando-se de maneira mais saudável, muitas vezes, você vai se sentir mais feliz. E não há nada menos saudável do que uma comida de beira de estrada. Dia após dia consumindo frituras ricas em gorduras saturadas é uma boa receita para haver discussões no carro, seja com os amigos ou com seu parceiro. Para evitar o problema e gastar o dinheiro na viagem e não na comida encontrada no caminho de seu destino, prepare suas refeições com antecedência.

Sanduíches e saladas são boas opções para levar em viagens de carro, e são os tipos de comida que você, é muito provável, não comeria se encontrasse um *drive-thru* no caminho. Se preferir sanduíches que precisem de refrigeração, como de salada de frango ou qualquer outra mistura à base de maionese, mantenha os ingredientes perecíveis em uma caixa térmica e monte o sanduíche apenas na hora de comer. Assim, sua refeição estará sempre fresquinha e seca. No caso das saladas, você pode juntar boa parte dos ingredientes antes de sair de casa e, quando estiver com fome, acrescentar apenas os tomates e o molho. Lanches, como *homus*, legumes, frutas e castanhas também funcionam bem em viagens.

Essas estratégias também podem ser usadas para o almoço, durante a semana de trabalho. Em vez de fazê-lo fora, reserve uma hora, toda semana, para preparar seu almoço com antecedência. Coloque o dinheiro que está economizando em sua conta de poupança e, após algumas semanas, compre uma coisa que realmente deseje.

Para fazer uma boa salada é preciso ser um diplomata brilhante. O problema é exatamente o mesmo em ambos os casos: saber precisamente quanto de óleo se deve misturar com outro tanto de vinagre.

– Oscar Wilde

Use vinagres e azeites aromatizados em sua salada

Em vez de temperar uma salada saudável como molhos ricos em gordura, açúcar e calorias, procure substituí-los por azeites e vinagres aromatizados. Existe, no mercado, uma grande variedade de azeites e vinagres aromatizados com ervas, frutas e especiarias, e, ao combiná-los entre si ou com um pouco de mostarda (se quiser um molho um pouco mais encorpado), você nem vai sentir falta daqueles molhos cremosos e calóricos que costumava consumir e poderá, enfim, saborear sua salada. Para evitar derramar quantidades excessivas de tempero, uma boa ideia é usar um frasco de aerossol e ir acrescentando um pouco por vez durante a refeição, sem exageros.

Ideias de azeites e vinagres aromatizados

Azeites e vinagres são excelentes maneiras de temperar uma salada, assim, aqui estão algumas ideias deliciosas, em geral disponíveis em mercados *gourmets,* que agregam benefícios ainda mais saudáveis:

- Azeite extravirgem de alho tostado.
- Vinagre de alho.
- Azeite de abacate.
- Azeite de amêndoas.
- Vinagre de vinho com mirtilo.

Quando curamos a terra, curamos a nós mesmos.

– David Orr

Mantenha limpo o meio ambiente

Talvez você esteja consumindo alimentos orgânicos e, assim, não ingira substâncias químicas nocivas. Contudo, o que está fazendo em relação à contaminação do meio ambiente em que vive? Você pode comprar um carro elétrico ou híbrido para reduzir a emissão de gases prejudiciais na atmosfera, mas o que fazer com os poluentes que estão à espreita em sua casa? Uma das coisas que pode fazer, se for fumante, é suspender o hábito. De acordo com um estudo realizado pelo Instituto Nacional do Câncer da Itália, fumar cigarros provoca dez vezes mais poluição do ar (dentro de casa) do que a gerada por um veículo a diesel. É uma quantidade enorme de substâncias químicas para ter no ar, em casa, isso para não se falar em seus pulmões.

Aqui estão algumas outras maneiras de reduzir sua exposição aos radicais livres dentro de casa, extraídas da revista norte-americana *This Old House:*

- Substitua a cortina de vinil de seu banheiro por uma de náilon ou poliéster, para evitar os ftalatos.
- Prefira lavanderias orgânicas que não usam produtos químicos na limpeza de roupas ou remova os sacos de plástico das roupas, antes de entrar em casa, para não respirar percloroetileno, uma substância com potencial cancerígeno.
- Deixe de usar recipientes de plástico elaborados com BPA (bisfenol-A).
- Substitua as tábuas de cortar alimentos com rachaduras em que bactérias possam se acumular.
- Lave as mãos antes de comer.
- Evite produtos de limpeza à base de substâncias químicas, substituindo-os por soluções de vinagre e água.
- Pare de usar naftalina.

Se a agricultura orgânica é a maneira natural, não deveriam os produtos orgânicos ser chamados apenas de "produtos" e fazer com que os produtos que contêm pesticidas carreguem o fardo de um adjetivo?

– Ymber Delecto

Consuma alimentos orgânicos

O hábito pode ajudar a evitar uma série de problemas à medida que se envelhece. A alimentação orgânica já foi considerada apenas uma tendência passageira, mas atualmente é senso comum que se deve dedicar esforço para consumir produtos orgânicos, sempre que possível, a fim de evitar substâncias químicas presentes nos alimentos não orgânicos. Por exemplo, no caso de carnes, ovos e laticínios não orgânicos, os animais recebem hormônios ou são alimentados com subprodutos de origem animal. Legumes, verduras e frutas não orgânicos podem ser pulverizados com produtos químicos nocivos. Muitos estudos descobriram uma substância chamada PDBE (mais usada, em geral, como retardador de chamas) em produtos não orgânicos como carne, queijo, salmão e manteiga.

O melhor, se o orçamento permitir, é comer produtos orgânicos e de animais criados soltos e alimentados de forma adequada. A carne de gado alimentado com capim, por exemplo, contém menos gordura total e muito menos gordura saturada, além de conter mais ácidos graxos ômega-3 saudáveis para o coração, do que a carne de gado alimentado com milho ou grãos.

Eu quero um bad boy em público e um gatinho em casa.

– Christina Aguilera

Mude de Local

Sexo na cama é ótimo, mas não tenha medo de mudar de cenário de vez em quando. Sua casa oferece uma série de excelentes lugares para fazer amor, e mudar de lugar pode apimentar um pouco sua vida sexual. Você terá dificuldade de reprimir um sorriso da próxima vez que tiver convidados para jantar, sabendo o que você e seu parceiro fizeram em cima da mesa. Alguns bons lugares para experimentar incluem a mesa de jantar, o balcão da cozinha, a lavanderia (com uma pessoa em cima da máquina de lavar roupa durante a centrifugação), o sofá (sobre ele ou nas costas do móvel), o chão e o chuveiro.

Se você tiver coragem e estiver pronto para a glória, experimente fazer sexo em público ou quase em público. A possibilidade de ser flagrado no ato vai aumentar sua adrenalina e também a paixão. Experimente fazê-lo em um bosque, no mar ou lago, debaixo de um cobertor em um parque, no banco de trás do táxi (deixe uma boa gorjeta depois), ou no banheiro de um bar ou restaurante. Deixe a imaginação ser seu guia.

Ele não me parece ser um homem livre, que não pode se dar ao luxo de, às vezes, não fazer nada.

– Marco Túlio Cícero

Tire férias todos os anos

As férias existem por uma razão: acredite ou não, as empresas querem que você as tire. É bem provável que você tenha de fazer algumas horas extras para colocar tudo em ordem, antes de sair de férias e, de novo, quando voltar, para pôr tudo em dia, mas as férias o ajudam a ser mais produtivo no trabalho ao longo do tempo. Assim como as pequenas pausas sugeridas para ser feitas durante o dia, um período de férias serve como uma grande pausa, capaz de recarregar as energias após um grande projeto, como uma preparação para se assumir um novo desafio ou, apenas, para proporcionar alívio da rotina diária.

Estudos revelaram que muitos norte-americanos deixam de tirar todo o tempo de férias a que fazem jus. Pior, eles mostraram que existe uma correlação entre não gozar férias anuais e sofrer um ataque cardíaco fatal. Para algumas pessoas, outro problema é que, quando tiram férias, ainda mantêm contato com o escritório e os clientes, por meio de e-mails e celulares.

Tire férias. Sua saúde e felicidade dependem disso. E, para aproveitar ao máximo o tempo de descanso e restabelecer um equilíbrio saudável entre o trabalho e a vida pessoal, mantenha o telefone celular e o *laptop* desligados, concedendo-se, de verdade, um tempo para relaxar e se recuperar, sem nada para atrapalhar.

A ferramenta de persuasão mais importante que você tem em seu arsenal é a integridade.

– Zig Ziglar

Admita aos superiores que você errou

Ninguém gosta de errar, mas quando você enfia os pés pelas mãos no trabalho, o melhor é admiti-lo para o chefe. Embora você possa ter medo de assumir o erro, aceitar a culpa antes que seu chefe (ou cliente) perceba o que aconteceu faz você parecer confiável e seguro. Explique por que as coisas não saíram como planejado e se comprometa a trabalhar para que isso não aconteça outra vez, no futuro. A menos que seja um erro grave, seus superiores estarão mais propensos a reconhecer que você teve coragem de assumir suas falhas do que a lembrar do que você fez de errado. Essa atitude pode lhe render bons frutos no futuro.

Nunca viajo sem meu diário. Deve-se sempre ter algo sensacional para ler no trem.

– Oscar Wilde

Leve lembranças de casa ao viajar

Apesar de ter esperado por essas longas férias durante meses, agora que elas, enfim, chegaram e que já está experimentando novos costumes e cozinhas, você se pega sentindo saudades de casa. Viajar pelo mundo, em especial sozinho, pode provocar certa solidão, por isso, é fácil sentir falta da companhia que você tem em casa. É natural que a recomendação não seja a de encurtá-la, havendo algumas coisas que você pode fazer para superar esses momentos difíceis.

Uma delas é levar consigo alguns objetos pessoais ou peças de roupa que o façam recordar da vida em casa. Por exemplo, um par de luvas ou uma echarpe que um ente querido lhe deu, um pequeno álbum de fotos de amigos e familiares ou o fiel guarda-chuva. Outra maneira de suavizar a saudade é esconder em sua mala algumas guloseimas que, é provavel, não estarão disponíveis em outro lugar, como o seu chá ou doce favorito. Pequenas lembranças de sua rotina de vida vão ajudá-lo a superar a melancolia e a aproveitar melhor sua aventura.

Além disso, você pode procurar fazer novos amigos durante a viagem. Se você estiver hospedado em um albergue, isso é mais fácil de ser feito, pois todos estão mais ou menos no mesmo caminho, e muitos também devem ser estrangeiros no país. Se você falar a língua do país visitado, procure ir a um bar, café ou evento esportivo para conversar com os que estão por ali. Se você for gentil, vai encontrar alguém que esteja interessado em uma boa conversa, o que lhe dará a chance de conhecer melhor o país e, ao outro, a oportunidade de saber mais sobre o seu.

O segredo para permanecer sempre jovem é viver honestamente, comer devagar e mentir sobre a idade.

– Lucille Ball

Coma mais devagar e pare antes de se sentir satisfeito

Aqui está um truque que você pode usar para se sentir saciado: coma mais devagar. Às vezes, se você ficou muito tempo sem comer entre as refeições, pode devorar a comida e, depois, perceber que não sentiu o gosto de nada e até começar a se sentir mal. Os seres humanos não são como os cães. Não podem, e não devem, comer ou digerir os alimentos tão rapido quanto eles. Desligue a televisão, sente-se e procure aproveitar cada bocado da comida. Coloque o garfo, colher ou *hashi* (palitos japoneses usados como talheres) na mesa entre cada porção levada à boca e experimente respirar, antes de continuar a comer.

A partir do momento que o estômago está cheio, o cérebro leva vinte minutos para enviar a informação, por isso, se você comer mais devagar, terá menos chance de comer em excesso ou de se sentir mal. Os japoneses da área conhecida como Okinawa têm um índice de massa corporal (IMC) de 21,5 (6,5 pontos menor do que a média norte-americana) e, em média, vivem mais do que qualquer outra pessoa no mundo. O segredo da longevidade, naquela região, pode estar ligado à maneira como as pessoas se alimentam, pois elas comem apenas até se sentir 80% saciadas, parando de comer na primeira sensação de saciedade.

Ao prolongar suas refeições, você vai alongar o tempo que passa com aqueles com quem as está desfrutando e, assim, aproveitar mais as conversas e a interação humana. Além disso, seu sistema digestivo estará mais preparado para processar o alimento e extrair os nutrientes que o organismo necessita, sem ficar sobrecarregado.

Os produtos químicos usados no processo de lavagem não são muito bons para as panelas.

– Delia Smith

Evite produtos tóxicos

Eles são ruins para o meio ambiente e para seu cérebro. A maioria das pessoas já está familiarizada com os danos que o chumbo pode causar, mas ele não é a única substância nociva que pode ser encontrada dentro de casa. A doutora Martha Herbert, neurologista pediátrica do Hospital Geral de Massachusetts, e o doutor Larry Silver, professor de psiquiatria no Centro Médico da Universidade de Georgetown, em trabalhos individuais, relataram que pode haver uma relação entre produtos químicos tóxicos no ambiente e o autismo.

Nos últimos anos, foi dado o alarme para os ftalatos e o BPA (bisfenol-A), substâncias que pertencem a um grupo conhecido como desreguladores endócrinos ou EDC's. Esses compostos químicos têm sido relacionados com certos distúrbios hormonais, como o câncer dos órgãos genitais e a baixa contagem de espermatozóides. Hoje, cientistas estão começando a investigar se existe uma relação entre o aumento de produtos feitos com essas substâncias e o aumento do autismo.

As melhores maneiras de evitar EDC's:

- Coma alimentos orgânicos.
- Não aqueça comida em recipientes de plástico, nem guarde alimentos gordurosos neles ou em filmes plásticos.
- Não dê garrafas, mordedores, utensílios, xícaras, copos ou brinquedos de plástico para as crianças.
- Se come peixes pescados em lagos, verifique se estão contaminados.
- Evite usar pesticidas dentro de casa ou no quintal.
- Se usa brinquedos sexuais, prefira os de vidro ou silicone, em vez de plástico.
- Prefira garrafas esportivas de alumínio em vez das de plástico.
- Evite carne, manteiga, queijo e salmão não orgânicos.

Hoje, preferências sexuais. Amanhã, tatuagens de hena.

– Extraído de *Beijando Jessica Stein*

Não faça tatuagens de hena preta ou azul

Pare de fazer tatuagens de hena escura. Sem dúvida, elas parecem inofensivas, além de ser divertidas para se fazer quando se está de férias na praia, mas elas podem ser prejudiciais para a pele. O corante extraído da planta hena é seguro para utilizar em seu cabelo e tem sido adotado para colorir os cabelos de castanho-avermelhado (a cor natural da planta), porém, o uso da hena como tintura para a pele ainda não foi aprovado nos Estados Unidos. Ainda assim, fazer uma tatuagem *mehndi* usando o tom natural da hena não deve lhe trazer problemas de pele, a menos que você seja alérgico à planta ou a alguma substância contida na tintura. Se sua pele é sensível, procure saber o que a tinta de hena contém, para se certificar de que é pura e não contém substâncias como nitrato de prata, cromo ou pirogalol. Se for uma tinta pura, tudo estará bem. A humanidade a usa para tatuagens temporárias naturais desde a Idade do Bronze, sem quaisquer complicações.

Por outro lado, para criar a tinta de hena preta ou escura, o corante não vem da planta, mas do índigo ou contém p-fenilenodiamina (PPD), substância usada, às vezes, na tintura de cabelo, mas não da pele. A exposição prolongada, caso de uma tatuagem de hena preta, pode causar uma reação alérgica grave em até 15% das pessoas. O resultado inclui cicatrizes e uma sensibilidade permanente ao PPD, bem como a outros corantes. O PPD também pode causar tumores hepáticos, problemas respiratórios e outras complicações com potencial fatal.

Por segurança, certifique-se de que a hena para seu corpo é totalmente natural!

A repetição, assim como a fricção, serve para gerar calor, e não progresso.

– George Eliot

Use lubrificante

Tire vantagem do lubrificante, pois ele pode tornar as relações sexuais muito mais fáceis e, dependendo da posição, muito menos dolorosas. Por exemplo, se você está masturbando o parceiro, *sempre* use algum tipo de lubrificante. Se preciso, pode usar saliva ou um hidratante, mas um bom lubrificante é melhor. Como a cabeça do pênis é muito sensível, a fricção provocada pelas mãos pode levar um homem ao clímax em questão de segundos. Lubrificando o pênis, sua mão vai deslizar com facilidade e, assim, tudo o que ele vai sentir é prazer.

Aqueles à base de água são os mais populares, pois não mancham nem irritam a pele. Além disso, são seguros para usar com preservativos e brinquedos sexuais. São disponíveis na forma líquida ou gel, que é mais durável e funciona muito bem para o sexo anal. Já os lubrificantes à base de óleo, como azeite de oliva, óleos de abacate ou de cártamo, podem ser usados durante o ato sexual, mas apenas se você não estiver usando brinquedos sexuais ou produtos de látex, que podem ser danificados por ele. Esses óleos são ótimos, deixando na pele uma maravilhosa sensação de seda, mais natural do que a dos lubrificantes à base de água. Por sua vez, os lubrificantes de silicone também podem ser encontrados, sendo bastante viscosos e ótimos para usar na água, em que outros tipos não são recomendados. No entanto, assim como os à base de óleo, não devem ser usados com preservativos ou brinquedos sexuais.

Descanse. Um campo que tenha descansado produz uma colheita abundante.

– Ovídio

Tenha seu dia de saúde mental

Se você chegou ao ponto em que tem horror de ir para o trabalho, empurra os dias com a barriga, fica irritado com seus entes queridos e as férias estão a milhões de anos de distância, está na hora de ter seu dia de saúde mental. Se você já tirou todos os dias de férias no início do ano, peça um dia de licença médica. Só não diga ao seu chefe que você leu aqui para fazer isso.

Não trabalhe em seu dia de folga. Não resolva qualquer problema. Não faça nada que possa lhe causar estresse. Passe o dia no sofá, cochilando e jogando videogame, se isso fizer você se sentir relaxado. Apenas faça o que precisar para recarregar a energia do cérebro e do corpo e, assim, poder voltar ao trabalho e se sentir produtivo, em vez de esgotado.

A língua é a única ferramenta que se torna mais afiada com o uso.

– Washington Irving

Aperfeiçoe sua comunicação verbal

Muitas pessoas não se sentem à vontade fazendo algo, de longe, parecido com falar em público. Se você é do tipo que tem medo de falar diante dos colegas ou de fazer um discurso para outros profissionais, pode estar deixando de desenvolver todo seu potencial no trabalho e, é bem possível, em sua vida pessoal. Desde 1924, a Toastmasters International® ajuda as pessoas a desenvolver e aprimorar suas competências de comunicação verbal e de liderança. Com milhares de filiais em todo o mundo, deve existir uma em sua região (consulte o site <http://www.toastmasters.org>)

Frequentando suas reuniões, você vai aprender não apenas a se levantar e falar diante de um grupo, mas também a ser um bom líder. Você não vai ser julgado por um instrutor, pois não há nenhum. Ao contrário, será avaliado por outros participantes do grupo que também estão aprendendo a falar e liderar de maneira mais eficaz. Ao longo do caminho, você encontra apenas a pessoa que lhe dará a próxima tarefa.

Se gostar das reuniões, poderá participar da organização como voluntário, podendo desenvolver novas competências de liderança, entre as quais, organizar uma reunião, coordenar um concurso, conduzir uma campanha de filiação e muito mais.

O atraso é odioso, mas dá sabedoria.
– Públio Siro

Encontre oportunidades em atrasos de viagem

Você pode ficar frustrado quando o voo está atrasado, ou quando o ônibus ou o trem não chega no horário, ou quando seu parceiro demora muito para lhe apanhar. Contudo, você não precisa se sentir assim. Transforme um evento negativo em uma oportunidade positiva e use o tempo extra para enviar e-mails, escrever cartões-postais, ligar para um amigo, fazer um momento de silêncio e introspecção, ler um livro etc. A lista pode se estender para sempre. Em vez de ver atrasos como tempo perdido, recupere-o, usando-o para fazer o que quiser. Se estiver viajando para um lugar que não conhece, isso poderá ser bem-vindo, pois, assim, terá como rever o guia da cidade e ler sobre um ponto turístico do qual ainda não tinha qualquer informação.

Evite atrasos

Usar o tempo de atraso a seu favor é ótimo, mas, muitas vezes, o melhor tipo de atraso é aquele que você pode controlar. Antes de sair para o aeroporto, verifique a situação de seu voo. Ao pegar a estrada, cheque as condições de tráfego e escolha o melhor caminho. Saindo para o consultório de seu médico, ligue e pergunte se o atendimento está no horário. Embora alguns atrasos sejam inevitáveis, fazer alguns simples ajustes em sua rotina poderá render horas a mais na agenda.

A liberdade existe na proporção das restrições sadias.

– Daniel Webster

Saiba dizer não no cinema

A pipoca é inofensiva, certo? Errado. A que você compra no supermercado para estourar no micro-ondas ou em uma panela no fogão pode ser um ótimo lanche, se você dividi-la com um amigo ou limitar seu consumo. Por outro lado, a vendida nos cinemas é rica em gordura, sal e calorias. Um saco de tamanho médio contém entre 590 calorias e 1 200 calorias, além de até 60 gramas de gordura saturada, dependendo da quantidade de milho em cada saco e do tipo de óleo usado na preparação. E a cobertura de manteiga que você pode acrescentar? Isso soma outras 200 calorias para cada colher e meia de sopa.

Depois, há as bebidas. Refrigerantes não são saudáveis, mas se você tomar um daqueles copos grandes disponíveis nos cinemas, estará consumindo uma quantidade incrível de açúcar. Se você precisa comer alguma coisa enquanto assiste a um filme e não quer consumir comida ou água, então, prefira um doce. Embora não seja saudável, se você dividir um saquinho de confeitos com alguém é bem provável que consuma em torno de 200 a 300 calorias. Naturalmente, a melhor opção é se alimentar antes de sair de casa, ter planos para comer depois do filme ou levar lanches saudáveis na bolsa.

Um homem que ri é mais forte do que um homem que sofre.

– Gustave Flaubert

Assista a uma comédia

Rir é, de fato, o melhor remédio. Alivia seu estresse de forma instantânea, aumenta sua felicidade e é capaz de colocar as pessoas ao redor à vontade. Graças ao humor, você exercita os músculos criativos e ajuda a manter a mente ativa. Além disso, ele também pode ser benéfico para seu corpo. Quando você ri, o sistema imunológico melhora, devido à redução do nível sérico do córtex, que, por sua vez, aumenta o número de linfócitos T, as células que combatem os intrusos dentro do organismo. Então, faça o que puder para continuar a rir e a viver.

Comédias nota 10

Em dúvida sobre o que assistir? Eis 25 filmes dos anos 2000 para conferir:

- O Melhor do show (2000)
- Entrando numa fria (2000)
- E aí, meu irmão, cadê você? (2000)
- Todo mundo em pânico (2000)
- Os Tennenbaums (2001)
- Zoolander (2001)
- Uma turma do barulho (2002)
- Supertiras (2002)
- Papai Noel às avessas (2003)
- Um duende em Nova York (2003)
- Dias incríveis (2003)
- A lenda de Ron Burgundy (2004)
- Madrugada muito louca (2004)
- Meninas malvadas (2004)
- Todo mundo quase morto (2004)
- Sideways: entre umas e outras (2004)
- Penetras bons de bico (2005)
- Borat: o segundo melhor repórter do glorioso país Cazaquistão viaja à América (2006)
- Pequena Miss Sunshine (2006)
- Ligeiramente grávidos (2007)
- É hoje (2007)
- A vida é dura: a história de Dewey Cox (2007)
- Uma mãe para meu bebê (2008)
- Eu te amo, cara (2009)

O ano feliz nasce como a fruta
brilhante do espinheiro nu.

– Hartley Coleridge

Experimente schizandra

Também conhecida como fruta dos cinco sabores, essa planta, originária da China, é capaz de estimular todos os sentidos das papilas gustativas (que são cinco), sendo usada na medicina chinesa há muitos anos. Ela é rica em antioxidantes, podendo ajudar o fígado a regenerar os tecidos que foram danificados pela hepatite viral. Os herbalistas acreditam que a baga ajuda o organismo melhorando a resistência, reduzindo a transpiração, auxiliando o metabolismo, regulando os níveis de açúcar no sangue, desintoxicando o fígado e aliviando a resposta ao estresse. Alguns também creem que a fruta pode melhorar a concentração, a visão e a audição.

Você pode consumi-la na forma de suplemento ou, se encontrar as frutas secas, transformá-las em chá. De acordo com o site <http://teabenefits.com>, ele é feito com duas a quatro colheres (das de chá) das bagas em duas xícaras de água, deixando a mistura ferver durante doze minutos ou até o líquido ser reduzido para uma xícara.

As pessoas que não fazem nenhum barulho são perigosas.

– Jean de La Fontaine

Faça barulho

Sinta-se à vontade para gritar! Uma das coisas mais excitantes, durante o ato sexual, é ouvir o barulho do parceiro, isso pode ajudá-lo a deixar o nervosismo de lado e a se divertir. E, também, a respirar, o que melhora seus orgasmos, porque todo o corpo está menos tenso. É difícil ficar assim quando se está gemendo!

Fazer barulho quando seu parceiro faz algo que lhe dá prazer, ainda que seja dizer "oh meu deus, isso é incrível", reforça o ego dele e o faz saber o que funciona bem em você. Para as mulheres, esses sons são muito importantes, porque nelas os sinais de excitação podem ser mais difíceis de perceber do que nos homens. Gemer ou expressar o quanto você está excitado pode estimular ainda mais seu parceiro.

Elogie um comportamento que você goste, assim, vai conseguir receber o desempenho outras vezes. No entanto, o oposto também é verdadeiro. Se você fingir um orgasmo só porque quer que o sexo termine logo, pode dar ao parceiro a falsa impressão de que as carícias dele funcionam em você, quando isso não é verdade. E, decerto, vai repeti-las na próxima vez que estiverem na cama. Portanto, gemidos e falas só valem quando se está feliz e sentindo prazer.

Para um alívio imediato,
procure desacelerar.
– Lily Tomlin

Apenas diga não

Não há problema em dizer não. Talvez seja fácil acreditar que você pode fazer tudo o que todos pedem. Contudo, o dia tem apenas vinte e quatro horas e você deve gastar oito delas dormindo. Conheça seus próprios limites e crie coragem para dizer não, assim, você vai interromper esse ciclo antes que ele comece. Quando você está sobrecarregado com atividades e responsabilidades, suas próprias necessidades, como atividade física, relaxamento, alimentação adequada etc., podem começar a ficar em segundo plano, o que leva à negligência, e a mais estresse. Se você já sofreu com o problema por meses ou anos, não é de admirar que esteja se sentindo esgotado.

Não participar de uma comissão ou de um grupo para o qual um amigo o convidou, ou não matricular os filhos em outra atividade para a qual você teria de levá-los não faz de você uma pessoa ruim. Apenas mostra que você sabe o que pode ou não fazer. É melhor realizar poucas coisas bem do que se sentir sobrecarregado e se ver exausto por estar tentando fazer mais do que deve. Comece eliminando de sua programação as atividades que não sejam essenciais ou não lhe tragam prazer. Se seus filhos estão envolvidos em muitas tarefas, peça a ajuda deles para reduzi-las, para que não comecem a se sentir sobrecarregados também.

O segredo de meu sucesso se resume a duas palavras: conhecer pessoas.

– Harvey Firestone

Faça parte de um grupo de *networking*

Já ouviu o ditado que diz: o importante não é o que você conhece, mas quem você conhece? Quando se trata de encontrar um emprego e progredir na vida, essa máxima tem muito de verdade. De fato, de acordo com estatísticas atuais, mais de 60% das pessoas encontram o próximo emprego por meio de um contato que já conhecem.

Então, como você se relaciona? Uma maneira fácil de começar é participar de um site que reúna profissionais dispostos a fazer *networking,* como, por exemplo, o <http://www.linkedin.com>. Nele, você pode realizar buscas usando seus contatos de e-mail e se relacionar com outras pessoas que conhecer. Toda vez que estabelecer uma nova relação, verifique nos contatos dessa pessoa se ela conhece alguém de uma empresa na qual você esteja interessado em trabalhar e peça uma apresentação. O método pode ser ainda mais eficiente quando a empresa não tem uma vaga aberta em sua área de especialização e você se encontra empregado em outro lugar. Nesse caso, você pode solicitar uma reunião para obter mais informações (também conhecida como entrevista informativa), sem a outra pessoa se sentir pressionada. Se uma posição aparecer no futuro, procure seu contato para dizer que está interessado. Considerando que você já demonstrou interesse na empresa e já tem um contato profissional com alguém de dentro, suas chances de conseguir o emprego ou, ao menos, de ser chamado para uma entrevista aumentarão de forma significativa.

Se puder, vale a pena construir suas redes de relacionamento antes de precisar de um emprego. Se já for muito tarde para isso, procure participar de eventos de *networking* voltados para sua área. Não se esqueça de levar cartões de visita e manter uma atitude positiva em relação ao que fizer, para promover sua carreira e sua vida.

A partir de hoje, trate a todos que encontrar como se fossem morrer à meia-noite. Dedique a eles todos os cuidados, gentilezas e compreensão que puder, e faça isso sem pensar em qualquer recompensa. Sua vida nunca mais será a mesma novamente.

– Og Mandino

Ajude um viajante perdido

Se você já se perdeu alguma vez na vida, sabe como isso pode ser angustiante. Afinal, é por isso que inventaram o GPS, não é? O problema é que, se você estiver em um país estrangeiro, terá de confiar em sua capacidade de ler o que espera se tratar de um bom mapa e em seu senso de direção. Então, dependendo desses dois fatores, você poderá chegar a seu destino na primeira tentativa, ou acabar circundando o Arco do Triunfo (se em Paris) mais vezes do que desejava. Não se estresse por causa disso: todos já passaram por essa situação. No momento em que estiver pronto para desistir, você deve perguntar a um estranho (da maneira mais clara que puder em um idioma estrangeiro, a menos que tenha a sorte de encontrar alguém que fale a sua língua) o que deve fazer para chegar ao lugar que procura.

Faça todo o possível para retribuir o favor. Se alguém lhe pedir ajuda ou se você encontrar um viajante que pareça perdido – um mapa na mão, a cabeça olhando em uma direção e depois na outra e, por fim, de volta para o mapa – em sua cidade ou em um lugar que você conheça, ofereça-se para lhe mostrar o caminho. Se não puder ir com ele, certifique-se de que entenda as instruções o suficiente para que não precise pedir auxílio para mais ninguém. Você se sentirá orgulhoso por conhecer uma área o suficiente para guiá-lo e feliz por ajudar uma pessoa que precisava.

Fome: um dos poucos desejos que não podem ser apaziguados com outra solução.

– Irwin Van Grove

Saiba a diferença entre a fome e a vontade de comer

Na maioria das vezes em que se sente fome, na verdade, está-se apenas desidratado. De fato, um em cada três norte-americanos confundem sede com fome, porque os sintomas são parecidos, como sensação de fome e irritabilidade. Portanto, da próxima vez que você se achar faminto, sirva-se de um grande copo de água. Dez minutos depois de beber, veja se ainda se encontra assim. Se estiver, prepare um lanche saudável para aguentar até a hora da refeição principal ou do próximo lanche.

Se você sentir que sua fome momentânea se associa à vontade de comer, é importante descobrir o que o corpo, de fato, está pedindo. Diferentes desejos podem estar relacionados à carência de certas vitaminas e minerais, por isso, em vez de se fartar de chocolate, dê ao organismo o que ele precisa, de verdade.

Segue uma relação que ajuda a identificar o desejo das necessidades do corpo.

DESEJO	NECESSIDADES DO ORGANISMO
Chocolate	Vitaminas B
Sal	Menos sal (Comer sal faz você querer comer mais sal.)
Proteína	Ferro ou outro aminoácido
Laticínios	Menos laticínios (Você pode ser alérgico.)

A vida é curta, mas sempre há tempo para a cortesia.
– Ralph Waldo Emerson

Aprenda as regras de etiqueta de um país antes de viajar

Sempre que estiver para visitar um país estrangeiro ou uma região diferente do próprio país, procure aprender os costumes locais. Em todo o mundo, cada cultura e comunidade têm seu próprio modo de vida e regras de etiqueta. O que é aceitável em um lugar pode ser visto como ofensivo em outro.

Conhecer os cumprimentos tradicionais é muito importante. Em certos países, os homens de negócio costumam se cumprimentar com uma reverência, enquanto em outros, usa-se um simples aperto de mão. Se alguém oferecer um aperto de mão quando deveria fazer uma reverência, ou vice-versa, o gesto pode provocar confusão ou até ser interpretado como ofensa. É aconselhável também conhecer as normas de boas maneiras à mesa. Na França, é importante não passar manteiga em demasia no pão e manter as mãos onde possam ser vistas (mantendo os cotovelos fora da mesa). No Egito, você não deve comer com a mão esquerda. Na Coreia do Sul, não cruzar os palitinhos ao apoiá-los na mesa nem os colocar atravessados sobre uma tigela. Na Itália, evitar comer com as mãos, ainda que, para você, isso seja normal.

Alguns costumes estrangeiros podem surpreendê-lo. Por exemplo, na Inglaterra, não é costume dar gorjeta a um garçom quando servir uma cerveja! Quanto mais você conhecer os hábitos de um país, mais fácil será para você se adaptar e se divertir.

A semente de linhaça contém uma gordura boa. Assim como as castanhas. Os ácidos graxos ômega-3 são necessários para todas as células do seu corpo.

– Doutora Cathleen London

Coma linhaça

Vegetarianos, não fiquem tristes por não ter os benefícios que peixes, tais como o salmão, trazem para o coração. Vocês ainda podem ter uma alimentação rica em ácidos graxos ômega-3, consumindo linhaça. A semente é rica em ácido alfalinoleico, um precursor do ômega-3. Quando processados pelo organismo, esses ácidos graxos agem de forma semelhante aos do salmão: fortalecem as membranas celulares, reduzem o colesterol e estabilizam os níveis de açúcar no sangue, melhoram a absorção de glicose e elevam a serotonina. Podem, inclusive, favorecer sua densidade óssea. A linhaça pode ser encontrada em pães, mas também na forma de óleo ou sementes, que você pode combinar com saladas, granola ou aveia.

Sementes ou óleo?

Você quer acrescentar a linhaça em sua dieta, mas não sabe se deve comprar o óleo ou as sementes? Os dois são excelentes, mas cada um traz seus próprios benefícios. O óleo oferece uma dose mais potente de ômega-3 do que as sementes, enquanto estas, ricas em fibras solúveis, contêm as vitaminas B1, B2, C e E, os minerais ferro e zinco, além da lignina, uma substância que pode prevenir câncer.

Vibradores. Acho que eles são ótimos, pois livram você do tédio sexual.

– Anne Heche

Experimente brinquedos sexuais

Eles podem ser divertidos tanto para você usar sozinho quanto para brincar com o parceiro. Existe uma grande variedade desse tipo de acessórios, mas aqui está uma lista básica para você começar:

- *Consolos* – Moldados em formato de pênis, variam em aspecto e tamanho. Alguns são curvados para estimular o ponto G, enquanto outros são retos. Prefira os lisos, feitos de silicone, vidro ou metal. Eles podem ser usados para masturbação vaginal ou anal.
- *Vibradores* – Embora semelhantes aos consolos, elétricos ou movidos a pilha, vibram para estimular a vulva, o clitóris ou o ânus. Alguns são usados apenas para estimulação externa, enquanto outros também para a penetração. Usando os mais sofisticados, o usuário pode ajustar a velocidade e a intensidade das pulsações.
- *Esferas anais* – Distribuídas em um fio (de preferência, de náilon ou silicone), as pequenas esferas lisas são inseridas no ânus, antes do orgasmo. Depois, durante o clímax, são puxadas para fora para intensificar a sensação.
- *Plugues anais* – Com uma base mais larga, um corpo grosso e uma ponta mais fina, são destinados para inserção no ânus, podendo também estimular a próstata.
- *Anéis penianos* – Feitos de couro, borracha ou metal, são colocados em torno da base do pênis e dos testículos, antes da ereção. Ao manter o fluxo sanguíneo concentrado no pênis, criam novas sensações para o homem durante a excitação e o orgasmo. Nunca devem ser usados por mais de trinta minutos.
- *Algemas* – Manter o parceiro preso pode ser uma maneira divertida de provocá-lo, até ele estar tão excitado que vai implorar por um orgasmo. Se você não as tiver, pode improvisar usando uma gravata ou um lençol.

Felicidade é ter nervos calmos.

– W. C. Fields

Tire férias antiestresse

Por mais estranho que possa parecer, as férias podem ser muito estressantes. Às vezes, isso acontece porque você não escolheu um bom companheiro de viagem. Outras vezes, porque programou atividades demais e está determinado a realizar todas. Ou, talvez, porque você passou a maior parte delas, ou todas elas, visitando parentes. Seja como for, procure ver todos os pontos turísticos e, com certeza, visite sua família. Lembre-se também de agendar férias anuais antiestresse.

Se você estiver viajando para um lugar que não conhece, não programe tantas visitas e atividades. Com uma programação menos intensa, você vai ter tempo para relaxar e aproveitar melhor cada passeio. Se você realmente gostar do lugar, sempre poderá voltar e repetir o que não conseguiu fazer da primeira vez.

Caso ainda não tenha planejado sua viagem, pense em alguma coisa para espairecer, de fato. Vá para a praia, programe uma pescaria, faça um acampamento junto à natureza ou qualquer outra coisa cujo objetivo principal seja relaxar. Faça desses dias um momento só para você e seu parceiro ou para a sua família, seus parentes mais próximos, estreitar os laços de união.

Ninguém tem um trunfo maior para seu negócio do que o orgulho de um homem por seu trabalho.

– Mary Parker Follet

Pense em três razões para ser promovido

Você sabe que é bom em seu trabalho. Recebe elogios dos colegas e do chefe e seu parceiro fica impressionado com suas conquistas. Contudo, não recebe um aumento ou uma promoção há bastante tempo. Se você é um funcionário classe A, então, é provável que isso ocorra porque você não pediu esse aumento ou promoção. Antes de ir à batalha, porém, precisa fazer a lição de casa. Você poderia apresentar a seu chefe uma enorme lista com todos os seus projetos bem-sucedidos e suas admiráveis qualidades, mas terá mais chances de lhe prender a atenção com três razões claras e sucintas que o tornam um excelente candidato para uma promoção ou aumento.

Chegar aos tais três pontos vai exigir certo esforço de sua parte, pois você precisará rever todas as realizações e determinar de que forma elas beneficiaram a empresa. Primeiro, precisa elaborar uma lista de tudo o que fez com o objetivo de extrair desse conjunto de atividades as três que, de fato, formam o diferencial. Se, por modéstia, não conseguir fazer isso, peça ajuda a seus amigos e parceiros de trabalho para identificar as razões. Eles deverão ser honestos em relação ao que você faz de melhor. De posse das três razões, selecione os projetos que melhor possam ilustrá-las.

Quando, finalmente, chegar a hora da reunião, deixe claro para seu chefe o quanto gosta de trabalhar na empresa e o quanto está disposto a assumir novas responsabilidades, mas faça o pedido da maneira mais objetiva possível. Afinal de contas, vocês dois são profissionais muito ocupados!

Até onde viajamos na vida importa muito menos do que aqueles que encontramos ao longo do caminho.

– Autor desconhecido

Faça amizade com colegas de viagem

Os objetos pessoais que você leva na viagem o ajudam a aliviar a saudade de casa. Contudo, viajar sozinho pode trazer certa solidão e você não pode conversar com esses objetos. Bem, poder você pode, mas eles não são bons proseadores. Eis uma ideia melhor: se você estiver em um albergue, faça amizade com uma ou mais pessoas hospedadas lá. Convide-as para jantar ou para tomar um drinque em um dos restaurantes ou bares da vizinhança. Durante a conversa, você pode descobrir que elas também gostariam de viajar para o lugar que você deseja e, talvez, possam ir juntos. Caso contrário, no mínimo, você terá passado algumas horas agradáveis com outras pessoas e, assim, vai se sentir muito menos solitário.

Se não estiver hospedado em um albergue, há outros lugares para fazer amigos. Caso seja do tipo introvertido, que espera os outros virem até você, procure se esforçar para se apresentar para outras pessoas em passeios de ônibus e de bicicleta, ou em qualquer lugar onde possa encontrar viajantes solitários. Assim, você começará a fazer amigos (até para a vida inteira?) e, quem sabe, poderá encontrar sua alma gêmea.

A lisonja é como goma de mascar. Aproveite, mas não engula.

– Hank Ketcham, criador de Dennis, o Pimentinha

Masque um chiclete

Uma maneira de evitar a tentação de comer algo que você sabe que não deve é mascar um chiclete. Ter o que mascar ajuda a manter a vontade de comer sob controle, dando à boca uma ocupação e algo saboroso para degustar e, com isso, com menos propensão a beliscar. Não se esqueça de escolher um chiclete sem adoçantes artificiais. Melhor consumir um pouco de açúcar que substâncias químicas adicionadas.

Além disso, um estudo recente da Clínica Mayo descobriu que gomas de mascar podem acelerar o metabolismo em até 20% e ajudar você a perder até cinco quilos por ano. Outros estudos descobriram que elas também podem melhorar a memória, prevenir a cárie dentária e aliviar a tensão. O que você está esperando? Vá mascar!

Chiclete melhor = dentes melhores

Para o bem de sua saúde, em geral, e da saúde de seus dentes, é melhor evitar as gomas de mascar que contêm açúcar de cana e adoçantes artificiais. E o que resta? Xilitol. Essa estranha substância, também conhecida como açúcar de bétula, é um adoçante popular na Finlândia, há anos. Tanto o teor calórico quanto o índice glicêmico são mais baixos do que o açúcar, podendo ser usado por diabéticos. Além disso, chicletes que contém o adoçante podem, sim, ajudar a proteger os dentes das cáries!

Se não encontrarmos nada muito agradável, devemos, ao menos, encontrar algo novo.

– Voltaire

Experimente novos alimentos e bebidas

Em viagens, faça um esforço para aproveitar a culinária local, esteja você passeando pelo sul dos Estados Unidos ou excursionando pela Grécia. Embora possa parecer que cada canto do mundo já esteja tomado por uma rede de *fast-food,* as culinárias tradicionais de cada região ainda subsistem e prosperam. Enquanto se delicia com elas, você pode aproveitar a oportunidade para conversar com o garçom para conhecer mais sobre a cultura local, as especiarias usadas e a história de certos pratos.

Se você é enjoado para comer, essa é a chance de deixar a desconfiança de lado e abrir o paladar a novos sabores que você pode vir a adorar! Nesse caso, você pode achar uma forma de incorporar as receitas ao cardápio, quando voltar para casa.

Algas? Isso é uma cor?

— Albert Einstein

Consuma algas e sementes germinadas

Se você quiser voltar no tempo, pode ter de consumir alguns alimentos "estranhos" ou incomuns, entre os quais as microplantas ou "alimentos verdes". São algas azul-esverdeadas, *chlorella*, *spirulina*, grama de trigo e grama de cevada, alimentos ricos em proteínas que contêm muitas vitaminas e minerais, excelentes para o organismo, como vitaminas C, E, B12 e magnésio, além de boas fontes de clorofila e licopeno. Embora muitos estudos ainda precisem ser feitos para comprovar a eficácia em seres humanos, a clorofila pode reduzir as taxas de câncer de cólon. Por sua vez, o licopeno pode ter um efeito protetor contra o câncer, doenças cardíacas, diabetes e osteoporose. De acordo com algumas pesquisas científicas, os alimentos verdes, em geral, melhoram a capacidade do organismo para se desintoxicar de metais pesados, toxinas e bactérias nocivas.

Por sua vez, se aplicadas sobre a pele, algumas dessas plantas podem reduzir as rugas. Em particular, a alga marrom *Padina pavonica* tem sido usada na fabricação de vários produtos para a pele, que prometem reduzir as rugas em até 19%.

A diferença entre a pornografia e o erotismo é a iluminação.

– Gloria Leonard

Assista a um filme pornográfico

Provavelmente, você já viu um filme desses na televisão ou na internet, sozinho, mas assistir a um bom pornô com seu parceiro pode ser uma experiência realmente excitante. Assim, você vai descobrir o que mais excita seu amante e poder utilizar as técnicas na cama, mais tarde.

Se você está indeciso sobre o assunto, saiba que existem muitos tipos de pornografia disponíveis e, se abrir um pouco a mente, vai encontrar algo de que goste. Embora a maioria dos filmes ainda seja dirigida por homens, visando um público masculino, isso não significa que as mulheres não possam desfrutar o gênero, nem que toda pornografia seja igual. No mercado, existem filmes dirigidos por mulheres que atentam mais no prazer feminino, conhecidos como "pornôs feministas", em que casais de verdade fazem sexo e quase tudo o mais que você possa imaginar. Pense em algum tema e ele já foi feito. Depois, é só encontrá-lo na internet ou em uma loja de vídeo.

Prince exala lavanda. Na verdade, isto me excitou.

– Madonna

Use lavanda

A lavanda, também conhecida como alfazema, cujo nome vem do latim *lavare,* que significa "lavar", tem sido utilizada em banhos desde a época dos antigos romanos. Membro da família da hortelã (que inclui alecrim, manjericão e outras ervas aromáticas), possui efeito calmante e relaxante sobre o organismo. E não se trata de um efeito placebo. Há pouco tempo, um grupo de pesquisadores australianos e outro de Miami, descobriram que ao inalar a lavanda você pode se sentir mais relaxado, menos ansioso e deprimido, além de ser induzido ao sono. Sem dúvida, não é a melhor das plantas para se manter por perto, antes de um exame importante, mas, depois dele, o aroma da lavanda recém-colhida vai ajudar você a relaxar. Se você está sofrendo de insônia, experimente pôr alguns ramos próximos da cama ou algumas gotas de óleo essencial na borda do travesseiro. Além disso, ela tem propriedades anti-inflamatórias, e o óleo essencial, extraído da planta, traz alívio aos que sofrem de afecções da pele, desde picadas de insetos até psoríase.

É possível encontrar a lavanda seca na maioria dos viveiros de plantas, assim como em supermercados e feiras de produtos naturais. Contudo, se não conseguir encontrá-la em sua região, você pode comprar o óleo essencial (e usá-lo em um frasco difusor) ou, ainda, uma loção de lavanda. Outra opção é acender velas aromáticas com o perfume da erva. Embora usar a planta fresca seja melhor, esses substitutos podem ter um efeito positivo sobre seu estado de espírito.

Tudo alcança aquele que trabalha duro enquanto espera.

– Thomas Edison

Defina uma data para pedir uma promoção

Agora que você determinou todas as razões pelas quais deve ser promovido, está na hora de dar o próximo passo e agendar uma data para sua reivindicação. Escolher o momento certo pode ser decisivo para conseguir o sinal verde. Se você estiver no meio de um grande projeto, espere até que o tenha concluído com êxito. Procure programar o pedido para um dia em que seu chefe não esteja ocupado com reuniões nem prestes a sair de férias. Tão logo determinar qual é a melhor alternativa, agende uma reunião com ele (evite chegar e bater na porta), para ter sua total atenção.

Quando o dia chegar, mostrando confiança, diga a seu chefe por que você merece uma promoção, procurando enfatizar seu valor para a empresa. Se, apesar de toda a preparação, a reunião não se der do jeito que você previu, mantenha-se calmo, agradeça a ele pelo tempo e pergunte se pode agendar uma nova reunião em três meses, para rediscutir o assunto. Você pode perguntar também o que pode fazer nesse meio-tempo para se colocar em uma posição melhor na próxima conversa.

Se, no final, parecer que você não conseguirá progredir na empresa ou que ela não está considerando nenhuma promoção para um futuro próximo, talvez seja a hora de começar a procurar um novo emprego em uma organização que vai valorizá-lo e recompensá-lo por seu trabalho duro.

A verdadeira viagem de descoberta não consiste em procurar novas paisagens, mas em adquirir novos olhos.

– Marcel Proust

Faça um passeio com um guia

Se você estiver viajando para um local pela primeira vez, procure fazer uma visita guiada. Seja a pé, de bicicleta ou de ônibus, esses passeios lhe dão uma boa visão geral da cidade e de suas diferentes regiões. Você aprenderá um pouco da história do lugar, descobrirá pontos aos quais desejará voltar, assim como lugares que vai querer evitar, como um bairro ruim ou uma armadilha para turistas. Esses passeios também podem ajudar os moradores a ter um novo olhar e uma compreensão mais profunda sobre a cidade em que vivem.

As visitas com guias são interessantes, em especial, se você está em um país estrangeiro e não fala a língua local, pois elas são oferecidas em vários idiomas, o que lhe dá a oportunidade de conhecer outros viajantes e de se orientar melhor, antes de embarcar sozinho. Se fizer o passeio a pé ou de bicicleta, ainda vai ter a oportunidade de se exercitar, aprender e fazer amigos, enquanto viaja!

Para encontrar um bom passeio, ligue ou envie um e-mail para a agência de turismo local, procure informações em seu hotel, antes da viagem, ou peça dicas de viajantes experientes em murais e fóruns. Após conseguir os nomes de algumas empresas, pesquise-as e escolha a que funcione melhor para seu intento.

Tudo com moderação, incluindo a moderação.

– Harvey Steiman

Siga a regra 90 por 10

Quando você está se esforçando para ficar saudável, é muito fácil ver as coisas no estilo "oito ou oitenta". Batatas fritas, nunca mais!. Exercícios seis dias por semana para o resto da vida, e assim por diante. Essa mentalidade se esgota com rapidez e torna ainda mais difícil manter uma visão positiva em relação ao objetivo. Se você deseja uma alimentação saudável e praticar exercícios físicos na maioria dos dias da semana, não se sinta mal se se permitir determinado prazer ou relaxar, de vez em quando. Por exemplo, se durante 90% do tempo você só come proteína magra, frutas, legumes frescos e cereais integrais e bebe leite desnatado, não comer tão bem assim nos outros 10% não vai estragar seus esforços.

Um passatempo por dia mantém o marasmo à distância.

– Phyllis McGinley

Escolha passatempos que estimulem o seu cérebro

Além de divertidos, eles também desafiam o cérebro a aprender novos conhecimentos. Em seu livro *Making a Good Brain Great* (Fazendo um cérebro bom ficar ainda melhor, em tradução livre), o doutor Daniel G. Amen recomenda escolher uma atividade que lhe possibilite continuar a aprender. De acordo com ele, "o melhor exercício mental é adquirir novos conhecimentos e fazer coisas que você nunca fez antes [...] quando o cérebro faz alguma coisa muitas vezes, incluindo até uma tarefa complicada, ele aprende a fazê-la usando menos energia". Isso significa que, assim como o corpo se torna mais eficiente e queima menos calorias ao se acostumar a um exercício, o cérebro trabalha menos após aprender uma atividade.

Supondo que você esteja aprendendo a falar um idioma estrangeiro, a princípio, tudo é difícil. Há milhares de palavras para decorar, tempos verbais para elaborar, regras gramaticais que precisam ser compreendidas, coloquialismos a assimilar etc. Contudo, à medida que você investe meses ou anos estudando o idioma, as coisas começam a se encaixar e a compreensão se torna mais fácil. Por fim, você percebe que alcançou um bom nível de fluência, que lhe permite falar e escrever na língua sem ter de se esforçar para unir as palavras. De acordo com a pesquisa de Amen, seu cérebro trabalha mais duro quando está aprendendo uma coisa nova, como uma língua estrangeira. Contudo, uma vez que você tenha aprendido o novo idioma, ele não trabalha mais do que quando você precisa falar sua língua materna. Esse é, então, o momento de aprender um novo passatempo para continuar a desafiar os limites. Se você se tornar um aprendiz para toda a vida, vai ajudar a impedir que as células do cérebro se deteriorem com a idade.

Em retribuição vos envio um saco de sementes de mostarda para provardes e reconhecerdes o amargor da minha vitória.

– Alexandre, o Grande

Experimente raiz-forte

Além de trazer a seu sanduíche aquele sabor amargo extra, ela vai ajudá-lo a parecer e se sentir mais jovem. Sabe-se que a planta é capaz de melhorar a circulação no rosto e limpar os seios da face (mas você, provavelmente, já sabia disso). Contudo, ela também tem sido utilizada no tratamento de infecções do trato urinário, além de aumentar a capacidade do fígado para processar toxinas e anular o crescimento de células cancerígenas. Isso é possível graças às substâncias conhecidas como glucosinolatos, que também podem estimular a digestão de alimentos gordurosos, o que ajuda a melhorar o metabolismo.

São eles os compostos que dão à raiz-forte o sabor pungente, sendo também encontrados em outros alimentos picantes ou amargos, como couve, mostarda, repolho, brócolis e couve-de-bruxelas. Quando combinada a outros ingredientes, a raiz pode ser útil na remoção de manchas senis. De acordo com a especialista em saúde, Sharon Bell, ao se misturar uma colher de chá de raiz-forte, meia colher de chá de suco de limão, meia colher de chá de vinagre e três gotas de óleo de alecrim e se passar sobre as manchas de idade, algumas vezes ao dia, elas devem começar a clarear.

Sempre senti que a sexualidade é uma coisa muito escorregadia. Em nossa época, ela tende a ser classificada e rotulada, e eu acho que rótulos são para comida. Comida enlatada.

– Michael Stipe

Esteja aberto para a fantasia

A ideia de ver sua namorada vestida de enfermeira ou seu namorado fingindo ser o seu chefe traz excitação? Fantasiar-se, durante o sexo, com roupas especiais ou não, pode de fato apimentar a vida amorosa. Ao dar asas à imaginação com o parceiro, cada um dos dois pode explorar tabus e reacender o fogo da paixão. Estar aberto e vulnerável dessa forma pode aprofundar a intimidade do casal, se não se fizer julgamentos sobre a experiência. Além disso, pode levar ambos a propor coisas novas para o relacionamento, as quais não haviam sido imaginadas antes.

No entanto, se seu parceiro sugerir uma fantasia que não o deixar à vontade, diga-lhe, com educação, que não está interessado. Se puder, aceite experimentar uma variação menos intensa da qual você possa gostar e que ainda seja prazerosa para ele.

Deixe que as coisas aconteçam com espontaneidade: comece contando uma história no ouvido de seu parceiro de maneira bem íntima ou, se preferir, compre fantasias e acessórios com antecedência, ou, ainda, convide o parceiro para ir a um bar, onde poderá fingir ser um estranho a ser seduzido e levado para casa.

Os projetos melhor elaborados, sejam de ratos ou de homens / fracassam muitas vezes / E nos fornecem só tristeza e sofrimento / em vez do prêmio prometido!

– Robert Burns

Controle o que puder e aceite o que não puder controlar

Mais cedo ou mais tarde, é preciso aceitar o fato de que não se pode planejar tudo. Cada um tem sua própria agenda, mas o mundo desfaz os planos de vez em quando. Você não pode controlar o que os outros fazem, dizem ou sentem. Não consegue conter o que acontece em uma escala global, dia após dia. Aceitar tudo isso pode ser assustador, mas, também, um alívio. Embora possa parecer um paradoxo, se você mora em um país no qual ocorrem terremotos e vive com ansiedade de que um grande abalo possa acontecer a qualquer momento, aprender a aceitar que isso pode se dar e que não há nada que se possa fazer para impedir, ajudará você a se preparar para o fato e, em seguida, voltar a atenção para algo mais importante: viver sua vida.

No entanto, você tem, sim, certo controle sobre algumas coisas. Por exemplo, você pode escolher a maneira como se comporta em relação aos outros. Pode definir suas batalhas. Pode ser um voluntário e colaborar com a comunidade. Pode ser gentil e grato e, quando as coisas não derem certo, esforçar-se para permanecer positivo. Deixe de lado os "ses e os senões" da vida e procure ser e fazer o melhor que puder.

Pegadas nas areias do tempo não são feitas se você ficar sentado.

– Thomas Jefferson

Estabeleça um cronograma e um plano para abrir sua própria empresa

Você decidiu se tornar um empreendedor. Parabéns! Agora, vem o momento mais difícil: transformar o sonho em realidade. Para começar, estabeleça um plano e um cronograma. Elabore uma lista de todas as coisas que vai precisar para fazer a empresa decolar e defina uma data em que você vai realizar cada um dessas ações. Para ajudar a motivá-lo, você pode determinar uma data ideal para sua inauguração e, a partir daí, regredir, para definir o cronograma de ação. Uma vez feito isso, você só precisa anotar as datas e tarefas em sua agenda e começar a pô-las em prática!

A mão impessoal do governo nunca pode substituir a mão amiga de um vizinho.

– Hubert H. Humphrey

Lidere uma campanha de doação para uma organização assistencial

As organizações assistenciais precisam de ajuda o ano todo, assim, procure organizar uma campanha de doação de livros, roupas ou dinheiro na empresa em que trabalha ou em seu círculo social. Identifique uma instituição social que o sensibilize e faça um contato para saber do que eles precisam. Os meses de novembro e dezembro costumam ser a "temporada da doação", por causa do Natal. Contudo, aniversários ocorrem o ano inteiro, caso você esteja interessado em ajudar uma instituição que atenda crianças ou idosos, por exemplo. Se seus amigos estão sem dinheiro ou sua empresa não incentiva ou não permite esse tipo de atividade, reúna os amigos ou pergunte a seu gerente se você pode organizar um dia de voluntariado. Venda a ideia a seus superiores como uma experiência de formação de equipe que poderia melhorar o coleguismo no escritório e, assim, é muito provável que eles mordam a isca.

Um dos programas sociais com o qual você, sua família, amigos ou colegas de trabalho podem se envolver, independentemente da religião, é o "Carta para o Papai Noel". Quando uma criança de família desfavorecida escreve uma carta ao Papai Noel, as agências dos correios brasileiras a encaminham para pessoas como você, para ler e ajudar a realizar o sonho de Natal dessa criança. Muitas vezes, as cartas estão cheias de pedidos de produtos básicos, que podem tornar essas vidas um pouco mais dignas, como alimentos, roupas e cobertores. Acordar na manhã de Natal e descobrir que o Papai Noel trouxe o presente que tanto desejavam vai trazer alegria ao coração dessas crianças e também ao seu, sabendo que você, como um dos ajudantes anônimos do "bom velhinho", ajudou uma criança que precisava.

A saúde de um homem pode ser avaliada pelo que ele faz em dobro: tomar dois comprimidos ou subir dois lances de escada de cada vez.

– Joan Welsh

Use as escadas

Cada passo conta. Por isso, aqueles passos que você dá subindo e descendo escadas contam muito, de fato. Após apenas um minuto subindo uma escada, você pode sentir quadríceps, isquiotibiais e panturrilhas se aquecendo, além de dar ao corpo um aumento de energia e queimar em torno de oito calorias no período. Ao subir, procure manter os músculos do abdome, dorso e quadril contraídos, pois isso vai tirar a pressão dos joelhos e fazer você subir e descer os degraus com menos dor nas articulações.

Sempre que puder, tire vantagem das escadarias existentes em ruas e edifícios públicos. Comece com uma série completa (subir uma vez e descer uma vez), procurando aumentar o esforço devagar, sem exagerar em sua primeira tentativa. Se, como uma das autoras, tentar fazer três séries (uma delas subindo e descendo duzentos degraus), não conseguirá andar direito durante dias depois disso e terá aprendido a lição da maneira mais difícil. Como tudo na vida, vá devagar.

Se subir e descer determinada escadaria não for uma boa opção de exercícios para você, use as escadas no lugar do elevador ou da escada rolante, sempre que puder, ou o aparelho de *step* na academia. Você também pode fazer pequeninas pausas no trabalho para subir e descer as escadas (se o edifício tiver uma), sempre que sentir que a energia está se esgotando.

Você se senta diante do tabuleiro e, de repente, seu coração bate mais forte.
Sua mão, trêmula, pega a peça para movê-la.
Mas o que o xadrez ensina é que você deve se sentar com calma
e pensar se aquela é realmente uma boa ideia
e se existem outras ideias melhores.

– Stanley Kubrick

Aprenda um jogo

Um passatempo que desafia o cérebro é o xadrez. Porque, depois de aprender todos os movimentos e as regras, cada nova partida sempre é desafiadora, e diferente. Cada adversário a enfrentar trará algo novo para o tabuleiro e é preciso usar novas habilidades estratégicas para ganhar. Isso ajuda a melhorar a função cerebral.

Se o xadrez não faz seu gênero, há outros jogos que podem melhorar seu cérebro. Resolver quebra-cabeças lógicos, jogar um jogo de cartas complexo como *bridge* ou um de mesa como palavras cruzadas, também pode forçar seu cérebro a fazer conexões que valerão a pena: você ficará mais propenso a resolver problemas com criatividade e, portanto, terá mais chances de ser bem-sucedido. Se quiser um jogo para ter acesso em qualquer lugar, a Nintendo® lançou uma série de jogos portáteis, destinados a estimular o cérebro, e outras empresas seguiram o exemplo. Considerando que um cérebro inativo perde sua capacidade cognitiva, como afirma o doutor Frank Lawlis em seu livro *The IQ Answer* (A resposta ao QI, em tradução livre), procure maneiras divertidas para estimular a mente!

O sanduíche é bom... embora eu preferisse comer brotos de alfafa. Estamos negociando.

– Al Roker

Coma brotos de brócolis

Ao comprar brócolis, prefira os brotos aos talos maduros. Em 1992, o doutor Paul Talalay, pesquisador da Escola de Medicina da Universidade Johns Hopkins, em Baltimore (EUA), descobriu que os brotos de brócolis, que mais se assemelham a brotos de alfafa, e são encontrados na mesma seção do supermercado, eram entre dez e cem vezes mais poderosos para neutralizar agentes cancerígenos no organismo do que os próprios brócolis maduros. O pesquisador também descobriu que os brotos continham de vinte a cinquenta vezes mais compostos de proteção contra o câncer do que os brócolis maduros, graças à glucorafanina e à mirosinase, enzimas que são liberadas quando se comem os brotos.

Eles também são uma boa fonte de fibras, vitaminas C e E, além de diminuir os níveis de colesterol no sangue, reduzir o risco de doenças cardíacas, degeneração macular e úlceras estomacais, bem como ajudar a reduzir o colesterol e a pressão alta.

Se não conseguir encontrar brotos de brócolis em seu supermercado nem na feira de produtos naturais, compre as sementes e as cultive.

O sexo é uma das nove razões para a reencarnação.
As outras oito não têm importância.

– Henry Miller

Leia o *Kama Sutra*

O *Kama Sutra* é o livro sobre sexo mais popular de todos os tempos. Escrito por Mallanga Vatsyayana, em 350 d.C., traz um bom número de posições sexuais para ser experimentadas, e muitas delas são citadas neste livro. No entanto, esse texto é mais do que um guia de posições sexuais, pois trata do amor e dos muitos aspectos da vida amorosa, da corte às preliminares, entre outros temas. Quando *Sir* Richard Burton o traduziu para o inglês, no século XIX, uma nova revolução sexual teve início.

Decerto, o *Kama Sutra* é o livro mais famoso sobre sexo, mas não é o único manual clássico existente sobre o tema. Muitos poetas da Roma Antiga se ocuparam da sexualidade de seu tempo e escreveram versos eróticos. Há também outros manuais antigos, conhecidos como "livros de cabeceira", que eram verdadeiros guias eróticos, às vezes ilustrados, que ensinavam a agradar o parceiro e não eram assim tão diferentes dos guias atuais. O *Ananga Ranga,* escrito no século XVI, na Índia, apresentava informações sobre técnicas de sedução, exercícios de Kegel, feitiços e posições sexuais, enquanto *Os segredos da câmara de jade* era um manual chinês antigo que também incluía técnicas para cortejar e para melhorar a potência sexual, além de posições e conselhos para resolver relacionamentos problemáticos.

A razão é a mão esquerda da nossa alma. A fé, a direita.
Por meio delas chegamos à divindade.

– John Donne

Participe de rituais espirituais

Às vezes, procurar uma conexão com um poder maior pode ajudar a se alcançar a paz na vida. Estudos mostram que participar de práticas religiosas ou espirituais pode levar a uma vida plena e feliz, cheia de propósito e significado. Participar dessas experiências também fortalece os laços com uma comunidade e ajuda a se sentir mais forte em tempos incertos. Para encontrar uma igreja, sinagoga, mesquita, ou outro grupo ou centro espiritual que combine com seu perfil, fale com amigos cuja fé seja semelhante à sua para saber que lugares frequentam, com regularidade. Se for visitá-los e chegar à conclusão de que não era o que esperava, tudo bem: você pode continuar tentando até encontrar o que procura.

Se você não for do tipo espiritual ou religioso e não acreditar em um poder superior, ainda assim poderá tirar proveito dos aspectos tranquilizantes de um ritual. Encontre alguma coisa que o ajude a se sentir em paz, como caminhar na natureza, ler um livro ou assistir ao pôr do sol, e transforme-a em um ritual, preparando-se para ele e o realizando, toda semana. Quando você estiver estressado, lembre-se do ritual e, sabendo que está próximo, tente relaxar, ainda que nesses momentos não possa enxergar qualquer luz no fim do túnel.

Ore como se tudo dependesse de Deus e trabalhe como se tudo dependesse de você.

— Santo Agostinho

Agende trinta minutos por dia para trabalhar em seu sonho

Ao longo de todo o ano, você trabalhou para melhorar sua vida de muitas formas diferentes. Você se transformou em uma pessoa mais feliz, saudável e rica. Agora, que um novo ano se aproxima e, depois dele, outro e mais outro, é importante manter as competências que já aprendeu, mas, também, ter uma visão mais ampla de sua vida. Como já possui os requisitos básicos, há algum sonho que deseja transformar em realidade? Então, está na hora de parar de incubá-lo e lhe permitir levantar voo.

Você aprendeu a gerenciar seu tempo com eficiência. Dê uma olhada em sua agenda e descubra como incluir trinta minutos por dia para trabalhar em seu sonho, ainda que isso signifique não assistir um de seus programas de TV favoritos. Então, compre um caderno ou um diário, talvez um modelo com o qual você sinta alguma "conexão", e anote todos os passos que precisa dar para sua realização. Você precisa voltar para a escola? Captar recursos? Elaborar um plano de negócios? Uma pausa no trabalho, para mergulhar no projeto oito horas por dia? Anote tudo o que for necessário para atingir o objetivo. Com essa etapa cumprida, comece a determinar a ordem em que os passos precisam ocorrer e, também, o que será necessário para fazê-los acontecer. Registre todos os progressos no diário.

Assim que começar a dar forma ao projeto, descrevendo todas as etapas e ações que precisam ser realizadas, você vai compreender seu sonho de maneira mais profunda e ver que ele não é tão assustador como se mostrava.

Nunca duvide de que um pequeno grupo de cidadãos conscientes e comprometidos possa mudar o mundo. Na verdade, sempre foi assim que o mundo mudou.

– Margaret Mead

Dê uma festa para uma organização assistencial

Da próxima vez que você quiser oferecer um jantar ou um coquetel, pense na possibilidade de oferecê-lo a uma instituição social. Comece identificando uma com a qual você simpatiza e determinando suas necessidades. As organizações assistenciais precisam de todo tipo de doações. Existem abrigos para animais que querem cobertores para suas gaiolas, para que cães e gatos fiquem mais confortáveis. Há as que apoiam o tratamento do câncer e que necessitam de gorros de lã para oferecer aos pacientes que perderam o cabelo por causa da quimioterapia. Há outras que aceitam videogames e brinquedos, para distribuir a crianças doentes internadas em hospitais.

Independentemente da causa escolhida, peça a seus convidados que, em vez de oferecer um presente aos anfitriões, tragam uma pequena doação em dinheiro ou em produtos. Seus amigos e você vão se sentir bem quando souberem que estão ajudando a quem precisa e, ao mesmo tempo, poderão se divertir. No dia seguinte, não se esqueça de enviar mensagens de agradecimento a todos os que contribuíram e, se receber uma resposta da instituição, repasse-a a todos. Seus amigos, inclusive, poderão gostar tanto da ideia que vão organizar sua própria festa da "boa vontade".

Se não pudesse caminhar muito e rápido, penso que simplesmente explodiria e pereceria.

– Charles Dickens

Estacione o mais longe que puder

Aqui está mais uma maneira fácil de incluir uma atividade física à rotina: estacione o carro o mais longe que puder. Se você estiver indo ao supermercado ou a um concerto, estacionar o mais distante possível desses lugares vai-lhe permitir, no mínimo, dar algumas centenas de passos extras por dia, deixando-o mais próximo de seu objetivo de caminhar 10 mil passos diários. A caminhada não vai consumir muito mais de seu tempo, mas você vai se sentir bem melhor assim. Além disso, vai economizar a gasolina que gastaria rodando para encontrar um lugar para o carro e reduzir a possibilidade de ter a porta amassada, pois em uma área ou estacionamento um pouco mais afastados, é provável, haverá menos carros.

Dê um passo (ou dois) ainda mais longe

Comece a pensar em ir a pé para certos locais aos quais você costuma ir de carro. Por exemplo, o café que frequenta fica a um ou dois quilômetros de distância de casa ou do escritório? É possível ir pegar os filhos na escola a pé e aproveitar o tempo em família, caminhando de volta para casa? Ao diminuir o uso do carro e aumentar as caminhadas, você fará um favor não apenas à saúde, mas também ao meio ambiente.

O aspecto interessante de fazer palavras cruzadas é que você sabe que existe uma solução.

– Stephen Sondheim

Provoque sua mente

Um estudo recente, realizado por pesquisadores da Faculdade de Medicina Albert Einstein, em Nova York, pode ter comprovado que jogos desafiadores de palavras, como cruzadas, anagramas e quebra-cabeças lógicos, além de serem divertidos, são também bons para o cérebro. Embora um quarto dos participantes do estudo tenha desenvolvido demência, a doença levou mais tempo para se manifestar nas pessoas envolvidas com mais frequência em atividades que estimulavam a mente.

Exercitar o cérebro não é algo com o qual apenas os adultos mais velhos precisam se preocupar. Isso porque, embora o cérebro não seja um músculo, você deve explorá-lo, se quiser manter suas condições ideais de uso. Fortalecer a mente enquanto se é jovem pode desenvolver uma "reserva cognitiva" para contrabalançar futuros problemas de memória. Além disso, desafiar o cérebro a pensar de maneiras diferentes do que você está acostumado, leva-o a encontrar novas soluções para problemas relacionados à vida ou ao trabalho, enquanto você aprende novas palavras e frases.

Contudo, não se estresse quando estiver começando, pois, assim, você evita ficar frustrado e desistir. Afinal de contas, são apenas jogos. Para tanto, inicie com tipos de quebra-cabeças de seu nível de habilidade e, quando começarem a ficar fáceis, passe para degraus maiores de dificuldade, para continuar a ampliar a mente.

Você não precisa me dizer que um homem que não gosta de ostras, aspargos e bons vinhos tem uma alma ou um estômago. Ele simplesmente tem o instinto de ser infeliz altamente desenvolvido.

– Hector Hugh Munro

Coma aspargos

Vale a pena se apaixonar pelos aspargos. Seus altos níveis de vitaminas C, K e folato (ácido fólico) ajudam o organismo a prevenir doenças do coração e a fortalecer a saúde dos ossos, enquanto a vitamina A trabalha para melhorar sua visão. Além disso, o vegetal contém inulina, um carboidrato não digerível que funciona como fibra e aumenta as bactérias saudáveis do intestino. Contendo baixas calorias, o aspargo ajuda diretamente a retardar o processo de envelhecimento, isso porque também contém altos níveis de glutationa, um antioxidante que protege a pele dos danos solares e estimula o desenvolvimento de células saudáveis, além de proteger e restaurar o DNA.

Você só deve evitar o aspargo se tiver um encontro amoroso ou for à casa de seu amor pela primeira vez. Isso porque, para algumas pessoas, o legume pode deixar a urina com um odor muito intenso e desagradável. Isso não significa que seu corpo tenha uma má reação a ele, mas que seu organismo possui uma enzima que decompõe o mercaptano, um composto de enxofre encontrado no vegetal.

Tudo o que vale a pena fazer, vale a pena fazer devagar.

– Mae West

Experimente o sexo tântrico

O tantra busca o prazer máximo e duradouro. Assim, antes de partir direto para a penetração, comece sua jornada pelo sexo tântrico, fazendo uma massagem no *lingam* (pênis) ou na *yoni* (vagina). Elas são formas de estimulação manual, porém, as sensações que provocam são muito diferentes, pois o objetivo não é o orgasmo, mas o relaxamento e a entrega ao prazer físico mais íntimo. As duas massagens começam com o parceiro deitado na cama e respirando profundamente.

A massagem no lingam – Passe um pouco de óleo no pênis e testículos e comece a massageá-los, devagar. Segure o pênis com uma das mãos e aperte-o com gentileza, movimentando a mão ao longo do órgão. Então, repita os movimentos com a outra mão. Coloque uma das mãos na base do pênis e use a outra para massagear todo o corpo do órgão, terminando por envolver a glande. Depois, comece a manusear a próstata através do períneo (você vai sentir uma glândula do tamanho de uma noz), enquanto continua a massagear o pênis com a outra mão.

A massagem na yoni – Após ter excitado sua parceira, passe um pouco de óleo na vulva e massageie-a até o osso púbico. Então, comece a acariciar o clitóris com movimentos circulares. Quando ela estiver pronta, introduza o dedo médio na vagina e encontre o ponto G. Experimente usar fricções rápidas, pressão e uma série de movimentos, cuidando para que ela respire profundamente, durante todo o tempo.

Após essas massagens, pode haver a penetração, mas mantendo a respiração relaxada e a atenção ao corpo do parceiro. Os homens podem descobrir que têm um orgasmo sem ejacular, o que lhes permite alcançar orgasmos múltiplos.

O jornalismo é popular, mas é popular principalmente como ficção. A vida é uma coisa, mas a vida vista nos jornais é outra.

– G. K. Chesterton

Faça uma pausa nas notícias

Quer se estressar por completo? Assista ao noticiário todos os dias. Leia os *sites* jornalísticos durante o dia. Ouça as notícias no caminho de volta para casa. Assim, você logo passará a acreditar que assassinos e vigaristas espreitam em cada esquina da cidade e que um terrível desastre natural pode ocorrer a qualquer momento. O jornalismo atual é estruturado para ser sensacionalista, procurando atrair a atenção do público como se fosse o lançamento de um grande sucesso do cinema. Lá se foram os dias em que somente havia fatos, porque os fabricantes de notícias não acreditam mais que as pessoas se interessem por esse tipo de relato imparcial.

É importante conhecer os acontecimentos da atualidade, mas, de vez em quando, também é necessária uma pausa do ciclo de notícias sem descanso que é oferecido e se prestar mais atenção ao que é positivo e alegre na própria vida. Se você precisa ouvir as notícias todos os dias, procure as histórias que falam de esperança e de sucesso, deixando de lado as que só trazem morte e desespero. Outra opção é escolher um programa de notícias menos explorador dos dramas humanos. Por um lado, lembrando que os noticiários objetivam, principalmente, construir a audiência com base no choque de valores e, por outro, procurando reduzir o tempo gasto acompanhando as notícias, é possível se sentir menos ansioso com a possibilidade de que algo ruim está prestes a acontecer com você.

Não importa o que uma pessoa é quando nasce,
mas quem ela escolhe ser.

– J. K. Rowling

Apoie o sonho de seu parceiro

Realizar seu sonho é essencial para alcançar seu potencial máximo, mas apoiar os sonhos de seu parceiro e de seus filhos também é importante. Ofereça-lhes palavras de estímulo e sugestões para ajudá-los a seguir em frente. Se eles estão enfrentando dificuldades para encontrar o caminho certo, ajude-os a montar um plano de ação, assim como fez para os próprios sonhos. Seja uma força positiva e presente em suas vidas, assim, você vai ter um relacionamento e uma família mais felizes, porque vai estar rodeado por pessoas que desejam progredir. Deixar que seu coração e seus sonhos sejam seus guias, ao longo do tempo, pode levá-los a uma vida mais rica não apenas em espírito, mas também em dinheiro.

Os animais são amigos tão agradáveis:
não fazem perguntas, nem criticam.

– George Eliot

Adote um animal de um abrigo

Tomar essa decisão pode salvar a vida dele e fazer de você uma pessoa mais feliz. Isso porque, se você tratar bem de um animal, ele vai cobri-lo de amor, sob a forma de atenção, olhares doces, lambidas, cabeçadas, rabos abanando e outras gracinhas. É difícil se sentir deprimido quando se tem um animal de estimação sempre feliz ao vê-lo. Além disso, eles podem aliviar sua tensão, após um longo dia. Pense em como seria difícil se sentir estressado se você estivesse brincando com um cachorro! Entretanto, esses não são os únicos benefícios. Ter um animal que gosta de passear vai lhe dar a oportunidade de se exercitar: basta sair com ele para caminhar e brincar em um parque, no qual você pode fazer amizade com outro apaixonado por animais.

Se estiver pensando em ter um bicho de estimação, seja por causa de sua saúde ou apenas porque quer uma companhia divertida, por favor, faça uma gentileza para um animal sem-teto e o adote em um abrigo, em vez de procurar um criador ou uma loja especializada. Todos os anos, nos Estados Unidos, os abrigos matam entre 5 milhões e 9 milhões de cães e gatos abandonados. Contudo, você pode mudar essas estatísticas: abrigos estão cheios de filhotes e adultos de cães e gatos, sejam vira-latas ou de raça. Você conseguirá encontrar o bicho de estimação ideal para sua família.

O golfe parece ser uma atividade árdua para uma caminhada. Eu prefiro levar os cães para passear.

– Princesa Anne

Incorpore o exercício de seu bicho de estimação à rotina

Se você possui um animal de estimação, é importante mantê-lo saudável. E ele fica assim da mesma maneira que você: com o equilíbrio certo entre alimentação e atividade física. É mais difícil se exercitar com os gatos, mas algumas pessoas perseguem seu felino pela casa inteira, brincam de lutar com ele e atiram objetos para que peguem. Tudo depende do gato. Contudo, se for um cachorro, tudo é mais fácil. Jogue para ele bastões, bolas ou outros brinquedos. Inclua em sua rotina diária levá-lo para caminhar após voltar para casa. Assim, você vai reduzir seu nível de estresse e queimar calorias! Nos fins de semana, leve seu cão a um parque ou outro lugar em que ele possa se socializar com outros animais. Ao manter os animais de estimação ativos, eles viverão por mais tempo e você ficará mais em forma.

Por que o exercício é importante para os bichos

Para os animais de estimação, o exercício físico não é apenas uma atividade de contato que os impede de engordar. Entre outros benefícios, isso mantém a saúde geral dos bichos, bem como melhora a circulação, a densidade óssea e o funcionamento dos pulmões e do coração. Além disso, ajuda-os a liberar sua energia extra ou reduzir o tédio, ficando menos propensos a roer móveis. Não se esqueça de levar uma garrafa de água para o animal, em especial no verão, para que ele fique hidratado também!

Toda parede é uma porta.

– Ralph Waldo Emerson

Fique de olho nas portas que se abrem

Um sábio disse, uma vez: quando uma porta se fecha, outra se abre. É verdade. Às vezes, quando um relacionamento termina ou sua carreira se evapora, pode *parecer* que todas as portas estão fechadas para você, mas elas não estão. Por mais doloroso que esses momentos possam ser, na verdade, você apenas recebeu a chave da encruzilhada. Cabe a você decidir a direção que vai seguir. Contudo, por que não se inspirar nas palavras do falecido mitólogo Joseph Campbell e "seguir sua felicidade"?

Caso seja difícil se manter em um caminho positivo, pegue uma folha de papel ou abra o diário e anote que porta se fechou, no alto da página. Em seguida, faça uma lista das oportunidades que você tem agora e não tinha antes ou, pelo menos, que não estava aproveitando. Pense em voltar para a escola; começar seu próprio negócio; seguir um *hobby* ou outro interesse com mais profundidade. Encontrar um parceiro que combine mais com você; redescobrir-se, no íntimo. Viajar ou se mudar para outro país.

Assim como a carta da morte, no tarô, portas fechadas trazem mudanças. E, às vezes, isso é exatamente o que você precisa.

Se você quer ter um fogo sensual, então você tem de estar pronto para o que der e vier, meu caro. Descobri que o leite integral e uma grande quantidade de vitamina D ajudam.

– Ted Nugent

Tome uma dose extra de vitamina D

Essa vitamina trabalha muito para fazer você parecer e se sentir mais jovem. A potente substância, solúvel em água, ajuda a formar ossos e dentes mais fortes, o que permite ter-se mais atividade e um sorriso confiante. A vitamina D também pode influenciar o peso. Quando tomada em conjunto com o cálcio, sua ação impede o ganho de peso e pode até ajudar a perder cerca de 120 gramas. Não é muito, mas quando se está tentando emagrecer, cada grama conta muito.

À medida que se envelhece, um suplemento de vitamina D pode ajudar a proteger a capacidade cognitiva do cérebro, além de reduzir o risco de doenças cardíacas e câncer de cólon. Por fim, um impressionante estudo conduzido por cientistas do King's College, em Londres, descobriu que níveis mais altos da vitamina fazem as células envelhecerem mais devagar. Para desfrutar da vitamina D na dieta, deve-se procurar alimentos saudáveis como leite, cereais, ovos, salmão e cavala.

Renda-se à tentação. Ela pode não cruzar o seu caminho novamente.

– Robert Heinlein

Procure novas sensações

Nunca pare de experimentar. Você pode optar por novas posições, técnicas, por outros lugares para fazer sexo ou parceiros para se relacionar. Seja como for, o importante é que você (e, se for o caso, seu parceiro) mantenha o fogo sexual ardente durante todo o relacionamento. O sexo ajuda a se manter feliz, auxilia a redução e o controle do estresse e a permanência junto à pessoa que se ama. Daí o fogo aceso...

Se você sente que sua vida sexual caiu na rotina e que já esgotou as ideias, procure novas sensações. Há muitas fontes na internet, repletas de alternativas para tornar a vida sexual mais positiva e gratificante. Aqui estão algumas opções:

- Aprenda a ter orgasmos múltiplos.
- Experimente o cibersexo.
- Escreva uma carta erótica para seu amante.
- Depile os pelos pubianos de seu parceiro.
- Discretamente, envie *lingeries* para o escritório do parceiro.
- Use uma capa peniana.
- Coloque um *piercing* genital.
- Pratique ioga para casais.

Ser um vencedor também é saber quando é hora de parar.
Às vezes, é preciso desistir da luta e seguir em frente
em direção a algo que seja mais produtivo.
– Donald Trump

Siga em frente

Você aprendeu muitas coisas ao longo do último ano. Viu que pode fazer as mudanças que o levarão a uma vida mais feliz, saudável e, quem sabe, ainda mais longa. Você se esforçou para incorporar algumas das ideias à própria vida. Uma das lições mais importantes que você, talvez, tenha assimilado é de se aceitar como é. E o que você está ou não disposto a mudar e o que pode ou não transformar no mundo.

Procure construir relações sociais fortes e dar a si e aos outros o benefício da dúvida. Assim, descobrirá que essa atitude vai ajudá-lo a aliviar o estresse em sua vida e a ver os acontecimentos positivos que você experimenta, todos os dias. Descubra maneiras de buscar o equilíbrio nos momentos difíceis e de se concentrar no presente, para, assim, estancar o tempo e mergulhar de cabeça nos momentos felizes. Quando a vida não vai bem, procure refletir sobre o que pode aprender com a experiência e de que maneira ela pode ajudá-la no futuro. Tudo sempre passa, até os maus momentos. Lembre-se: isso também vai passar.

Agora, olhe para o futuro e imagine todas as dádivas que ele trará.

Este livro foi impresso pela
Yangraf em papel offset 75 g.